本书是全国教育科学十三五规划2018年度教育部重点课题《互联网+教育精准扶贫视域下薄弱学校发展路径研究》（课题编号：DCA180317）的研究成果

基于学习数据的适应性教学模式在薄弱学校的应用研究

詹春青　著

广东高等教育出版社
Guangdong Higher Education Press
·广州·

图书在版编目（CIP）数据

基于学习数据的适应性教学模式在薄弱学校的应用研究/詹春青著. —广州：广东高等教育出版社，2021.5

ISBN 978-7-5361-7003-2

Ⅰ. ①基… Ⅱ. ①詹… Ⅲ. ①中小学-教学研究 Ⅳ. ①G632.0

中国版本图书馆 CIP 数据核字（2021）第 075177 号

基于学习数据的适应性教学模式在薄弱学校的应用研究

JIYU XUEXI SHUJU DE SHIYINGXING JIAOXUE MOSHI ZAI BORUO XUEXIAO DE YINGYONG YANJIU

出版发行	广东高等教育出版社 社址：广州市天河区林和西横路 邮编：510500　营销电话：(020) 87554152　87551163 http://www.gdgjs.com.cn
印　刷	东莞市翔盈印务有限公司
开　本	787 毫米×1 092 毫米　1/16
印　张	13.5
字　数	320 千
版　次	2021 年 5 月第 1 版
印　次	2021 年 5 月第 1 次印刷
定　价	35.00 元

前　言

办好义务教育阶段的每一所学校，缩小学校之间的差距，改造薄弱学校，为每一个适龄儿童青少年提供优质教育，这是各级政府的法律责任。2006 年修订的《中华人民共和国义务教育法》规定：县级以上人民政府应当合理配置教育资源，促进义务教育均衡发展，改善薄弱学校的办学条件，缩小地区之间、城乡之间、学校之间的差距。经过十多年的努力，薄弱学校有了大幅度改进，但步入新时代，义务教育学校发展仍然面临优质教育资源不均衡不充分的问题，与广大人民群众上好学的需求以及政府办人民满意的教育政策要求，还存在一定的差距，薄弱学校更是如此。

我国政府高度重视并致力于扶贫开发，党的十八大以来，以习近平同志为核心的党中央高度重视扶贫工作，陆续颁布了一系列扶贫政策与行动计划。2015 年颁布了《中共中央国务院关于打赢脱贫攻坚战的决定》；2018 年颁布的《中共中央关于制定国民经济和社会发展第十三个五年规划的建议》提出了“精准扶贫、精准脱贫”这一新时期扶贫脱贫工作新理念。习近平同志对扶贫工作提出了“扶贫先扶志”“ 扶贫必扶智”“精准扶贫”等重要论断。可见，教育是“扶志”与“扶智”的根本手段，教育扶贫是阻断贫困代际传递的根本途径。

随着我国教育事业不断发展，在互联网技术与教育领域深度融合实现传统教育行业快速发展的时代背景下，利用互联网 + 思维和技术，开展智慧教学提升薄弱学校教育教学质量，成为我国促进教育均衡发展的新方向、新思路和新杠杆。

在教育信息化 2.0 和智能时代背景下，利用学习数据等智能技术对信息化课堂赋能，增强课堂互动能力，提升课堂教学智能化水平，促进智慧课堂创新应用和学生智慧发展，在国内多个先进地区做了尝试和探索。如上海、南通、青岛等多个地市采用“互联网 + ”教育模式，以互联网 + 思维和技术推进教育信息化发展，创建互联网 + 资源、学习、教学、管理、服务等应用模式。

广东省不同区域之间经济水平存在差异，教育发展的水平也呈现参差不齐的状态，教育扶贫成为人民群众密切关注的焦点。推动义务教育阶段薄弱学校发展成为当前教育高质量发展难上加难的核心攻坚区，也是阻断教育贫困发展、促进区域教育均衡发展的主战场。广东省是全国教育大省，接受义务教育的学生规模大、任务重。尽管广东省义务教育已经实现县域基本均衡，但“乡村薄”“乡村弱”的局面仍未得到根本改善，距离优质均衡发展还有很长一段路要走。

本书正是基于国家及省推动课堂革命、提高义务教育质量的背景下，依托广东省基础教育信息化融合创新示范培育推广项目，由广东省教育研究院联动华南师范大学、广东省教师发展中心、广东省教育技术中心、信息化高新企业等同行组建实践共同体，面向广东省域内的不同城市、不同层次、不同资源与环境基础的学校，聚焦于社会热点、学校短板、课堂难点、学生成长痛点等瓶颈或问题，利用信息化手段，采取陪伴指导、靶向施策、跨校联动机制，精准开展数据驱动的适应性教学（DAM，Data-driven Adaptive Model），变革课堂教学方法，提升薄弱学校教育教学质量。

如何开展互联网＋教育精准扶贫视域下薄弱学校发展路径的研究与实践？本书从以下七个方面进行论述。

一是教育信息化助力薄弱学校发展的机制与策略。教育信息化是破解薄弱学校发展难题的关键举措。信息技术在教育中的广泛应用使得教育时空得到拓展与延伸，同时也为薄弱学校发展提供了技术支持。近年来，我国政府一直把信息技术视为促进薄弱学校发展的重要手段，制定并实施了系列重大政策及工程项目，形成了既着眼于系统整体发展，又兼顾多层次重点突破的实施策略，分别是建设施、配资源、强应用和重创新。此外，以广东省粤东西北经济欠发达地区义务教育阶段薄弱学校为对象，实地调查了互联网＋教育精准扶贫存在的问题，发现真实的发展需求，为后续开展扶贫实践奠定坚实的基础。

二是信息化教学的发展历程。提高薄弱学校教学质量是薄弱学校最大的诉求，也是扶贫工作的突破口。只有抓住课堂教学这个核心地带，课堂教学方式变革才能真正发生。信息化教学环境的发展经历了数字校园、智慧校园、智慧教室以及未来学习空间的转换与过渡过程。推进学校信息化建设，在具备良好的信息化学习环境基础上，更重要的是加快信息化教学应用。信息化教学发展历经了起步、应用、融合与创新四个阶段。在信息化教学应用阶段中，采用的是基于多媒体的信息化教学模式。在信息技术与教育教学深度融合阶段中，采用的是基于微课的教学模式、基于翻转课堂的教学模式、基于私播课的教学模式、基于移动终端的教学模式以及基于教学数据诊断的教学模式这五种典型的、多样化的信息化教学模式。

三是国内外数据驱动精准教学的现状。美国是教育数据决策和应用的先驱和典范，教育数据分析已经在美国的公立教育中得到快速应用，正在成为改革教学方法的重要力量。为了顺应这一趋势，国际组织以及美国为首的多个国家纷纷开展了数据驱动教学评价，如国际数学和科学评测（TIMSS）、国际学生评估项目（PISA）、美国国家教育进展评价（NAEP）、数据质量运动（DQC）以及下一代学习挑战（NGLC）等研究。我国也意识到数据在提升教育质量和助推区域教学变革中的重要价值，开始实施县域义务教育均衡发展督导评估、基础教育质量监测、中小学生学业质量综合评价以及中小学教育质量综合评价改革等数据驱动教学的项目。数据驱动教学，在2020年疫情防控期间表现得更为明显。为了给教师线上教学效果自我评估提供参考依据，同时也规范教师线上教学行为，指导学生线上学习提供决策参考。国内先进地区教育科研机构相继开发了比较专业和权威的在线教学质量评价标准。

四是适应性教学的概念界定、教学方法、组织形式和实施策略。为正确理解适应性教学的含义，厘清学习适应性、适应性学习、自适应学习等概念之间的关系非常必要。适用于薄弱学校日常教学的组织形式分别是在线教学和混合教学，采用的教学方法分别是分组教学法和分层教学法。教师为更好地实施适应性教学，也面临很多挑战。

五是适应性教学设计。教学设计方案既是教学设计工作的总结，也是实施教学的具体依据。初中英语和初中地理适应性教学设计案例中，详细介绍了适应性教学设计的内容与步骤以及撰写方式。其中，适应性教学设计的内容与步骤包括六个方面：学习目标分析、学习者特征分析、学习内容分析、倡导新型教学方法、教学环境创设与资源开发、教学活动过程设计以及学习评价设计。教学设计方案编写主要采用叙述式和表格式两种方式。这两种方式都包括学习目标、教学内容、师生活动、技术支持、学习数据等方面，在实际应用中可根据学科需要有所选择。

六是适应性教学模式。基于学习数据的适应性教学模式，旨在吸取传统教学模式的优点，同时结合新型信息技术的力量，着力推动课堂教学改革。适应性教学模式包括五个构成要素：基于证据的教学理念、指向学科核心素养的教学目标、基于富媒体学习资源的教学环境、面向以学定教，精准教学的教学流程以及基于多维度的教学评价。在初中历史《几种常见的历史时间计算方法》适应性教学实践中进行了详细介绍。此外，在疫情期间线上线下融合教育的学校实践探索中介绍适应性教学模式的落地实施。

七是适应性教学模式在薄弱学校的应用实践。为检验、验证适应性教学模式的效果和成效，以五所薄弱学校（含三所初中和两所小学）为例，分别介绍其教学模式改革的背景与缘由、教学模式改革的总体思路、教学模式改革的主要阶段、教学模式改革主要过程与方法以及教学模式应用需要进一步探索的问题这五个方面总结这五所学校的实践经验，希冀对其他学校有一定的启发作用。

迄今为止，本项目立足省域层面，构建“教育科研机构 + 薄弱学校 + 高校 + 企业”帮扶共同体，多方联动构建教育精准扶贫互动系统；同时，精准识别与诊断，因校制宜，将多样化的技术手段与教育教学的全过程相结合，开展数据驱动的适应性教学，提炼平板分层教学模式和网络小组合作教学模式，创新教育资源服务供给模式，塑造新的教育教学生态，逐渐化解制约义务教育优质均衡发展的短板，为基本实现教育高质量发展奠定重要基础。未来，我们将继续拓展项目学校数量，继续开展陪伴式教研帮扶，让更多的薄弱学校受益，让更多的薄弱学校能够实现从输血到造血，从外力促动到自我内生发展，这需要持续、深入的研究与实践。本书中仅仅对互联网 + 精准帮扶的实践进行提炼，还未深入研究不同类型薄弱学校差异化发展的路径与策略。期待能与更多的教育同行、信息化企业，共同深化教育精准帮扶的研究与实践。相信在大家的共同努力下，教育精准扶贫一定能够推动区域教育优质均衡发展，办好人民满意的教育。

詹春青

2021 年 5 月

目录

第一章
信息化助力薄弱学校发展

第一节　信息化助力薄弱学校发展的政策支持

一、信息化助力薄弱学校发展的相关政策

1. 信息化何以破解薄弱学校发展难题

教育信息化是破解薄弱学校①发展难题的关键举措。信息技术具有传播速度快、覆盖面广与资源共享等方面的优势，信息技术在教育中的广泛应用使得教育时空得到拓展与延伸，同时，也为薄弱学校发展提供了技术支持。信息技术对薄弱学校发展的价值得到教育部门与研究者的广泛认可，促进薄弱学校发展，推动义务教育均衡优质发展成为基础教育信息化工作的核心目标。

教育信息化为什么能够促进薄弱学校发展，这并不是一个不证自明的命题，其科学性与合理性需要我们认真审视与仔细分析，为此，国内部分研究者针对该问题展开了探讨。薄弱学校发展困境，集中体现在学校教育资源配置不均、教师教学理念较为落后、教育技术应用能力不高、管理者教育治理水平不够智慧等。而信息技术能够突破时空的限制，能够实现信息的高速传递与充分共享，这就决定了教育信息化能够有效促进教育资源有效集成与充分共享，进而能够破解薄弱学校传统教育教学中的大部分问题。

---

① 本书中的薄弱学校是指在办学条件、学校管理、师资水平、生源质量等方面比较薄弱，达不到同级同类学校的基本办学标准，造成教育质量不高、社会声誉一般、学校生存与发展处境困难的农村学校。

2. 破解薄弱学校发展难题的政策导向

(1) 薄弱学校改进。

在我国，薄弱学校的改进需要以政府为主导，充分发挥教育政策导向作用，做好顶层设计。教育行政部门相继颁布了多项政策文件。1986 年，《关于在普及初中的地方改革初中招生办法的通知》提出："特别要注意采取有效措施，搞好薄弱初中建设，使这些学校的校舍、办学经费、师资水平、教学仪器设备等有较大改善与提高"。1998 年，《关于加强大中城市义务教育阶段薄弱学校建设，办好义务教育阶段每一所学校的若干意见》指出："各级教育行政部门、学校必须充分认识加强薄弱学校建设、办好义务教育阶段每一所学校的重要性和必要性，增强加快薄弱学校建设步伐的紧迫感和责任感。""要在各级政府的领导下，以对人民高度负责的态度，把加强薄弱学校的建设，办好义务教育阶段每一所学校，作为大中城市当前义务教育巩固提高工作中的一项紧迫任务"，并提出了十项工作指导意见。2013 年教育部、国家发展和改革委员会、财政部发布的《关于全面改善贫困地区义务教育薄弱学校基本办学条件的意见》指出："推进农村学校教育信息化，改善贫困地区义务教育薄弱学校基本办学条件"。2018 年修订的《中华人民共和国义务教育法》规定："县级以上人民政府应当合理配置教育资源，促进义务教育均衡发展，改善薄弱学校的办学条件，缩小地区之间、城乡之间、学校之间的差距。"各教育政策中节选关于薄弱学校改进方面的内容，如表 1－1 所示。

表 1－1 各教育政策中关于薄弱学校改进方面的内容一览表

序号	文件	要点
1	《关于在普及初中的地方改革初中招生办法的通知》（〔86〕教中字 002 号）	特别要注意采取有效措施，搞好薄弱初中建设，使这些学校的校舍、办学经费、师资水平、教学仪器设备等有较大改善与提高
2	《关于加强大中城市义务教育阶段薄弱学校建设，办好义务教育阶段每一所学校的若干意见》（教基〔1998〕13 号）	加强对薄弱学校建设工作的领导、加大薄弱学校建设投入，进一步改善办学条件、加强领导班子建设，提高学校教育管理水平、加强师资队伍建设，提高教育教学水平等十项意见
3	《关于全面改善贫困地区义务教育薄弱学校基本办学条件的意见》（教基一〔2013〕10 号）	推进农村学校教育信息化，改善贫困地区义务教育薄弱学校基本办学条件
4	《中华人民共和国义务教育法》（2018 年修订版）	国务院和县级以上人民政府应当合理配置教育资源，促进义务教育均衡发展，改善薄弱学校的办学条件；县级人民政府教育行政部门应当均衡配置本行政区域内学校师资力量，组织校长、教师的培训和流动，加强对薄弱学校的建设

续上表

序号	文件	要点
5	《关于切实做好义务教育薄弱环节改善与能力提升工作的意见》（教督〔2019〕4 号）	进一步巩固全面改善贫困地区义务教育薄弱学校基本办学条件工作成果，提出推进农村学校教育信息化建设等三项重点任务

（2）互联网 + 教育精准扶贫。

党的十八大以来，以习近平同志为核心的党中央高度重视扶贫工作，陆续颁布一系列扶贫政策与行动计划，2015 年颁布了《中共中央国务院关于打赢脱贫攻坚战的决定》，2018 年颁布的《中共中央关于制定国民经济和社会发展第十三个五年规划的建议》提出了“精准扶贫、精准脱贫”这一新时期扶贫脱贫工作新理念。习近平同志对扶贫工作提出了“扶贫先扶志，扶贫必扶智”“精准扶贫”等重要论断。可见，教育是“扶志”与“扶智”的根本手段，薄弱学校改进更是教育扶贫的一项重要举措和关键工作。

《中国教育现代化 2035》明确指出，实现基本公共教育服务均等化要推进教育精准脱贫①。作为教育精准脱贫的重要途径和方法，“互联网 +”是指以互联网为主的一整套信息技术（包括移动互联网、人工智能、大数据技术等）在经济、社会与生活各部门的跨界融合并不断创造出新产品、新业务与新模式的过程②。互联网 + 教育的跨界融合，将多样化的技术手段与教育教学的全过程相互结合，创新了教育资源服务供给模式，塑造了新的教育教学生态。研究表明，借助互联网 + 技术能够精准识别贫困地区义务教育需求，促进丰富多样的数字教育资源共建共享，改变义务教育教师教学能力培训模式，创新义务教育精准扶贫方式③。

智能时代，充分利用“互联网 +”推动义务教育精准扶贫，借助人工智能、数据挖掘、云计算等新型智能技术精准识别教育贫困对象，使发掘区域或学校教育贫困的现实困境，提供基础教育精准扶贫施策方案，追踪义务教育精准扶贫效果成为现实可能。如余胜泉通过对互联网 + 教育的剖析，认为其能够实现全学习过程的数据精准并提供个性化的教育服务，进而破解教育规模化与个性化、公平与质量等教育难题④；左明章等在厘清“扶志、扶智、扶学”的基础上，提出了信息化促进教育精准扶贫的

① 中共中央、国务院印发《中国教育现代化 2035》[EB/OL]. [2020 - 03 - 14]. http://www.gov.cn/zhengce/2019 - 02/23/content_5367987.htm.

② 余胜泉，王阿习. “互联网 + 教育”的变革路径 [J]. 中国电化教育，2016（10）：1 - 9.

③ 王卫军，韩春玲，蒋双双. 教育精准扶贫对教育信息化的价值求索 [J]. 电化教育研究，2017，38（10）：57 - 61.

④ 余胜泉，汪晓凤. “互联网 +”时代的教育供给转型与变革 [J]. 开放教育研究，2017，23（1）：29 - 36.

“三位一体”模式[①]；刘忠民等以吉林省榆树市的一所薄弱学校武龙中学为例，开展以“互联网+教育”精准扶贫摆脱农村薄弱学校困境，提高办学质量的探索与实践[②]。

二、信息化助力薄弱学校发展的实施策略

应用教育信息化促进薄弱学校发展是一个实践性的领域，实施策略探索是促进薄弱学校改进的核心内容。薄弱学校发展是一个持续推进的动态过程，其内涵、目标与方法都会随着社会经济发展、人的思想观念的转变而不断演化。教育信息化作为促进薄弱学校发展的重要手段，其策略、方法也必然会随着薄弱学校发展的持续推进而不断变化。

我国幅员辽阔，由于地区经济发展不均衡，各地的教育发展也存在不均衡不充分的现象，因此不同地区的薄弱学校，也面临着基础设施不完善、教育资源不充分、教师信息化教学能力不高等普遍存在的现实问题。近年来，我国政府一直把信息技术视为促进薄弱学校发展的重要手段，制定并实施了系列重大政策及工程项目，形成了既着眼于系统整体发展，又兼顾多层次重点突破的实施策略，具体是建设施、配资源、强应用和重创新。

1. 建设施：完善基础设施建设，实现教育信息化基础设施建设标准化

基础设施的建设是保障薄弱学校教育起点公平的基本条件，我国逐年加大基础教育设施的建设力度。2000年，国务院发布了《实施西部大开发若干政策措施的通知》，明确把教育和人力资源开发作为西部开发的四大重点领域之一，拉开了西部教育大开发的序幕。[③] 通过实施西部教育开发工程，包括中小学“校校通”工程（2000年）、中小学危房改造工程（2001—2005年）、农村中小学现代远程教育工程（2004年）、农村寄宿制学校建设工程（2005年）、国家贫困地区义务教育工程（2006年）、中西部农村初中校舍改造工程（2007年）等，推动西部教育跨越式发展。以2000年教育部印发的《教育部关于在中小学实施“校校通”工程的通知》为例，“校校通”[④] 工程是基于“弱势补偿”原理向相对薄弱学校的受教育者在教育资源配置上给予额外补偿。通过以上措施，为贫困地区薄弱学校的信息化基础设施建设打好基础。

---

① 左明章，向磊，马运朋，等．扶志、扶智、扶学：信息化促进教育精准扶贫“三位一体”模式建构［J］．电化教育研究，2019，40（3）：13－19，33．

② 刘忠民，王喆．“互联网+教育”精准扶贫 助推城乡教育均衡发展——以吉林省武龙中学为例［J］．中国电化教育，2016（8）：98－101．

③ http://www.moe.gov.cn/jyb_xwfb/xw_fbh/moe_2606/moe_2607/moe_3017/moe_3018/tnull_54528.html.

④ “校校通”指宽带网络“校校通”。

2. 配资源：加强数字教育资源建设，推进教育资源服务均等化

教育信息化能够为优质教育信息资源在城乡学校间共享提供便捷、高效的途径，通过使用教育信息化手段，能够让农村地区薄弱学校共享城市学校优质教育信息资源。2003年教育部开展农村中小学现代远程教育工程，试图通过使用卫星教学收视点、教学光盘播放点以及多媒体教室等手段把城市学校的优质教育资源向农村学校共享。中小学现代远程教育工程特别强调农村学校要用较低的成本获得丰富而优质的教学资源和课程，实现城乡教育资源共享。2012年教育部实施的“教学点数字教育资源全覆盖”项目，提出通过IP卫星、互联网等多种方式将优质学校的教育资源传输到全国6.36万个教学点，该项目旨在为农村义务教育学校，尤其是薄弱学校开足、开好国家规定课程为目标，支持各教学点建设可接收数字教育资源并利用资源开展教学的基本硬件设施，推送数字教育资源到各教学点。

3. 强应用：提升教师信息化教学水平，实现教师信息技术应用能力均衡化

在基础设施建设和数字资源开发基本迈向良性发展的基础上，以应用促建设，促进教师信息化教学水平的提高才是教育信息建设的要义。我国逐年推进教师信息化应用能力提升，先后开展了全国中小学教师教育技术能力建设计划（2005年）、中小学教师国家级培训计划（2009—2015年）、中国移动中小学校长培训项目（2009—2011年）、全国中小学教师信息技术应用能力提升工程（2013年）、中小学校长国家级培训计划（2014年）、“一师一优课、一课一名师”（2014年）、中小学教师信息技术应用能力提升2.0工程（2019年）等工程项目，旨在分层分类，分阶段分过程，逐步提高中小学教师特别是激发农村教师提升信息技术应用能力的内生动力，有效提高教育教学质量。

2020年，教育部印发《关于加强“三个课堂”应用的指导意见》，指导各地开展教育实践探索。三个课堂包含“专递课堂”“名师课堂”和“名校网络课堂”，为薄弱学校课堂教学提供了优质、示范课堂参考和借鉴。“专递课堂”强调专门性，主要针对农村薄弱学校和教学点缺少师资、开不出开不足开不好国家规定课程的问题，采用网上专门开课或同步上课、利用互联网按照教学进度推送适切的优质教育资源等形式，帮助其开齐开足开好国家规定课程，促进教育公平和均衡发展。“名师课堂”强调共享性，主要针对教师教学能力不强、专业发展水平不高的问题，通过组建网络研修共同体等方式，发挥名师名课示范效应，探索网络环境下教研活动的新形态，以优秀教师带动普通教师水平提升，使名师资源得到更大范围共享，促进教师专业发展。“名校网络课堂”强调开放性，主要针对有效缩小区域、城乡、校际之间教育质量差距的迫切需求，以优质学校为主体，通过网络学校、网络课程等形式，系统性、全方位地推

动优质教育资源在区域或全国范围内共享，满足学生对个性化发展和高质量教育的需求。①

4. 重创新：探索新型教学模式，大幅提升信息化对教育改革的推动作用

随着微课、微课程、慕课、私播课等新型数字化资源的出现，随之催化产生了基于信息技术的新型教学模式，如广东省广州市教育信息中心王同聚老师将微课导学教学模式应用与中小学机器人教学实践；② 又如，江苏省苏州市电化教育馆金陵老师将翻转课堂教学模式应用于基层学校教育教学，有效提升学习绩效，完美实现了翻转课堂在中国的蜕变。③ 再如，兰州大学信息科学与工程学院的柳春艳和陕西师范大学教育学院傅钢善两位学者探索了基于 SPOC 的翻转课堂在偏远贫困地区的中小学应用。④以上教学实践探索，转变了传统一支粉笔、一块黑板的满堂灌传统教学理念，把传统教学模式与互联网教学模式深度融合，有机结合了二者的优势，为学生提供了较丰富的学习资源，创造了较良好的自主学习条件，提供了较良性的师生互动，促进和推动了信息化对教育教学的改革作用。

综上，我国政府不断健全教育保障机制，完善教育投入机制，从政策制定、资金投入、资源开发、师资培训等方面做了大量实用而有效的工作，以大幅改善学校办学条件，均衡配备师资改进薄弱学校。

第二节 信息化助力薄弱学校发展的实践路径

一、互联网+薄弱学校改进

对薄弱学校而言，与优质学校建立教学实践共同体，协同开展数字资源共建共享、探索信息技术与教育教学的深度融合，不仅要发挥优质数字化教学资源的功效，更要探索利用信息技术提升教学质量、提高管理效率的方法，同时，在融合创新层面探索信息技术对薄弱学校的教学观念、教学模式、教育内容和教育环境等深层次要素的改变。我国各地市凝聚专家学者、高新企业、教科研机构的力量，在教育信息化助力薄

① 中国教育和科研计算机网. 教育部印发《关于加强“三个课堂”应用的指导意见》[EB/OL]. [2020-11-12]. http://www.edu.cn/xxh/zt/fk/202003/t20200309_1715811.shtml,2020-3-9.

② 王同聚. “微课导学”教学模式构建与实践——以中小学机器人教学为例 [J]. 中国电化教育, 2015 (2): 112-117.

③ 金陵. 翻转课堂中国化的实践与理论创新 [J]. 中国教育信息化, 2014 (14): 9-11.

④ 柳春艳, 傅钢善. 基础教育 SPOC 式翻转课堂应用路径在贫困地区的实践研究 [J]. 电化教育研究, 2018, 39 (6): 107-113.

弱学校发展方面做了很多实践探索。主要做法分别是更新教育理念、开齐开好课程和优化教学模式。

1. 完善信息化建设保障机制，更新农村薄弱中小学校教育思想观念

建立健全薄弱学校的保障机制，对薄弱学校发展起着重要的作用。扬州市基于政府推动，不断完善信息化建设保障机制，提升农村薄弱中小学校教育信息化现状的经验值得借鉴。扬州市教育信息化建设实践做法是：想方设法多渠道筹措资金，加大教育信息化建设资金投入，尤其是经济基础薄弱的农村中小学，通过建设“校校通”“数字化校园”等信息化工程，改变农村薄弱中小学传统的教育模式，更新了教育思想和教学理念，形成了城乡教育信息化均衡发展的“扬州模式”。①

2. 均衡配置优秀师资和数字资源，助力农村教学点开齐、开好国家规定课程

湖北省咸宁市咸安区、崇阳县、恩施州等多个县市区的教学点存在教学规模小、经费较少、设备陈旧、师资力量有限、教学质量普遍不高等问题，采取“互联网＋”教学点湖北行动，尝试通过信息技术、网络技术等先进技术支持实现城镇学校与农村教学点和薄弱学校之间的互联，建立信息化环境下城市中心校带动农村教学点的教学共同体，以实现城市中心校优秀师资与数字化教学资源向农村教学点的输送，帮助教学点开齐、开好国家规定课程，促进区域义务教育均衡发展。② 同样，广东省于2008年开展了“千校扶千校”计划，“在珠江三角洲各大中城市组织1 000所义务教育优质学校，采用‘一对一’的形式，在学校管理、教育教学、教师业务能力等多方面对口帮扶1 000所农村学校”。2010年，广东省继续开展了“以信息化促进义务教育均衡发展实验区”建设工作，“探索以信息化促进县域范围内义务教育均衡发展和整体提升的新思路”，抓住了“校际均衡”这一核心要点，建立了有效的机制和方法。③

3. 开展信息化课堂教学模式应用实践，优化农村教学点的传统教育教学模式

课堂教学是撬动薄弱学校发展的最重要的着力点，这为薄弱学校的深度改造提供了行动指向。雷励华等人针对如何更好地破解农村教学点“开不齐课、开不好课”的难题，组织与实施了面向农村教学点的同步互动混合课堂教学④，以湖北省咸宁市咸安区的应用实践为例，深入分析面向农村教学点的同步互动混合课堂教学环境特征，结合社会建构主义理论与情境化学习理论，设计了面向农村教学点的同步互动混合课

---

① 刘荣，吴必昌．促进城乡教育信息化均衡发展的“扬州模式”［J］．中国电化教育，2008（1）：29－31.

② 王继新，施枫，吴秀圆．“互联网＋”教学点：新城镇化进程中的义务教育均衡发展实践［J］．中国电化教育，2016（1）：86－94.

③ 高铁刚．信息技术提升义务教育均衡发展水平的现状、问题与对策［J］．中国电化教育，2015（2）：1－6.

④ 雷励华，左明章．面向农村教学点的同步互动混合课堂教学模式研究［J］．电化教育研究，2015，36（11）：38－43.

堂教学模式结构框架，通过该教学模式的组织与实施，结合访谈，验证了该教学模式的合理性与有效性。梁林梅等人以参与“视像中国”网络校际协作项目的学校为例，系统总结和分析了应用同步互动课堂促进农村学校整体发展的实践经验。

二、互联网＋教育精准帮扶

习近平总书记提出了“扶贫先扶志，扶贫必扶智”“精准扶贫”等重要论断，学者们开展了深入的学术探索，如王文君等人结合信息技术视域下教育精准扶贫路径选择的核心理念支撑，找准数字化资源共建共享、职业技能培训、教师能力提升等在精准扶贫的优势，提出了利用信息技术促进教育精准扶贫路径实施的五个阶段，致力于消除贫困分化。① 学校尝试开展实践探索。如武龙中学作为吉林省榆树市的一所薄弱学校，开展了以“互联网＋教育”精准扶贫摆脱农村薄弱学校发展困境，提高办学质量的探索与实践。② 本节内容总结了探索互联网＋教育精准扶贫促进薄弱学校发展的路径如下：

（一）精准构建教育扶贫共同体

“共同体（community）”一词是“社区”“社群”之意。它作为社会学概念最早由德国著名社会学家和哲学家斐迪南·滕尼斯于19世纪80年代在《共同体与社会：纯粹的社会学的基本概念》一书中提出。他认为“共同体的理论出发点是人的意志完善的统一体，并把它作为一种原始的或者天然的状态。”③ “凡是在人以有机的方式由他们的意志相互结合和相互肯定的地方，总是有这种方式的或那种方式的共同体。”④ 滕尼斯还把共同体分为血缘共同体、地缘共同体和精神共同体，他认为，“精神共同体是最高形式的共同体”。共同体的概念受到教育领域的关注，最早是著名的美国教育家杜威引入的，他认为，学校即社会，而社会则是由个人之间的互动而产生的思想与感情的共同体。基于共同体的理论与实践研究也逐渐发展起来，实践共同体、学习共同体、经济共同体、人类命运共同体等概念相继而生。从现代意义来说，共同体是指为实现共同目标或愿景而聚集在一起的群体、组织或团体。王继新等人认为，“以信息技术为依托建立城乡基础教育均衡发展共同体，不仅可以促进区域优质教育资源的共享，还

① 王文君，李艺华，王建明. 信息技术视域下教育精准扶贫路径探析［J］. 电化教育研究，2017，38（11）：32－37.

② 刘忠民，王喆. “互联网＋教育”精准扶贫助推城乡教育均衡发展——以吉林省武龙中学为例［J］. 中国电化教育，2016（8）：98－101.

③ （德）斐迪南·滕尼斯. 共同体与社会：纯粹社会学的基本概念［M］. 林荣远，译. 北京：商务印书馆，1999：58.

④ （德）斐迪南·滕尼斯. 共同体与社会：纯粹社会学的基本概念［M］. 林荣远，译. 北京：商务印书馆，1999：65.

能够在城乡学校交互、教师交互、学生交互中促进城乡教师、学生和学校的共同发展”。①

鉴于薄弱学校发展仅仅靠自身努力发展不够，抑或靠政府支持也是不够的，借鉴共同体具有共同协商、共同参与，促进问题的解决和共同目标的实现这一特质，互联网＋精准扶贫视域下薄弱学校的发展共同体精准构建应该加强政府、高校、教学科研机构、企业与薄弱学校自身多方联动，形成高校专家指导、教科研机构人员引导、薄弱学校教师主导、企业技术人员协作与政府支持的方式，在充分发挥各自优势的基础上，构建真正能够有效促进薄弱学校发展的教育扶贫共同体。如此多方协同，深入精准诊断薄弱学校现存问题，并提供适切的实施方案，切实为薄弱学校发展的“量身定制”做好顶层设计和过程跟踪。

在扶贫共同体中，不同角色承担不同的工作职责，政府负责统筹总体工作，引领薄弱学校、高校专家、教科研机构、电教企业与社会力量等积极全程参与到教育精准扶贫过程中；同时，政府为薄弱学校提供相应的政策支持与经费支持；高校专家协同教科研机构提供学术引领、教研指导，为薄弱学校课堂教学质量的提高与改进、教学教研课题的申报与完成，提供智力支持；企业根据学校的实际需求，提供教学所需的数字化教学平台以及优质的教育教学资源，同时提供专业的驻点技术支持，及时解决教师在教育技术方面的问题；而社会力量则提供社区服务等社会资源。

（二）精准识别学校发展需求

诊断学校发展问题，识别学校发展需求，是实施学校供给策略的重要环节，关乎教育精准扶贫是否取得显著成效，因此该阶段重点在于采集数据，并应用统计分析方法建立用户模型，整合多样化的数据信息，从而分析归纳大数据背后隐藏的整体关联性和内在规律性。借助互联网＋教育精准扶贫平台采集学校、教师和学生三者的基本数据，并将数据分类存储到平台数据库中。其中，需要采集的数据包括两个部分内容：

第一部分为基本信息，以教师为例，教师的基本信息含姓名、性别、年龄、学历；任职学校、授课科目、授课年级、授课薄弱点等。

第二部分为需求信息，主要呈现学校、师生的需求。同样以教师为例，需求信息设置多道题目以了解教师的实际需求，部分题目如下：

（1）知识点讲解中需要得到哪些帮助与支持?

（2）课堂教学中需要哪些类型的数字化教学资源?

（3）课后备课需要得到哪些方面的教研帮助与支持?

（4）网络教研中需要得到哪些方面的教学与技术指导？等等。

如此，分别向学校领导、教师、学生了解其真实需求，分别调查学生的学习动机

---

① 王继新，吴秀圆，翟亚娟．共同体视域下的区域基础教育均衡发展模式研究［J］．电化教育研究，2018（3）：12.

与学习效能，调查对象通过填写个人基本信息，填写需求表单和自主发布需求等方式实现薄弱学校的数据录入，互联网+平台通过大数据分析技术，将数据转化成帮扶需求信息，进而将数据进行归纳、总结和提炼，实现薄弱学校发展需求的准确识别。

本书将薄弱学校可能出现的需求主要归结为三类，第一类是面向师生资源获取与应用的需求，第二类是面向学生教学的需求，第三类是面向教师教研方面的需求。事实上，薄弱学校的需求是这三个类别无法覆盖的，还包括资金投入、设备补充和校园文化建设等方面，但考虑到共同体的能力可及范围和实际可操作性，本书将互联网+教育精准扶贫定位于教学、教研和资源三个方面，其他方面的需求暂不考虑。

（三）精准实施学校供给措施

1. 精准推送优质教学资源

主要通过个性化推送优质教育资源和开展数字化资源应用培训。高校专家协同教研机构教研员共同甄别和筛选有效的、实用的符合薄弱学校师生需求的优质教育资源，这些数字化资源含教学视频、教学设计、测验试题以及微课优课等。薄弱学校的教师根据学生的知识基础、兴趣爱好、学习风格等学情，结合资源浏览/下载记录，以及资源点击量和资源评价，确定资源内容和选取资源类型，为学生推送合适的资源。互联网+教育精准扶贫能够根据师生的真实需求，个性化推送资源，打破了传统流水线式“漫灌”资源的局面，以扶贫对象为中心，变被动接受为主动获取，变全面铺开为个性化推送，充分调动了师生的主动性和积极性，让他们根据自身需求主动获取，有利于真正实现“滴灌”式资源输送。这种个性化资源配置由“套餐”转变为“自助餐”，满足扶贫对象的个性化需求，有利于充分发挥数字化资源的实效。

为了薄弱学校师生更好地利用数字化资源辅助教学，解决“有建设，无应用”的问题，充分发挥数字化资源的辐射效应，实现扩大优质数字化资源扩大面的目标，同时也为了满足薄弱学校师生开展日常教育信息化教学的需求，针对教师开展数字化资源应用培训，培训内容包括数字化资源筛选甄别、数字化资源制作、数字化资源改造、数字化资源辅助教学等，实现“点点用、改改用、创创用”①。

2. 精准开展互联网+智慧教学

针对薄弱学校学生个体差异大，大部分学生学习基础相对薄弱、学习动力不足、学习专注力较为低下、学习自信心不足，教师课堂效率低下，无法同时顾及少数的优秀生和多数的学困生，教学迷茫、干劲不足等劣势，如何既能激发大部分学困生学习兴趣，提高学习专注力和学习自信心，又能提高课堂教学效率和教学质量？开展互联网+智慧教学已成为教育技术的新范式，也是一条积极探索促进薄弱学校优质发展的

---

① 王创. 以数字教材规模化应用促进信息时代的“课堂革命” [J]. 广东教育（综合版），2019 (3).

路径。智慧教学是互联网+教学的典型新样态，但怎样的教学能够称之为智慧？纵观国内外近十年的智慧教学，可归纳为两种，一种是教师智慧地教，强调教师的教学机智；另一种是教师利用智能教学技术教，强调教师巧妙地利用智能技术。前者强调教师机智，教学改进就会进入不可言说的默会领域；后者强调智能技术，教学的核心就会失去焦点或是异化为技术论。因此，有必要加强两者的融合，找到两者兼备的教学模式和技术形态，实现教学与技术的深度整合。

有学者认为，完备的智慧教学系统应该集合先进理念与操作系统于一体，兼具技术工具和教学价值双重理性，能够提供尊重差异并满足多样化的、个性化的学习方式和学习资源，能有效促进学生养成自主学习意识和习惯，提高学生自主学习能力的技术支持系统①。本书互联网+智慧教学指在移动互联教学环境中，教师通过智能教学平台和课堂观察等方式，记录和观察学生的学习行为，根据收集的学习数据进行教学诊断，有针对性地开展分层教学，以满足不同层次学校不同层次学生的个性化需求的一种教学模式。如教育部在湖南省郴州市柿竹园学校和白露塘镇中心小学，以及广东省广州市陈嘉庚纪念中学等薄弱学校开展的互联网+智能教学品质提升项目，即培训教师合理地有效利用爱迪乐（IDIIL）教学系统②进行差异化教学，是提升学困生学习能力，促进全体学生进步的有益尝试。

3. 精准开展线上与线下相结合的混合教研

混合教研是基于优秀教师、高校专家和教科研人员帮扶薄弱学校教师的理念，通过智能学习平台为薄弱学校教师教研提供一个动态交流对话的空间，提供在线培训和线下教研两种方式促进薄弱学校教师能力提升。其中在线培训是定期或不定期组织高校专家、教科研人员与薄弱学校教师通过 UMU③ 等智能教学平台开展实时的线上培训活动，包括线上讲座、线上答疑、交流互动等活动；线下教研，包括深入课堂观摩研讨课例、集体备课、同课异构等活动，薄弱学校教师可以将教案等内容发布到教学平台，帮扶人员及时答疑与指导，在交互中将优秀教学理念、方法等潜移默化地传授给薄弱学校教师，不断地促进其专业发展。

（四）精准评价学校改进成效

学生能力提升和教师专业发展是一个持续、系统的发展过程，这个特点直接决定了教育精准扶贫效果评价的复杂性和动态性，因此，需要以“动态、实时”为核心对

---

① 卓晴君，邓立言. 智能教学系统引导下的教学范式变革［J］. 中国电化教育，2017（10）：104.

② IDIIL 是美国爱迪乐教育研究院以麻省理工学院物理学教授徐启天博士带领团队研发的智能教学系统。IDIIL 是 5 个核心教学理念：个别化学习（Individualized learning）、发现式学习（Discovery-Based Learning）、互动式引导（Interactive Guidance）、渐进式成长（Incremental Development）、主体式学习（Learner-Centered Instruction）的英文词组的首字母。

③ UMU 是互联网+时代知识分享与传播的学习平台，可用于企业学习、学校教学等不同场景。

扶贫效果进行评价。在这个环节，采用不同的手段和方式分别对学校师生资源、教学和教研扶贫进行动态跟踪。一是采用问卷、量表了解学校师生对资源使用的需求与满意度进行跟踪评价；二是采用问卷、访谈了解学校教师、学生对教学质量、效率与满意度进行跟踪评价；三是通过教师的教学日志、反思等方式了解教师对教研质量、满意度进行跟踪评价，及时调整和修正扶贫策略。每个月或每个学期结束后定期进行评价，并把相关数据和信息记录到平台中，随着教育扶贫实践的积累，每一所薄弱学校的师生数据都会不断增加，并记录在学校数字化档案里，不断更新档案中的数据，完整记录每位师生在帮扶过程中的成长与发展过程。通过这些相关的评价数据，可以直观地、科学地呈现出整个互联网＋教育精准扶贫的效果，也可以及时地发现新的问题，若将发现的问题反馈给精准实施阶段进行“病因诊断”，最后再循环到动态跟踪阶段，进行分类“治疗”与问题解决，如此循环往复的评估反馈和修正完善过程，能够提高扶贫的精准性，从而实现互联网＋教育精准扶贫促进薄弱学校发展的目的。

三、互联网＋教育精准帮扶案例

本书以“双师教学”项目作为“名校网络课堂”的典型案例，介绍互联网＋精准扶贫助力薄弱学校建设。“双师教学”项目是由创新人才教育研究会、中国人民大学附属中学、友成企业家扶贫基金会、国家基础教育资源共建共享联盟共同发起的旨在促进教育均衡发展的远程教学模式。“双师教学”项目尝试用远程的方式解决乡村学校师资不足，优秀教学资源匮乏等问题，从而探索城市优质教学资源补充乡村的可操作性。①“双师教学”项目信息化分别从基础设施建设、技术支持与互联网发展思维三个方面支持薄弱学校发展。如表 1－2 所示。

表 1－2　“双师教学”项目信息化支持度

信息化支持度	主要内容
基础设施建设	由“国家基础教育资源共建共享联盟”提供城乡交流共享资源的教学平台
技术支持	由正保远程教育集团的东大正保远程教育平台提供全面的、完善的技术支持。该平台集互联网技术、多媒体课件技术、教育教学技术、教学管理思想于一体
互联网发展思维	在识别和诊断薄弱学校发展问题和实际需求基础上，通过构建扶贫共同体，利用慕课教学平台，为薄弱学校提供优质教学资源和开展网络教学，促进薄弱学校发展

① 中国教育新闻网．双师教学项目评估报告发布会在中央财经大学召开［EB/OL］．［2020－12－04］．http://www.jyb.cn/china/gnxw/201612/t20161213_689161.html.

从教育精准扶贫的角度分析“双师教学”项目，体现在精准构建共同体、精准识别发展需求、精准实施供给策略和精准评价改进成效这四个方面。主要内容如表1－3所示。

表1－3　“双师教学”项目教育扶贫精准度

教育扶贫精准度	主要内容
精准构建共同体	共同体：国家基础教育资源共建共享联盟、中国人民大学附属中学、薄弱学校、创新人才教育研究会（研究会成员单位覆盖国内多所著名大学）、友成企业家扶贫基金会、正保远程教育集团
精准识别发展需求	学生需求：接受名校教师的课程讲解，提升学习能力
	教师需求：观摩名师课堂视频，与名师交流互动，学习优秀教学经验，促进专业发展
	学校需求：师生接受优质教育教学资源供给，提升学校课堂教学质量
精准实施供给策略	提升学生能力：该项目以每日远程传输中国人民大学附属中学优质课的形式，为薄弱学校的学生讲授课程，通过网络直播或录播的方式输送课程，让薄弱学校的学生在优质师资的远程指导下进行学习
	促进教师专业发展：“双师教学”中的“双师”是指每个试验班有两个教师一起开展教学活动，一个是中国人民大学附属中学的教师，负责网络远程主讲；一个是薄弱学校的教师，负责提前备课、整合中国人民大学附属中学的课程资源、选择合适的教学模式、复讲复练、组织本班学生讨论、教学重难点的总结、答疑、批改作业、个别辅导等。通过陪伴式的“师傅带徒弟”培训，薄弱学校教师在中国人民大学附属中学教师言传身教过程中进行观摩学习和提问交流，提升自身素养
	丰富教学资源供给：中国人民大学附属中学将优质课程资源共享于慕课教学平台中，提供给薄弱学校自主选择
精准评价改进成效	过程性评价：项目定期让薄弱学校教师撰写反思日志，反馈扶贫效果和问题
	总结性评价：项目经过几年的发展，已从松散式的点状试点发展模式转型为县域、市域和省域的推广模式，中央财经大学中国人力资本与劳动经济研究中心“双师教学项目评估报告”显示该项目在师生比例、教学资源、教学设施、教师素质四个方面对薄弱学校的学生产生了积极影响①。评估结果充分体现“双师教学”项目有效提升了贫困地区薄弱学校的教学质量，真正实现了薄弱学校教育扶贫的目标

① 中国教育新闻网．双师教学项目评估报告发布会在中央财经大学召开［EB/OL］．［2020－12－05］．http://www.jyb.cn/china/gnxw/201612/t20161213_689161.html.

第三节 信息化助力薄弱学校发展的调查分析——以广东省为例

一、调研背景

2020 年，是全面建成小康社会决胜之年，是十三五规划收官之年。全国教育工作会议强调，2020 年是一个具有标志性、转折性意义的年份，十分关键特殊。教育系统必须牢牢树立起“收官”的强烈意识，在此基础上开好局、开新局。会议指出要聚焦义务教育有保障这一核心目标，坚决打赢教育脱贫攻坚战。① 在全面建成小康社会的过程中，教育扶贫要以历史的态度、前瞻的眼光做好调查研究，做好 2020 年之后的教育扶贫规划新战略，重点研究构建与乡村振兴相适应的农村教育结构、城市新贫困群体教育、教育均衡发展问题。②

当下，在教育信息化 2.0 和智能时代背景下，利用信息技术赋能教育脱贫，协同知名高校、高新企业与学校自身多方联动，利用互联网 + 技术支持服务，探索出有效的互联网 + 教育精准扶贫促进薄弱学校发展的实践路径成为广东省促进基础教育均衡发展的新方向、新思路和新杠杆。面向全省粤东西北地区较为薄弱的学校开展调查研究，以解决薄弱学校的现存教学问题为导向，以弹性服务信息化课堂教学为出发点，做好互联网 + 教育精准帮扶的顶层设计和政策支持，有助于促进薄弱学校迈向优质均衡发展。

二、调研设计与实施

（一）调研目的

为了解互联网 + 时代，全方位把握全省中小学薄弱学校的真实发展需求，推动教育精准扶贫、脱贫中的薄弱学校建设，本次调研的目的在于收集薄弱学校最真实的资料数据，以实际问题出发，以真实需求为导向，总结和提炼出互联网 + 时代教育精准

---

① 吕燕茹，司思，赵建伟. 奋战 2020 确保“收官之年”圆满收官［EB/OL］.［2020 - 12 - 05］. http://www.centv.cn/p/345429.html.

② 魏有兴. 中国教育扶贫 70 年：历程、经验和走向［J］. 深圳大学学报（人文社会科学版），2019（5）.

扶贫的发展模式，为制定教育公平、优质、均衡发展的政策提供实践参考依据。

（二）调研对象与内容

1. 调研对象

为全面摸清和把握全省中小学校，尤其是薄弱学校的发展需求及存在问题，本次调研的对象主要聚焦在粤东西北经济欠发达地区。本项目在全省粤东西北12个地级市中选择了8个地级市共21个县区，具体如表1－4所示。

表1－4　调研区域选择

地域	地级市	县区	数量/个
粤东	汕尾市	城区、陆丰市（县级市）、海丰县、陆河县	4
	梅州市	丰顺县	1
粤西	云浮市	新兴县	1
	湛江市	赤坎区、雷州市	2
	茂名市	茂南区、高州市（县级市）、化州市（县级市）、信宜市（县级市）和电白区	5
粤北	清远市	连南瑶族自治县	1
	韶关市	始兴县	1
	河源市	源城区、紫金县、龙川县、连平县、和平县和东源县	6

调研的对象为这些县区的中小学校的校长和教师。考虑到各地级市或县区教育教学研究室的相关工作人员对中小学校发展现状的了解比较深入，因此请部分地级市或县区教育教学研究室的工作人员推荐部分中小学校长作为访谈的对象。

2. 调研内容

本文充分把握和了解教育扶贫的相关信息，设计了针对中小学校长、中小学教师两份问卷。问卷原文见本节末的附件1和附件2。

面向中小学校长的调研问卷分为五部分：一是学校的基本情况，包括学校所在位置、学校类型、学校等级；二是学校的师资水平，包括教师的学历、年龄、学科教师配备、信息化教学能力等；三是学校的生源质量，包括学生的户籍、学生入学成绩等；四是校长对互联网＋教育促进学校发展的需求及态度，包括对待教育精准扶贫的态度、需求内容、对教育精准扶贫的认知等；五是校长对互联网＋教育促进学校发展的建议。

面向中小学教师的调研问卷分为六部分：一是学校的基本情况，包括学校所在位置、学校类型、学校等级；二是教师自身的基本情况，包括任教学段、任教学科、年龄段、教龄、学历；三是学校信息化教学基础设施的基本情况，包括可用的计算机数量和质量；四是学校数字化教学资源的基本情况，包括常用数字化教学资源的数量、质量、类型、用途、存在问题等；五是教师信息化教学情况，包括对开展新型教学模式的态度、能力、存在问题等；六是教师信息化教研情况，包括互联网+教育精准帮扶的措施、态度、存在问题等。

（三）调研方法

本调研主要通过网络问卷调研和访谈两种方式，了解广东省薄弱中小学校的发展现状、存在问题和真实需求，同时收集量化数据和质性数据，借助 EXCEL 和 SPSS 21.0 软件对问卷回收数据进行处理，并对访谈数据进行归纳整理。

三、基础数据统计

（一）问卷统计

项目调研的在线电子问卷于 2020 年 6 月在“问卷星”问卷调查网站发布，截至 2020 年 7 月，调查问卷回收情况如下：

1. 薄弱学校的校长问卷回收情况

目前调研回收的薄弱学校校长调查有效问卷共 642 份。这些薄弱学校分布在广东省粤东西北的 21 个县区。参与调研的校长均较为熟悉所在学校教育帮扶开展情况，能够保证数据的可靠性和严谨性。

2. 薄弱学校的教师问卷回收情况

目前调研回收的薄弱学校教师调查有效问卷共 5 679 份。参与调查的教师以小学、初中和高中的语文、数学、英语教师居多，其中小学教师占比 58.78%，初中和高中教师相对较少（占比分别为 26.4% 和 14.6%）；语文教师占比 33.28%、数学教师占比 22.96%、英语教师占比 13.59%；年龄分布在 41~50 岁（占比 59.03%）和 31~40 岁（占比 30.06%）这两个年龄段居多；学历以本科为主（占比 53.12%），大都有 10 年以上的教龄（占比 74.15%）。参与调研的学校教师对当地的教育教学现状较为熟悉，也能真切地反映出薄弱学校最迫切的教育需求，能够保证调查数据的可靠性与真实性。

（二）访谈统计

考虑到问卷调研的学校开展互联网+教育精准扶贫整体概况和教师开展互联网+精准教学、教研的概况，访谈更清晰于聚焦课堂中的信息化教学。互联网+正在触发教育教学模式的变革，而课堂是教学的主阵地，因此本次调研的访谈主要是聚焦平板教学，了解学校开展平板教学的情况以及摸清学校是否有形成比较稳定的信息化教学模式。通过深入的访谈，真正掌握薄弱学校开展平板教学的基础条件，以及开展信息化教学模式改革的可能性。

具体问题如下：

Q1：学校是否有开展平板教学？若有，开展平板教学的时间多长？

Q2：学校现有平板教学是否有专家团队指导及信息技术支持？

Q3：学校开展平板教学的教师信息化教学能力如何？数字化教学资源是否满足教学所需？

Q4：学校开展平板教学对提升教学质量的帮助体现在哪几个方面？

Q5：学校是否有形成比较稳定的平板教学模式？

通过访谈收集丰富的质性数据，与问卷调研得到的数据优势互补，保证调研的科学性和可靠性。

四、数据分析

（一）学校基本情况分析

1. 大部分薄弱学校处于农村

学校位置处于农村居多，占比 55.61%，其次是城镇，占比 31.46%，有个别学校分别处于城乡接合部（占比 4.98%）和市区（占比 7.94%）。具体情况如图 1－1 所示。

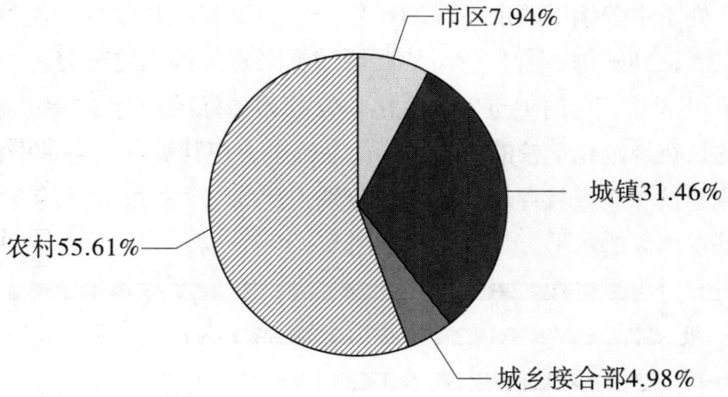

图 1－1　学校所处位置

2. 大部分学校是义务教育阶段学校

调研中大部分学校是义务教育阶段学校，含小学（占比 71.81%）和初中（占比 18.85%）。此外，还有个别的九年一贯制学校（占比 4.21%）、高中（3.89%）、完全中学（1.09%）和十二年一贯制学校（0.16%）。具体情况如图 1－2 所示。

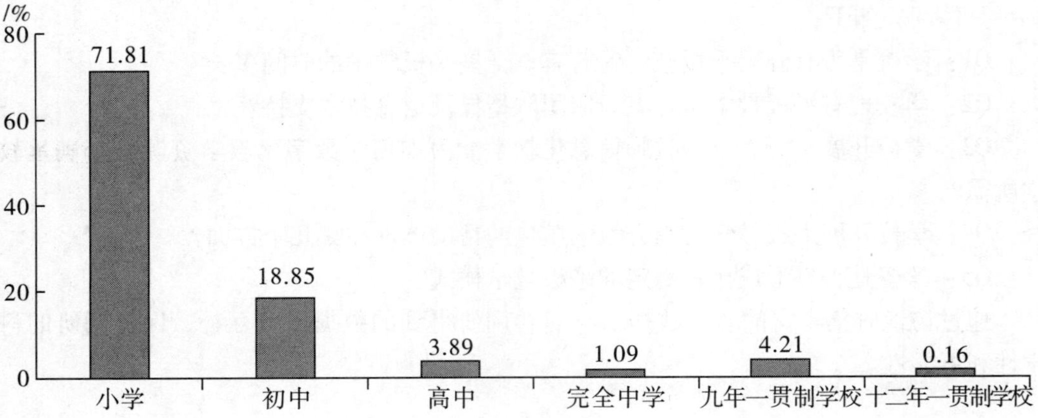

图 1－2　学校类型

3. 大部分学校是义务教育标准化学校和义务教育规范化学校

广东省教育厅分别于1994年、2006年和2013年颁布了《广东省中小学校等级评估管理办法（试行)》《广东省义务教育规范化学校标准（试行)》和《广东省义务教育标准化学校标准》，经历了从“等级学校”到“规范化学校”再到“标准化学校”的政策变迁，这是受制于全省所有中小学学校的发展实际情况而制定的相关指导性文件。1994年全省启动中小学等级评估，旨在集中资源办好少数学校，建设一批水平较高的学校，包括省一级、市一级、区一级学校等若干个不同等级。从调研数据来看，17.97%的学校是区一级学校，处于中等偏下的水平。2006年全省启动规范化学校，代替等级评估旨在推进教育均衡发展，办好每一所学校。从调研数据来看，占比约三分之一的学校都评上了规范化学校。2013年，与时俱进对规范化学校的相关标准进行了修订，提高了标准与条件，但其目的是在规范化学校的低水平均衡基础上，使其提高到高水平优质均衡发展。义务教育标准化学校和义务教育规范化学校分别占比32.87%和32.55%。可见，本次调研的学校属于基本达标的水平。具体情况如图1－3所示。

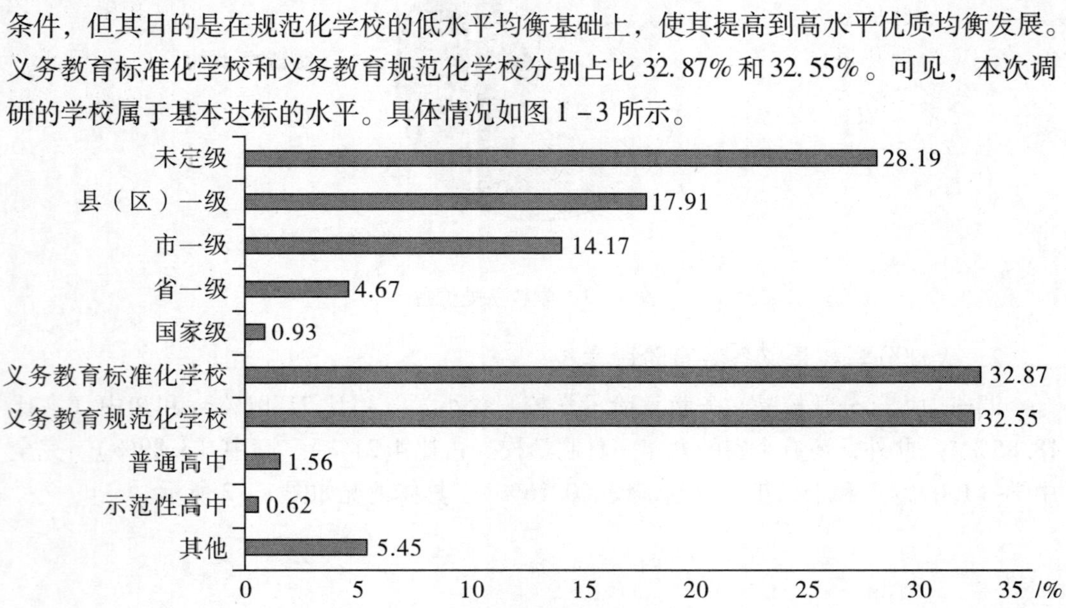

图 1－3　学校等级

（二）学校生源质量基本情况

1. 学生基本是本地户籍

由于大部分的薄弱学校分布于粤东、粤西和粤北这些经济欠发达地区，薄弱学校多数地处城乡接合部，因此顺其自然，学生基本源自本地户籍人口，占比超过 98%，如图 1－4 所示。这些孩子一般是父母外出打工，跟随爷爷奶奶或外公外婆等长辈一起生活。他们的生活与学习也是由长辈照顾与督促，相对而言，父母对孩子的成长与学业方面的照料与监督，远远不够。

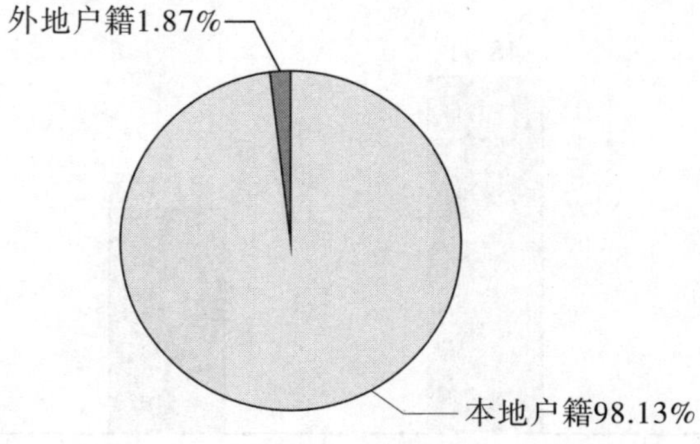

图 1－4　学生户籍

2. 生源结构为本地留守儿童居多

与学生本地户籍相对应，学生结构也是本地留守儿童居多，因为粤东西北地区相对于珠江三角洲而言，外来务工子弟占比非常小，仅约 3%，绝大部分是本地户籍的留守儿童，这部分群体占比超过 97%，如图 1－5 所示。农村留守儿童是我国经济社会转型期出现并将长期存在的社会群体，是最需要关注的特殊群体之一，因为这些孩子的父母因经济所困不得不外出打工，而疏忽对孩子的教育，这给学校教育教学带来了一定的难度。

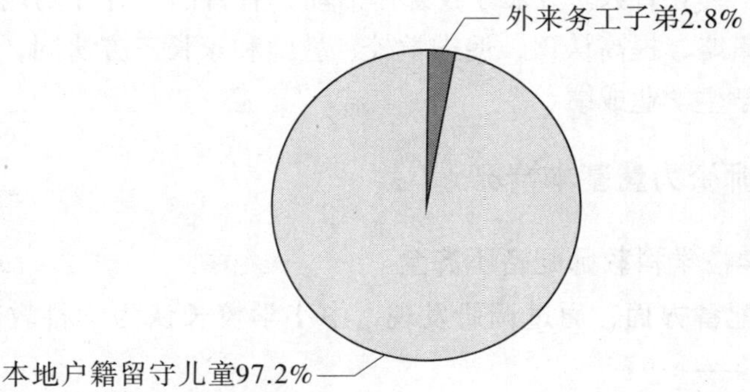

图 1－5　学生生源结构

3. 学生入学成绩在同类学校排名为中等

一般而言，生源质量评价主要以学业成绩水平作为评价标准，因此了解其学生入学成绩在同类学习的排名，有助于摸清学生的基础知识底子。从调研数据来看，大部分学生入学成绩在同类学校排名为中等，占比约49%，还有约31%的学生是中等偏下水平，更有约9%的学生是靠后的，靠前的仅约11%，如图1－6所示。可见，接近40%的学生的基础知识比较薄弱，可能存在学习成绩较差，学习兴趣不足、学习动力不强等问题。

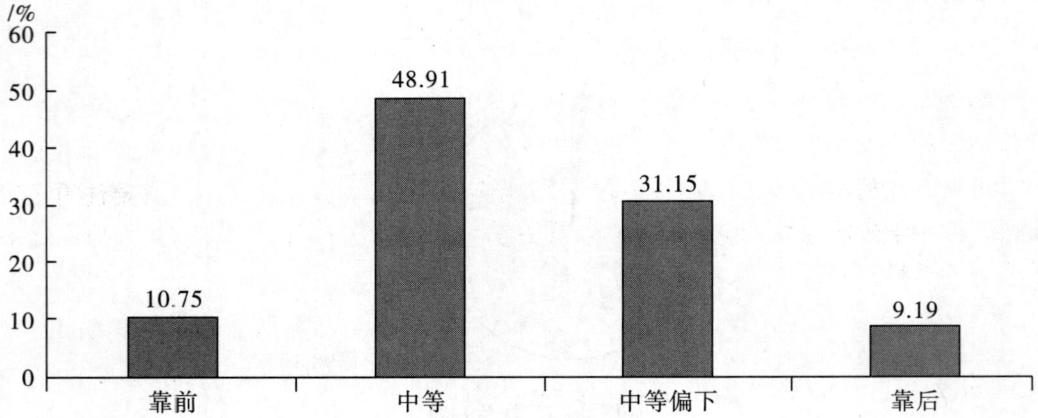

图1－6　学生入学成绩

因此，要解决薄弱学校、农村学生生源质量问题必须依靠自身改革和体制创新去转化“弱生源”、提高“弱生源”。[①] 其主要措施有如下三个方面：一是政策倾斜，教育行政部门给予相关优惠政策保障，包括建立健全相关优质学校对薄弱学校的帮扶机制，调动和倾斜相关教育资源，开展教育帮扶活动；二是加强管理，学校自身提高办学的积极性和主动性，采取有力措施，完善学校教师的教育教学设施配备，建立教师的工作激励机制等以提高办学质量，促进现有生源质量的不断提高；三是家校合作，促进学校和家庭一体化育人。开展家校合作活动，有目的、有计划地面向家长介绍家庭教育的方法与策略，提高认识，促进学校、教师和家长三方协同，共同提高学生学习积极性，提高学生学业成绩。

（三）学校师资力量基本情况

1. 大部分学校学科教师配备不齐全

在学科教师配备方面，通过调研发现，中小学校长认为学科教师配备尚不齐全

① 姚晓娜．基于义务教育阶段对农村学校生源质量转化的思考［J］．课程教育研究（新教师教学），2015（5）：61．

（占比 63.71%），如图 1－7 所示。

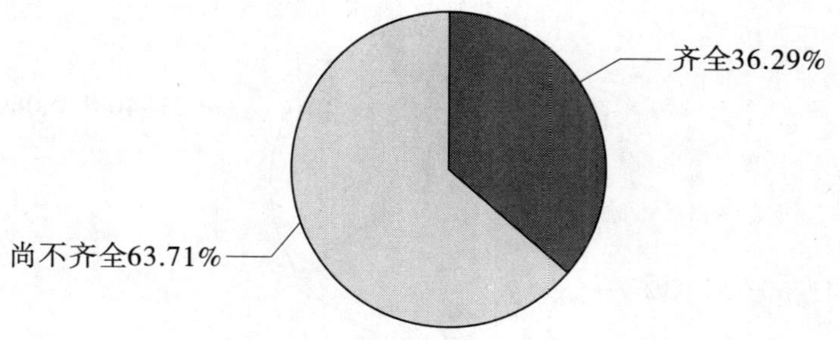

图 1－7　学科教师配备情况

其中紧缺的学科分别为中学阶段的通用技术（占比 0%）和信息技术（占比 1.32%）、小学阶段的综合实践（占比 0.39%）和科学（占比 0.81%），如图 1－8 所示。可见，在利用专递课堂、名师课堂等教学模式进行教学帮扶时，尤其要注重紧缺学科，如小学阶段的综合实践和科学以及中学阶段的通用技术、信息技术等师资配备不齐全的学科。

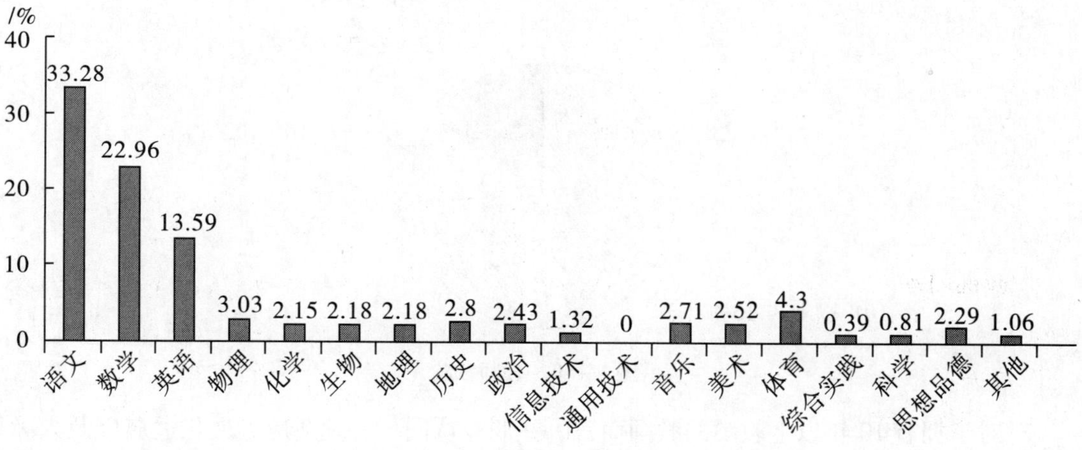

图 1－8　各学科教师任教情况

2. 大部分教师处于中青年阶段

从教师年龄来看，集中于 31～50 岁，其中 41～50 岁占比约 60%，31～40 岁占比约 30%。可见，大部分教师处于中青年，工作干劲较足，有较好的职业上升的诉求。有一小部分教师是处于 30 岁以下的新教师（占比 4.52%）和 50 岁以上的年长教师（占比 6.39%），如图 1－9 所示。

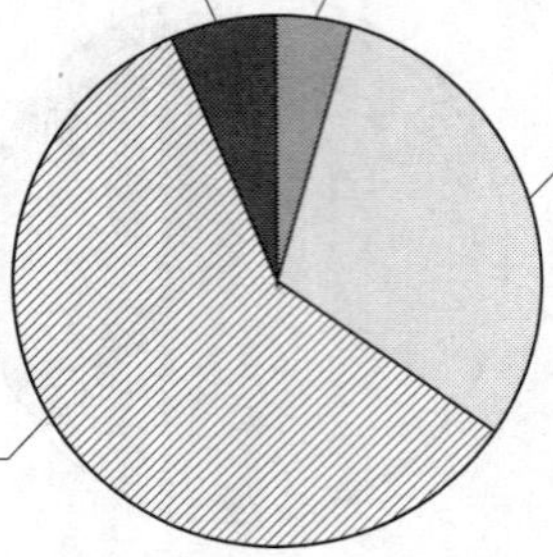

图 1-9　教师年龄构成

3. 大部分教师有 10 年以上教龄

通过调研发现，74.15% 的教师拥有 10 年以上教龄，6 ~ 10 年教龄的教师占比 10.76%，3 ~ 5 年教龄的教师占比 6.6%，3 年以下教龄的教师占比 8.49%，如图 1 - 10 所示。

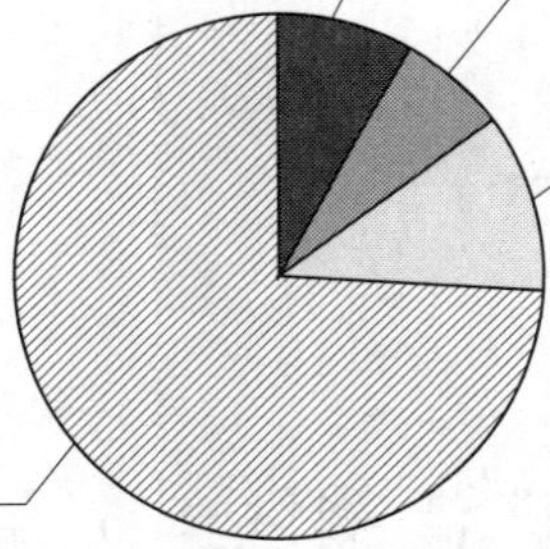

图 1-10　教师教龄

对于拥有 10 年以上教龄的教师而言，在职业认同、心理适应、文化适应以及人际交往方面都处于比较稳定的状态。大致而言，这些教师的特征表现为：对自己所教的学科均比较感兴趣，热爱教育事业；具有较强的工作胜任能力，能够完成教学任务与处理工作琐事，心理适应状况较为良好；对学校的工作节奏、学校的文化氛围等都能够较为轻松地适应，同时能够与同事、学生融洽相处。但是，在教师教育培训方面，这些拥有 10 年以上教龄的教师更要紧跟时代发展步伐，主动更新教育教学理念，主动探索开展信息技术与学科教育教学深度融合防止可能因前期固化的行为习惯，而有所滞后。因此，在开展教师信息化教学培训时，一方面要及时了解教师的真实培训需求，另一方面要有意识地培养教师主动运用新型信息技术，如智能教学平台，极简 APP 等提高教学效率，推进教师由知识的传授者向知识的引导者转变。

4. 当前薄弱学校的教师学历主要集中在本科层次

在教师学历方面，本科占比达 53.12%，高层次人才（硕士及以上占比为 0）匮乏，且仍有部分大专层次（占比 44.39%），如图 1－11 所示。可见，当前薄弱学校的师资力量仍需提高。因此，在进行教育帮扶的过程中应关注共享和输送高层次人才力量，提高薄弱学校的师资力量。

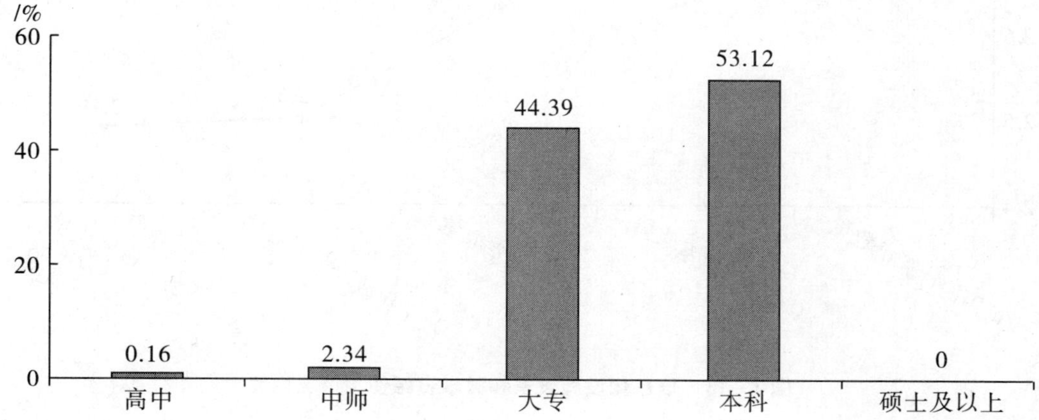

图 1－11　教师学历

（四）学校信息化建设基本情况

目前薄弱学校的教育信息化设施的配备情况尚可。根据调查结果显示，60% 的校长认为可用的计算机数量基本满足；54% 的校长认为多媒体教室数量基本满足；55% 的校长认为多媒体教室质量基本满足；50% 的校长认为数字化教学资源数量基本满足；51% 的校长认为数字化教学资源质量基本满足（见图 1－12）。

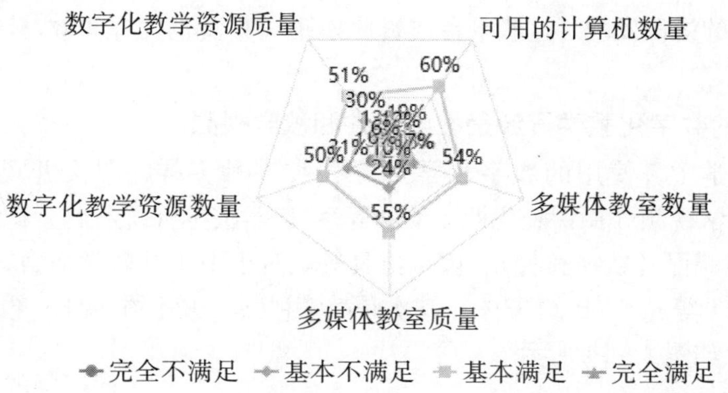

图 1－12　薄弱学校教育信息化设施配备情况

调查过程中，题目采用李克特四点量表（Likert Scale），采用的李克特四点量表满足程度从 1 分到 4 分依次递增，分别对应的选项是：①完全不满足；②基本不满足；

③基本满足；④完全满足。数据结果采用均值呈现，如图 1－13 所示。

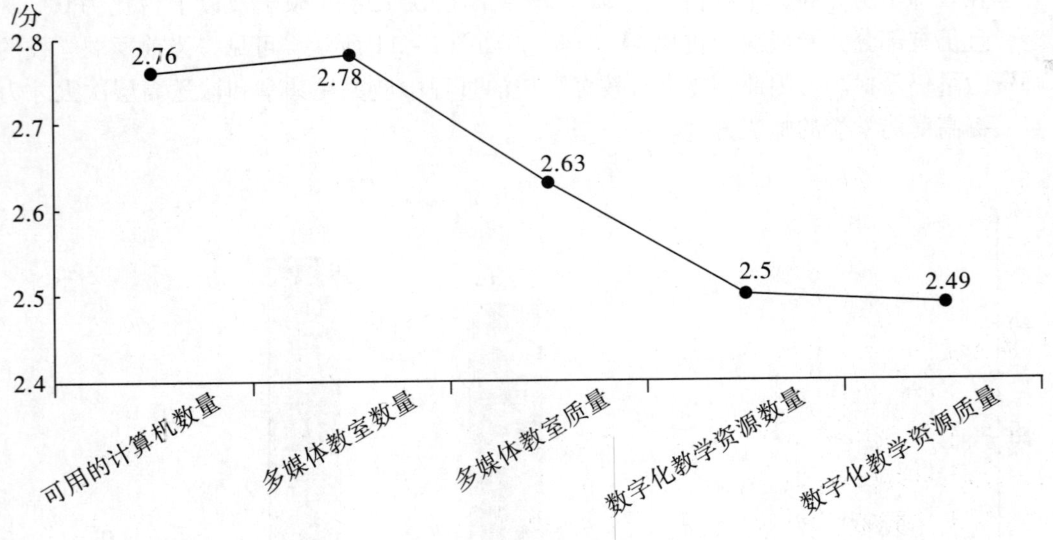

图 1－13　信息化设施设备和教学资源使用情况均值

从图 1－13 可知，学校信息化设施设备和教学资源的使用情况的总体均值为 2.63 分，可见基本都能满足使用。其中信息化设施设备较之于教学资源的使用情况而言，前者的数量和质量优于后者。从中反映出开发更多数字化教学资源，提高数字化教学资源的质量，满足学校信息化教学的需要，是目前亟待改进和解决的重要问题。

（五）学校数字化教学资源的基本情况

1. 大部分学校拥有支持网络教学的平台或资源库

通过调研发现，虽然目前约 69% 的学校有支持网络教学的平台或资源库，但通过与校长、教师的访谈发现，这些平台或资源库距离其真正发挥实效与功用还存在一定的距离。

2. 常用的数字化教学资源是教学课件和教学视频

在日常教学中，使用的数字教学资源种类多种多样，图文并茂，含教学课件（PPT 等）、教学视频（微课、优课、动画等）、教学文本（练习题、试题）、教学素材（图片）、网络课程（数字教材）、虚拟仿真等。对于中小学教学而言，采用最多的是教学课件（PPT 等），占比约 93%；其次是教学视频，占比约 64%；再次是教学设计，占比约 51%，如图 1－14 所示。

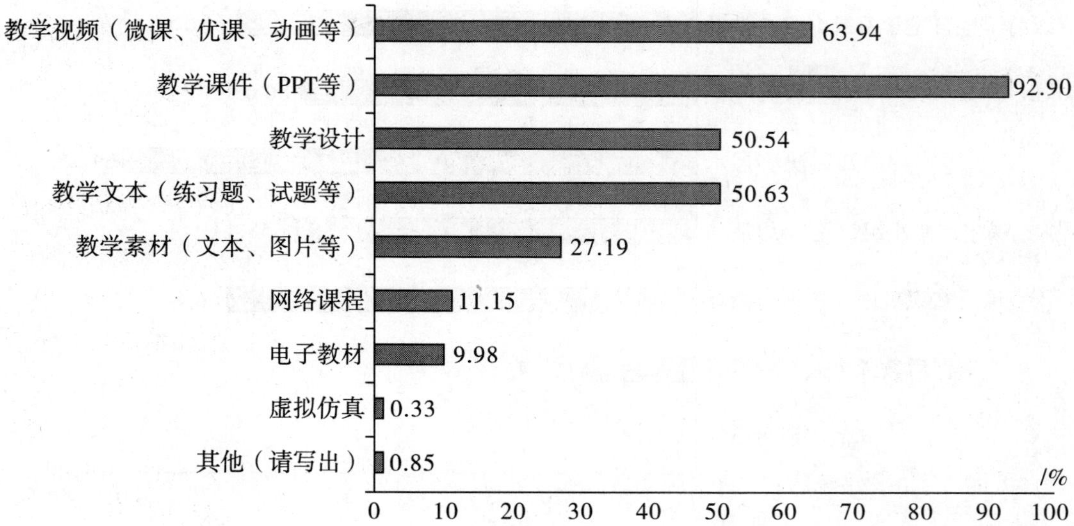

图 1－14　最常用的数字教学资源种类

3. 常用的数字化教学资源在课前、课中和课后都有不同程度的使用，最多的是用于课中知识演示

在教学中恰当使用数字化教学资源，可以起到事半功倍的效果。在当前主张信息技术与学科教学深度融合的时代背景下，既要正视信息技术的正面作用，又要合乎实际教学需要，在熟练掌握传统教学的基础上，合理使用数字化教学资源，活跃课堂教学气氛，增强师生互动，提高课堂教学效果。通过调研发现，大部分数字资源用于课中知识演示/展示（占比约 81%），其次是课后知识巩固、拓展与测评（占比约 66%），再者是用于课前学生自主学习或探究性学习（占比约 65%），如图 1－15 所示。从中可见，数字教学资源可灵活运用于课前、课中与课后三个教学环节。当然，课中知识展示，不仅是锦上添花，而且是真正促进学生深度学习的达成。课后知识巩固，一方面在于学生自主学习，同时也需要教师给予学生个性化的辅导，对不同层次的学生给予不同学习难度的练习，逐步实现精准滴灌，而不是大水漫灌式的辅导。同理，将数字资源用于课前学习也是如此。教师为学生推送合适的学习资源，学生可以根据自己已有的知识背景、学习基础、学习风格，根据自身的学习水平，自行甄选适切的学习资料，充实学习资源，并构建自己的学习资源库。

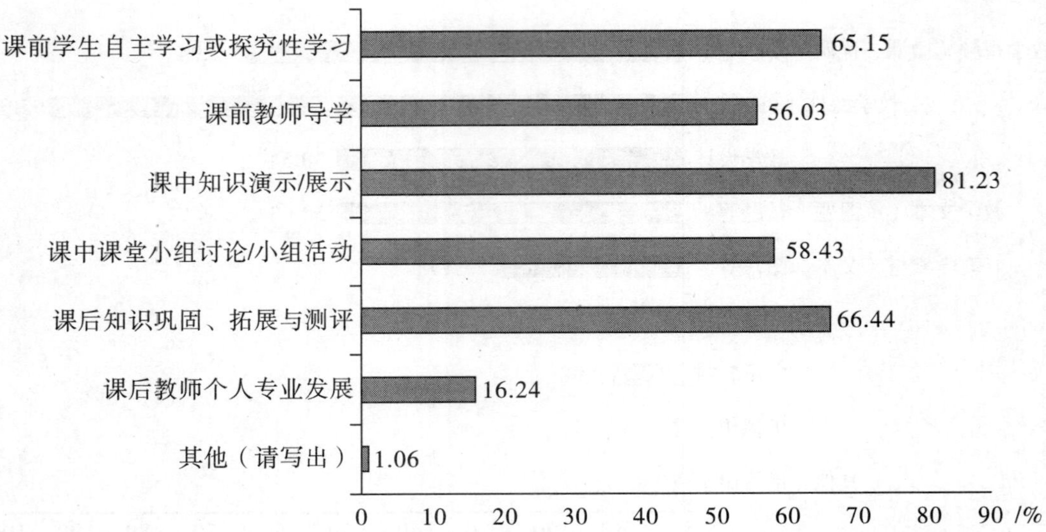

图 1－15　常用的数字教学资源用于的不同教学环节

4．数字化教学资源存在的主要问题体现在数量不够丰富，质量参差不齐

数字化教学资源，作为开展信息化教学的媒介，提高数字化教学资源供给的数量与质量，从而优化其供给模式，如便于教师上传与下载，便于二次开发，便于极简运用等，这也是未来教学中的需求之一。但现存的问题较多，如图 1－16 所示，具体体现在资源数量不够丰富（占 70.21%）；资源质量参差不齐，筛选工作量大（占 60.01%）；资源较为陈旧，更新不及时（占 48.79%）；资源的内容针对性不够强（占 40.82%）以及资源不支持再次加工（占 15.27%）等。

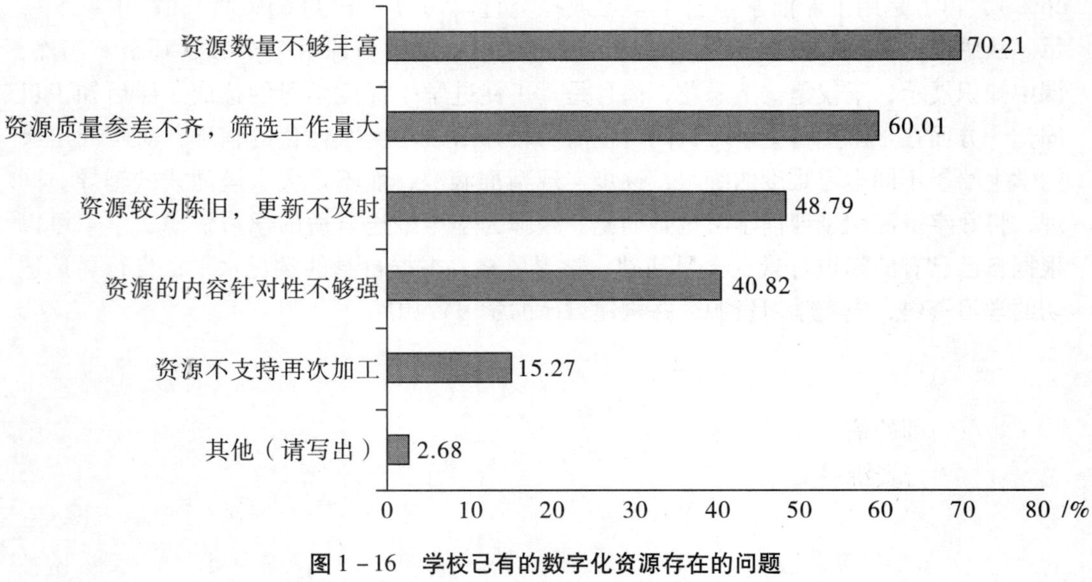

图 1－16　学校已有的数字化资源存在的问题

（六）教师信息化教学基本情况

1. 当前教师信息化教学能力一般

在教师信息化教学能力方面，中小学校长认为当地教师信息化教学能力一般（占比约49%），如图1－17所示。中小学教师对自身的信息化教学能力的评价也是仅限于会用（占比70%），还有一部分教师对信息化教学水平的认知停留在了解（占比22%），如图1－18所示。可见目前绝大部分教师基本上会用信息教学设备辅助教学，但也有一部分教师的信息化教学能力处于较低水平。

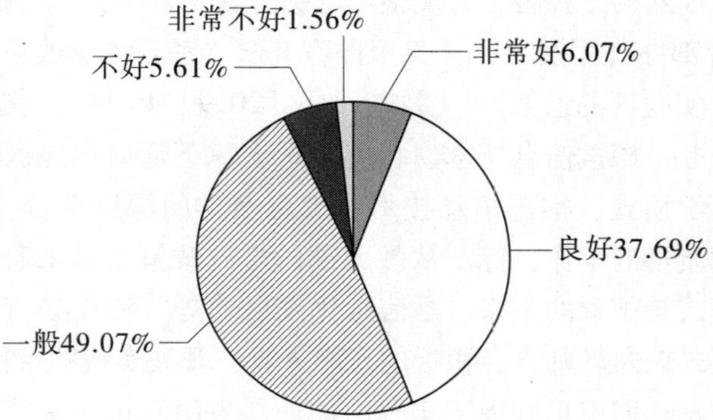

图1－17　校长对教师信息化教学能力评价

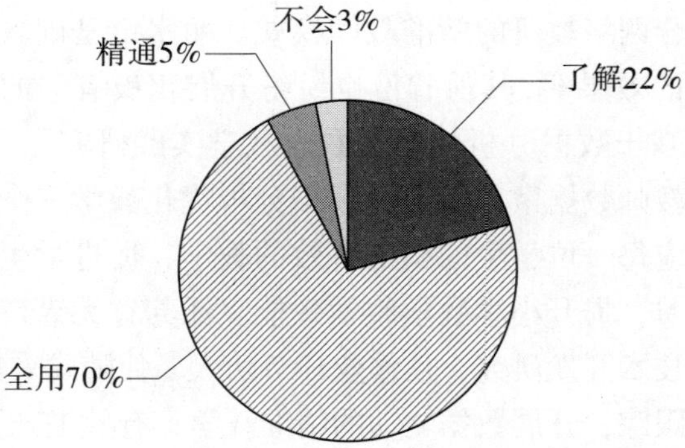

图1－18　教师对自身信息化教学能力评价

在访谈中，我们也发现教师在接受互联网＋教育精准帮扶过程中由于个人信息技术水平有限，无法高质量获取网络研修的支持与服务。因此，在教育精准扶贫过程中亟须关注教师的信息技术应用能力与数字教育资源应用能力的提升与培养，定期组织与数字化教育资源相关的技能与方法培训、更新教育教学理念，充分发挥互联网＋远程网络研修的优势，有效运用极简教育技术APP的便捷性，增强教师使用数字化教育资源的意识，如主动有意识地运用广东省粤教祥云平台的数字教材等，提高教师信息技术能力的同时，向教师传递最新的智慧课堂教学新理念新方式，推动信息化课堂的开展，带动更多教师应用数字教育资源开展信息化教学，探索智慧课堂，再造教学流程，变革课堂教学方式。

2. 大部分教师非常愿意尝试开展新型教学模式

教学模式是在一定的教育思想、教学理论、学习理论的指导下，在一定的教学环境下展开的教学活动进程的稳定结构形式，是开展教学活动的一套方法论体系，是基于一定教学理论而建立起来的较稳定的教学活动的框架和程序。随着互联网时代的到来，促进了中小学信息化教学的发展步伐，在互联网 + 大数据的时代，新型教学模式是信息技术和教学模式的一种融合，从根本上提升教学效率，从而提高教学质量。

2019 年，教育部办公厅发布了《关于推荐遴选“基于教学改革、融合信息技术的新型教与学模式”实验区的通知》①（教基厅函〔2019〕46 号），文件提出了要深入落实立德树人根本任务，探索信息技术、智能技术支撑下适应本地区经济社会和教育发展实际需要的教与学模式，推进信息技术与教育教学的深度融合，变革教与学方式，提高区域教育教学质量的工作目标。从教育部的宏观政策引导来看，探索基于信息技术的新型教与学模式是国家的主张，是信息化发展趋势，势在必行；从校长对教师探索开展新型教学模式以及教师自身积极的意愿来看，开展实践的条件比较成熟。

事实上，国内发达城市也开展了实践，如浙江省丽水市实施了区域精准教学改革实践，具体措施是构建政府、高校、企业与学校协同创新机制，推进全省域精准教学改革；实施“以用定建”推进模式，搭建精准教学改革信息化平台；建立过程导向绩效评价体系，实施结合网络教研的精准教学模式。丽水市基础教育在区域精准教学改革实践中取得了良好的效果②。其他省份也纷纷开展积极有益的教学实践。江苏省苏州市实验小学开展“基于数据分析的小学数学教学实践研究”，分别从支持适应性教学的智能平台构建、教师数据素养提升和数据分析优化教学三个维度，在小学数学教学领域研究与实践适应每一位学生的精准有效的教学，促进学生在小学数学领域的自主、主动、个性化学习，提升小学数学教学效能。江苏省无锡市辅仁高级中学开展精准教学指向的大数据技术开发研究，从作业环节切入，伴随式采集每一次作业的数据，通过数据分析和数据跟踪，开展数据驱动的精准教学，有效提升了教学质量。③

通过调研发现，大部分教师非常愿意尝试开展新型教学模式（占比 59.73%），有

---

① 教育部办公厅关于推荐遴选“基于教学改革、融合信息技术的新型教与学模式”实验区的通知［EB/OL］.［2020 - 12 - 07］. http://laws. ict. edu. cn/laws/buweidtwj/n20191107_63353. shtml?tdsourcetag = s_pcqq_aiomsg.

② 潘巧明，赵静华. 区域精准教学改革实践的探索与研究——以丽水市精准教学改革实践为例［J］. 电化教育研究，2019，40（12）：108 - 114.

③ 陈刚，彭坚. 数据驱动，优化教学——基于数据分析的小学数学教学实践研究［J］. 江苏教育研究，2019（34）：16 - 21.

一小部分教师一般愿意尝试开展新型教学模式（占比 37.52%）。仅有个别教师不太愿意和完全不愿意尝试开展新型教学模式，如图 1－19 所示。然而，新型教学模式的开展，蕴含着显著的用技术改善教学的特征。主要体现在以下几个方面：

一是以建构主义学习理论为指导；二是以发展学习者高阶思维能力为目的；三是关注技术支持下的学习环境设计；四是将技术作为学习的认知工具；五是处理好学习者与技术是一种智能的、相互适应的关系。因此，可以理解尽管有大部分教师愿意尝试开展新型教学模式的同时，也有一部分教师不太愿意开展，毕竟这对教师的信息素养提出了较高的要求。

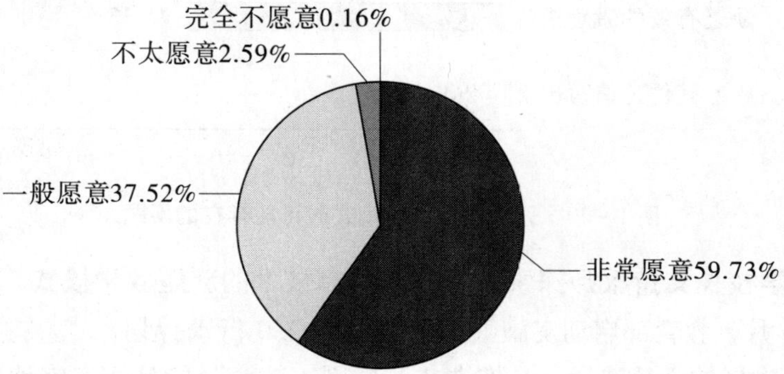

图 1－19　教师尝试开展新型教学模式的意愿

3. 开展新型教学模式时存在硬件设备的限制与缺乏有效指导的问题

通过调研发现，开展新型教学模式可能存在的问题大体可总结概况为两个方面，一方面是物的问题，约 78% 的校长认为，会受到硬件设备的限制；另一方面是人的问题，约 71% 的校长认为，开展新型教学模式改革缺乏有效的指导和帮助。通过比较分析对校长和教师进行调研的问卷，发现校长的观点与教师的观点基本一致。可见，尽管校长和教师都有较强烈的意愿探索开展基于信息技术的新型教学模式，但受制于硬件教育教学设施设备的限制和缺乏专家的有效指导，要真正开展新型教学模式还是存在一定的问题。具体如图 1－20 所示。

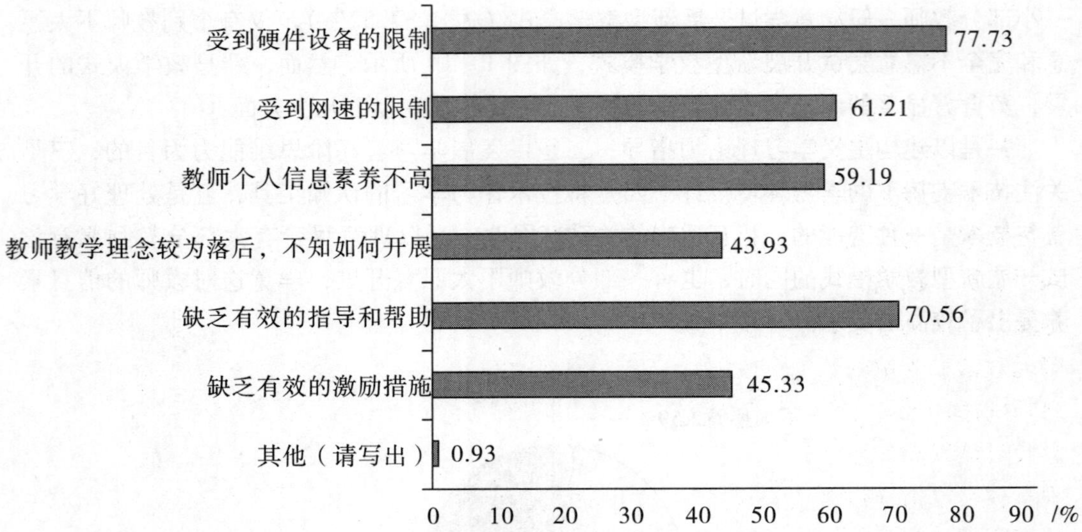

图 1－20　开展新型教学模式时可能存在的问题

4. 中小学校长支持教师探索开展基于信息技术的新型教学模式

2018 年 4 月，教育部启动实施《教育信息化 2.0 行动计划》，这是顺应新时代智能环境下教育发展的必然选择，是推进“互联网＋教育”的具体实施计划。教育信息化 2.0 是在 1.0 的基础上，推动教育信息化转型升级的过程，力求实现“三个转变”，其中一个转变是从提升信息技术应用能力向提升师生信息素养转变。同样，教育信息化 2.0 行动计划也提出“三全两高一大”，其中“两高”指着力提高信息化应用水平、提高师生信息素养。可见，提高师生信息素养是信息化落地的关键。信息化如何落地？首先是构建“互联网＋”条件下的新型教学模式，以此实施因材施教和个性化教学。中小学校长对探索开展基于信息技术的新型教学模式持支持的态度（约占 97%），其中非常支持的占约 67%，仅有个别校长不太支持（见图 1－21）。

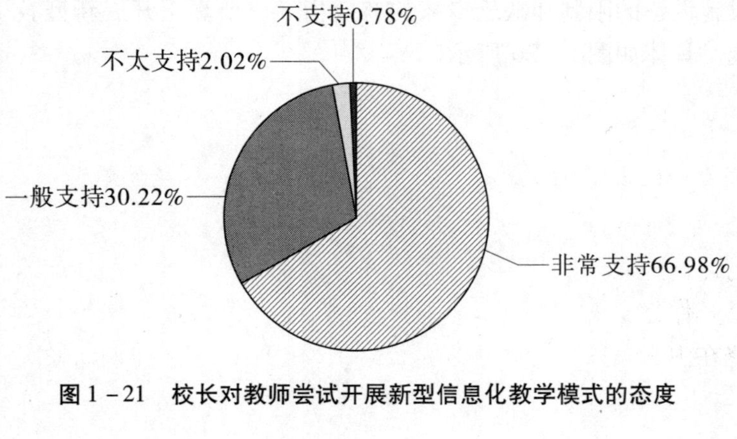

图 1－21　校长对教师尝试开展新型信息化教学模式的态度

七、教师开展网络教研的情况

1．大部分教师参与过网络教研

网络研修是一种以网络为媒介，开展线上教研的方式，它借助网络，不受时空和人员限制，为广大一线教师提供了内容丰富、理念新颖、技术先进、实用便捷的优秀课程资源，创设教师之间、教师与教研员、教师与高校专家等专业人员及时交流、平等探讨的活动平台和环境，促进课程改革实验的决策者、设计者、研究者与实施者的多元对话。为提升广大教师网络研修质量，教育部中央电化教育馆建设了全国中小学教师网络研修平台（网址：http://www.teta.com.cn/education/login/login.do），该平台及时地发布国培计划、“互联网+教师能力提升”等专题培训班的通知，新型冠状病毒肺炎疫情（以下简称疫情）期间，还专门设置了“云课直播间”，该直播间面向教育管理者、中小学校长、教师开展多种形式的专题直播活动，助力提升信息化领导和教育教学融合创新能力。

通过调研发现，约72%的教师参与过网络教研活动，约28%的教师没有参与过网络教研活动（见图1-22）。通过访谈发现，网络教研活动大体由教育信息化领域专家、中小学校长、一线教师，聚焦信息技术在教育教学中深度融合的关键问题，共同探讨教育管理和教学实施过程中的共性问题和应对方法，分享成功经验，助力教师成长，变革教学形态，构建新型智慧课堂。

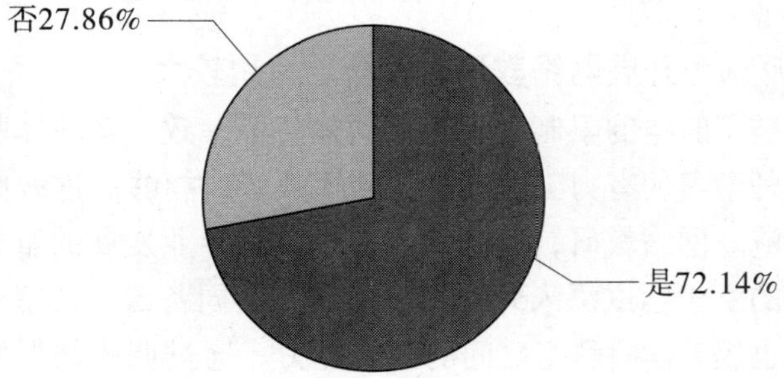

图1-22　教师参与网络教研的情况

2．网络教研中存在的主要问题分别是网络设施设备的问题以及缺少专家指导

教师开展网络教研，包含四个核心要素，分别是网络平台、学习共同体、交流与互动、管理与评价。[①] 其中学习共同体虽然是建立在网络资源基础上的一种虚拟学习型团队，但是其作为开展网络教研活动的主体，是网络研修最核心的组成要素。教师开展网络研修在中小学逐步推广，但依然存在一些问题，通过调研发现，主要是受到

① 朱旭东．教师专业发展理论研究［M］．北京：北京师范大学出版社，2011：154．

网速的影响，研讨效率低（占比62.56%）、缺少专家指导及骨干教师的引导（占比57.74%），以及网络教研平台的功能差，不能满足研讨需求（占比52.09%），具体如图1-23所示。可见，网络教研的问题可概况为网络设施设备的问题及缺少专家指导。因此，在互联网+教育精准扶贫的措施中需要开发综合性的网络教研技术系统，邀请相关的专家加强指导，提供丰富多样的网络教研互动机会，同时建立多元的网络教研评价与管理体制，以提高中小学教师网络教研的质量。

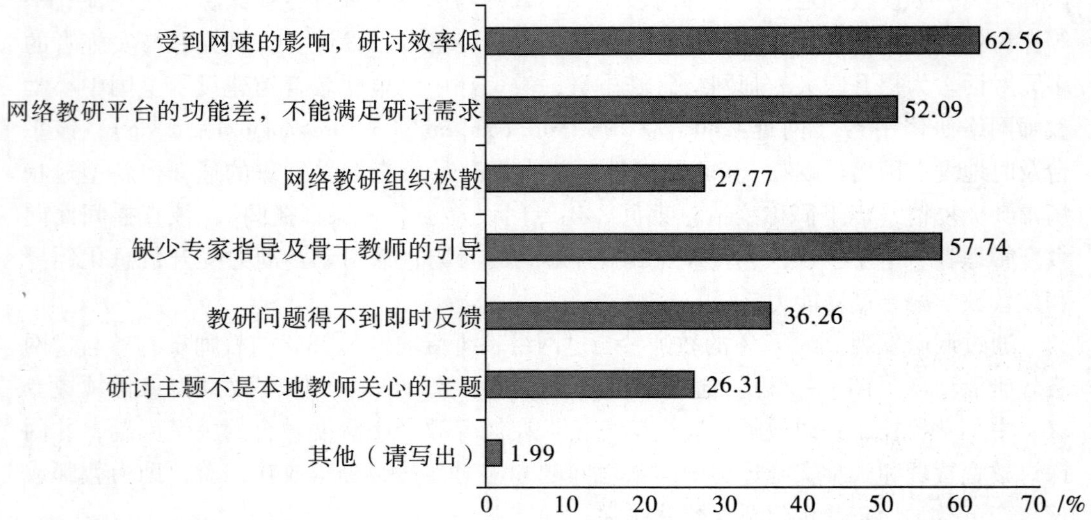

图1-23　教师开展网络教研存在的问题

3．大部分教师认为开展网络教研对其帮助作用较大

网络教研，打破了时空的限制，学习共同体目标一致、互动体验感较强的网络教研方式已经成为教师学习的有力工具。通过网络教研，能够促进教师之间跨时空、实时、同步地深入交流。网络教研，逐渐成为促进教师专业发展的重要途径。尤其是疫情期间，越来越多的学校尝试深入开展网络教研，共同备课，共享资源，在提升自身专业技能的同时，也提升学科科组之间的教研能力。通过调研数据发现，大部分教师认为，网络教研对其帮助较大，具体如图1-24所示。当然，也要看到网络教研的局限性与不足，如网速不畅，出现卡顿；又如教师信息素养不高难以有效开展高质量的教研活动等。可见，在教育帮扶过程中，有必要尝试通过网络教研的方式进行帮扶，尤其是在后疫情时代，线上线下教研也逐步成为一种常态的情况下，教研的共同体之间更应该主动更新教研思想，主动提升信息素养，将网络教研与传统线下教研模式有机结合，找到最优化的方式开展教研。

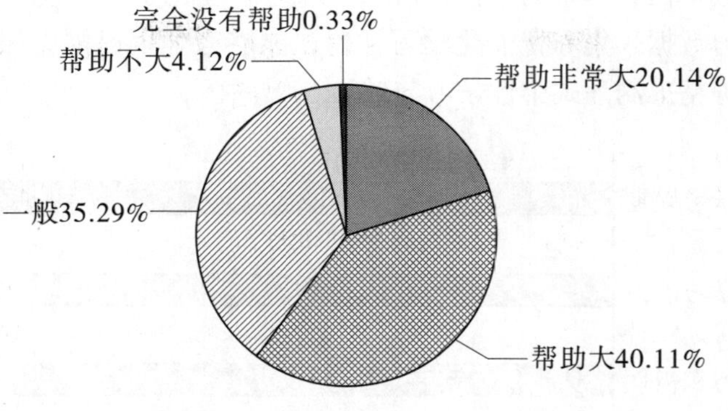

图1－24　网络教研对教师的作用

（八）中小学校长和教师对互联网＋教育的认识

教育部科技司组织专家厘清了“教育＋互联网”和“互联网＋教育”的本质和内涵。专家们经过研究并达成共识，即“教育＋互联网”是通过互联网的技术和手段，实现对现有教育的增强与优化，提高教育的公平、质量和效率。“互联网＋教育”是推进互联网及其衍生的相关技术与教育深度融合，实现对教育的系统性变革，创造教育新业态。[①] 对教育的系统性变革，体现在运用信息技术为学校、教师、课堂和学生等全面赋能，促进教育治理体系的整体变革。

1. 中小学校长对互联网＋教育的本质和内涵的认识

（1）互联网＋教育为学生全面而个性化发展赋能。人类步入信息时代，信息时代的公民应该具备数字化生存能力，以主动适应社会智能化发展。联合国教科文组织于2012年发布了《21世纪核心素养草案》，构建了身体健康、社会情绪、文化艺术、文字沟通、学习方式与认知、数字与数学、科学与技术等七个学习领域的核心素养指标体系。美国将21世纪人才技能概括为“4C”能力，包括：批判性思辨与解决问题的能力（Critical Thinking and Problem Solving）、沟通能力（Communication）、创造与创新力（Creativity and Innovation）和团队合作力（Collaboration）。因此，信息素养、计算思维、沟通协作能力、复杂问题解决能力、人机协作能力等将成为信息时代人才最重要的核心能力。随着互联网、大数据、人工智能等新兴技术快速发展，已深刻改变着学生的学习方式。调研中中小学校长都非常认可互联网＋教育能够促进学生全面而个性化发展（见图1－25），主要体现在培养学生学习兴趣（占比88.63%）、提高学生学习积极性（75.55%）、培养学生自主在线学习能力（占比73.05%）、提高学生信息素养（占比71.5%）以及提高学生学业成绩（占比52.96%）。可见，随着人才培养

① 雷朝滋．发展“互联网＋教育”　推进教育深层次、系统性变革［N］．人民政协报，2020－01－08．

目的转变，课程教学内容体系的重构，信息技术对个性化学习环境的赋能，全过程跟踪和伴随性的学习数据采集和智能化学习评价，能够为学生提供更加个性化、定制化的学习方案，实现精准滴灌式个性学习与辅导。

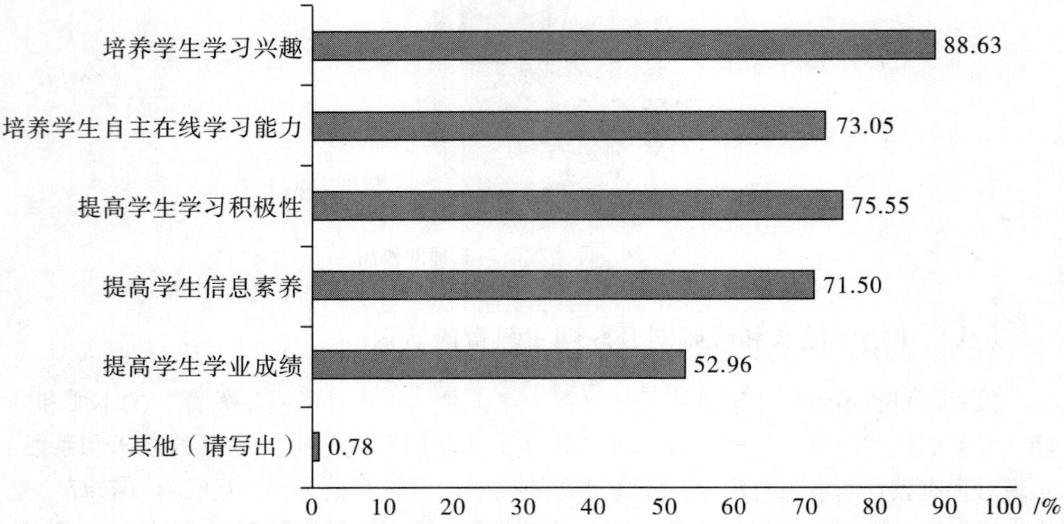

图 1－25　中小学校长对互联网＋教育促进学生发展作用的认识

（2）互联网＋教育为提升教师精准教学能力赋能。依托大数据、云计算、物联网等信息技术，以及智能教学平台在教育教学的深度应用，可以逐步实现对教学系统全流程、全方位的动态监测，教师将从繁重的重复性的脑力劳动和体力劳动中解放出来，如作业批阅可以在智能平台自动批改完成，学生学习档案可以在智能平台自动记录与形成等，在未来的教学场景中，教师的重心将更多转向分析与应用智能平台形成的学生学习数据，以此分析学生的学习成效，以进一步改进教学。可以说，未来教师的工作取向是精准教学，培养具有创新精神和创造能力的新时代创新人才。在调研中，中小学校长对互联网＋教育促进教学信息化教学的认可程度较高，他们认为互联网＋教育能够为师生提供优质数字化学习资源（占比 88. 79%）、可以指导教师开展新型信息化教学模式（占比 74. 45%）、开展名师在线教学培养或讲座（占比 71. 34%）等。具体如图 1－26 所示。

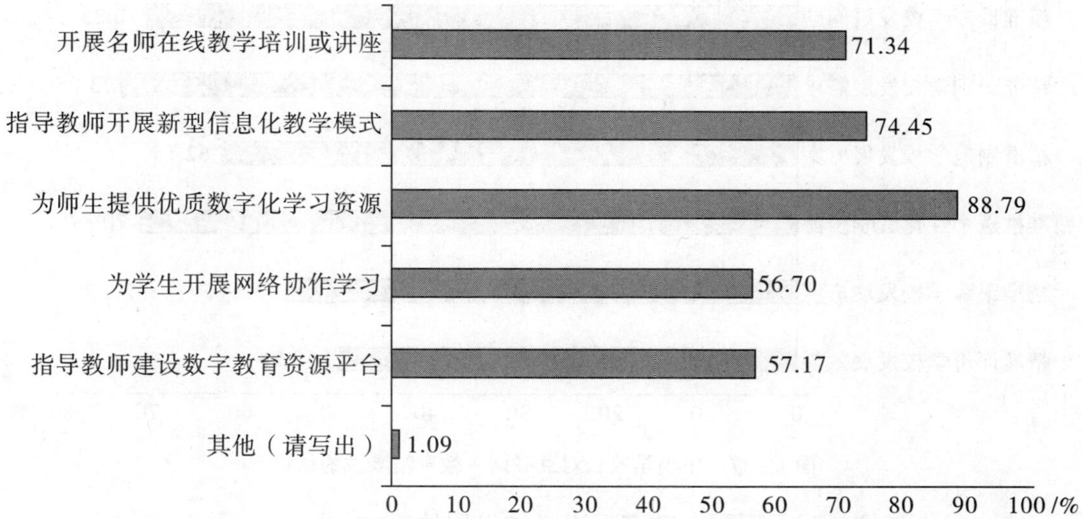

图 1－26　互联网＋教育对教师教育教学的作用

2. 中小学校长认为互联网＋教育的精准性体现在精准识别学校发展需求

中小学校长对互联网＋教育的精准性，具有一定的认知，超过 70% 的中小学校长认为互联网＋教育的精准性体现在精准识别学校发展需求（占比 73.05%）、精准推送个性化教学资源（占比 70.87%）和精准诊断学校发展问题（占比 70.25%）（见图 1－27）。这也正是互联网＋教育发挥提升教育治理水平的作用的体现。当前，智慧学校、未来学校的建设与实践，基本都引入了“云服务＋无线网络＋移动终端”模式的智能教育服务平台，使得师生信息识别更精准、教育管理服务更聪慧、学校组织体系更灵活，可以说互联网＋技术支持为教学资源的个性化推送、学校发展中现存的客观问题以及学校发展的真实需求提供了精准化的诊断，为学校优化配置资源、精细化管理提供了可能。当然，互联网＋技术弥补不了人的智慧，如在学校发展进度的精准跟踪和学校发展效果的精准评价方面，只有 50% 的中小学校长认可互联网＋技术的功能，可见，目前互联网＋技术，尤其是当前热门的人工智能在教育的应用还有较长的路要走，有较大的发展空间。

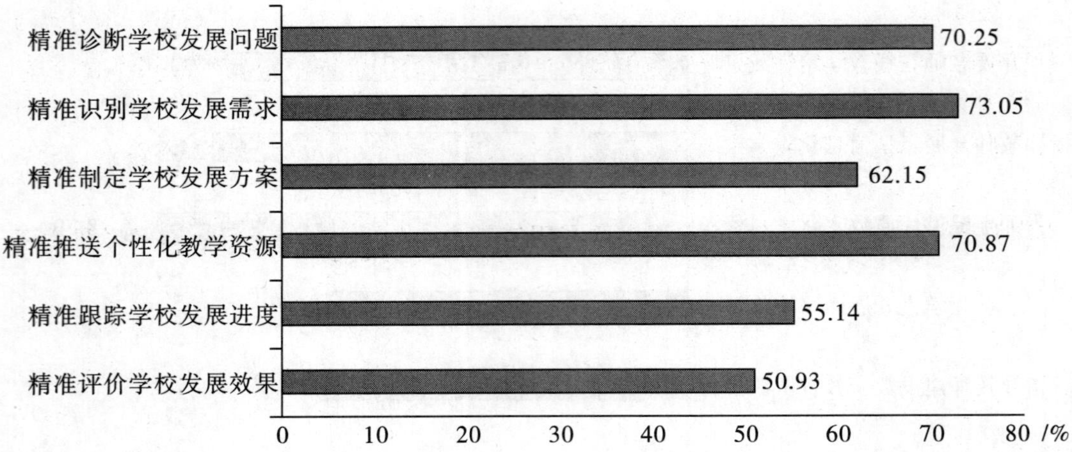

图 1－27　中小学校长对互联网＋教育精准性的认识

3. 中小学校长对互联网＋教育促进学校发展的需求

（1）中小学校长希望通过开展互联网＋教育促进教师教育教学能力的提升。教师是学校发展的第一生产力。学校发展的真实需求中，首要体现在中小学校长希望通过开展互联网＋教育促进教师教育教学能力提升（占比 86.14%），其次希望能够促进数字教学资源丰富（占 82.24%），再次是希望促进学生学习能力提升（占比 80.06%）（见图 1－28）。教师、学生和资源这三者构成了校长心目中希冀互联网发挥作用的主要对象。随着信息技术在教育教学的逐步融合应用，未来的教学场景必然要求教师角色的快速转型，不仅要进一步提升自身教育教学能力，而且迫切需要教师将工作重心转移到学生能力培养、素养提升、心理干预和人格塑造等。

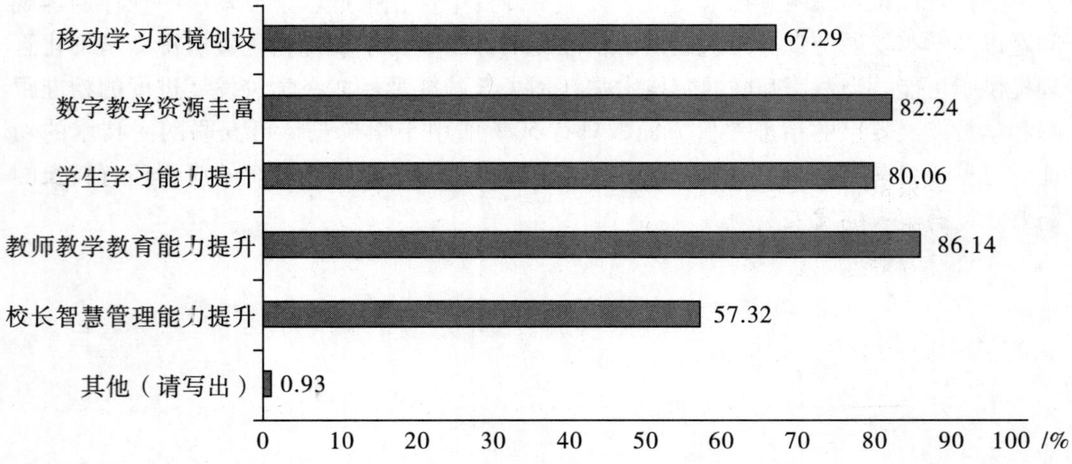

图 1－28　中小学校长希望利用互联网＋教育促进学校发展的需求

（2）中小学校长认为语文、数学和英语这些主要学科非常需要与信息技术深度融合。教育部发布《教育信息化十年发展规划（2011—2020年）》，倡导信息技术应该与教育全面深度融合。其中，信息技术与学科教学深度融合，包括营造信息化教学环境，实现新型教与学方式，变革传统的课堂教学结构。何克抗认为，实施信息技术与学科教学的途径与方法主要有三个，一是深刻认识课堂教学结构变革的具体内容；二是实施能有效变革课堂教学结构的创新教学模式；三是开发相关学科的丰富学习资源。① 本次调研中，中小学校长认为，最需要利用信息技术与学科教学深度融合的学科主要有以下几个，语文（占比89.56%）、数学（占比82.55%）、英语（占比80.37%），其次是信息技术（占比55.76%）和音乐（占比52.18%），具体如图1－29所示。简言之，80%以上的中小学校长均认为语文、数学和英语这些主要学科非常需要与信息技术深度融合，通过信息技术直观演示，使课堂教学显得更加生动、有趣；运用信息技术呈现真实教学场景，情景交融，升华学习情趣；此外，运用信息技术寓教于乐，激发学生的兴趣，启发学生主动思考。相信这些功能，都能够借助充分发挥信息技术的力量得以实现。同时，有超过50%的校长认为信息技术和音乐学科也需要与信息技术深度融合。可见，不仅是主科的学习，信息素养与艺术素养的提高，同样需要借助信息技术的力量，根据学科教学特点，呈现教学内容，增强师生互动，提高学生的学科学业水平、信息素养与艺术素养，从而提高学生的综合素质，培养学生的创新精神与实践能力。

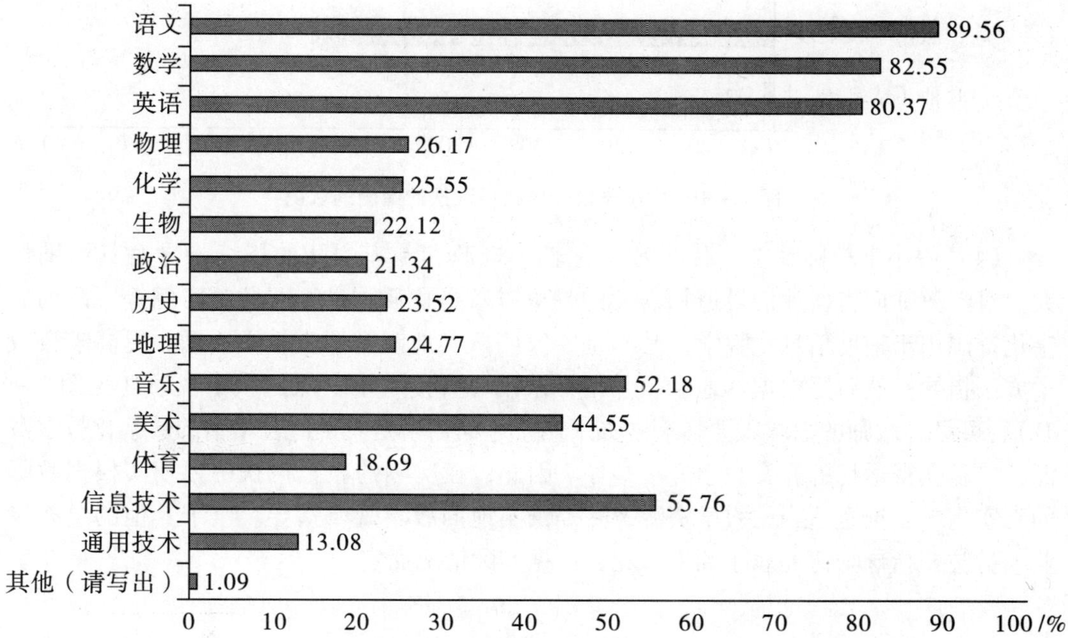

图1－29　中小学校长认为最需要利用信息技术融合的学科

① 何克抗．如何实现信息技术与学科教学的“深度融合”［J］．教育研究，2017（10）：88－92．

(3) 中小学校长认为精准帮扶的措施首先要实地调研，摸清真实需求，在需求分析的基础上提高专家支持与技术支撑。通过调研数据可知（见图1－30），薄弱学校中小学校长认为实现精准帮扶的措施按重要呈现排序依次为深入调研，了解学校需求（占比84.74%）、专家指导，提供智力支持（占比72.43%）、技术支持，提供驻点服务（占比71.96%）、多方联动，建立扶贫团队（占比71.34%）、动态跟踪，及时发现问题（占比59.81%）、有效评价，及时调整方案（占比58.72%）和成果提炼，激励学校发展（占比52.34%）。可见，精准帮扶的前提是真实需求分析，以问题为导向，建立专家指导团队，同时配套技术支持，提供驻点服务。

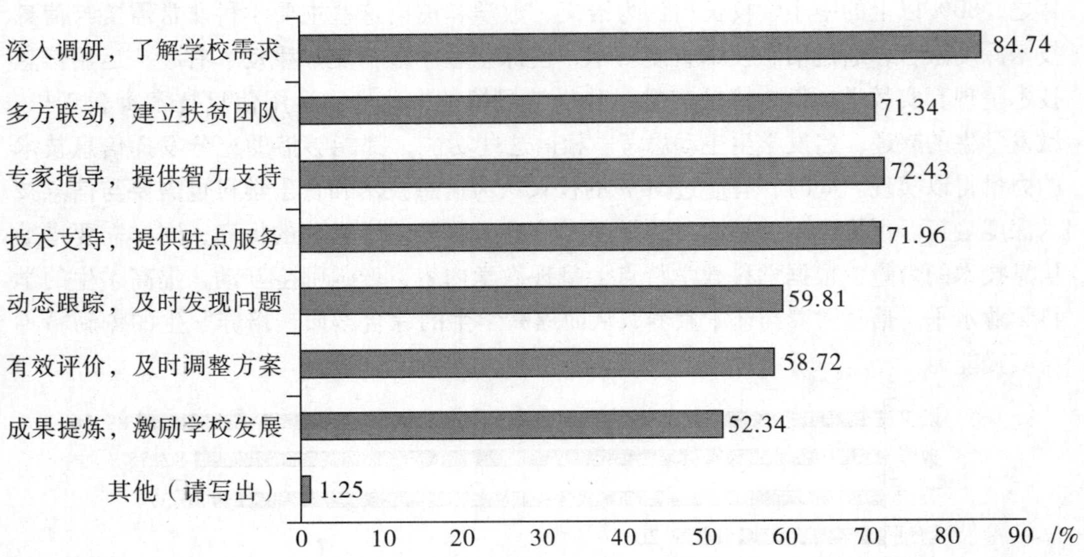

图1－30 中小学校长对精准帮扶的措施的认识

(4) 中小学教师认为，优质数字化教学资源和专家团队的持续指导对其帮助最大。对于教师而言，他们最迫切需要的是可以获得优质课件、习题、案例等一系列数字化资源用于辅助信息化教学，其次是专家团队实地观摩课堂教学活动，提高学科教学方法指导；然后是根据本地学生学情，录制可直接用于上课的教学视频（见图1－31）。可见，教师的需求主要体现在如下两个方面，一是获得适合学情的数字化教学资源，二是获得适切的教育教学方法指导。因此，在实际的教育帮扶中要切实根据教师的真实需求，推送适合的教学资源，并提供实地的教学观摩指导。至于其他的电教专业人员驻校指导与协助属于锦上添花，可据实际情况而定。

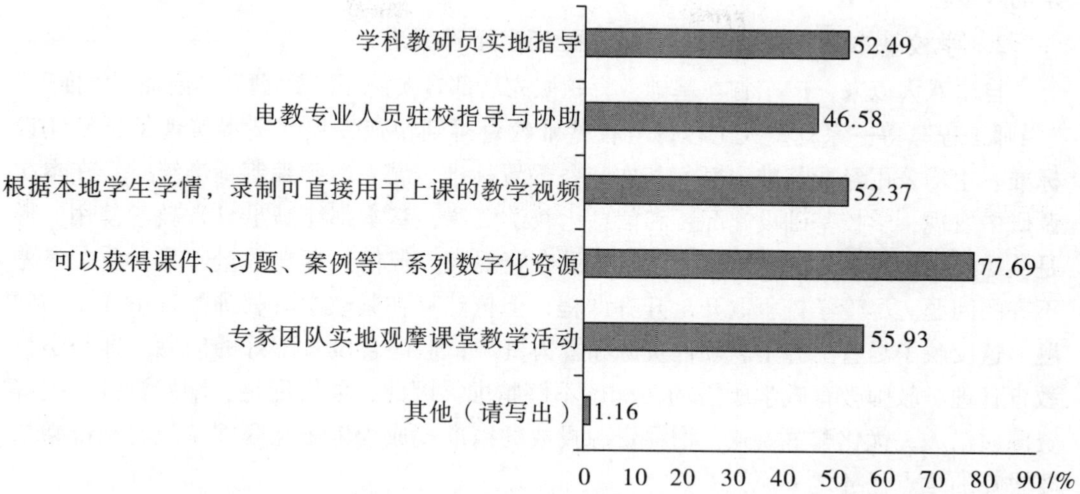

图 1－31　教师希望获得帮助的形式

（九）中小学校长和教师对互联网＋教育精准帮扶的建议

通过开放题，了解中小学校长和教师对互联网＋教育精准帮扶的意见与建议，校长们认为，一是帮扶方要深入学校调研，了解学校的真实需求；二要切实提高帮扶的管理力度，建立完善的帮扶进度安排表，有序推进；三是重视帮扶措施开展的连续性，可操作性，并非走走场面，过过形式。教师们认为，一是希望建立专业的学科专家指导团队，进课堂听课评课；二是建立健全一定的教师激励机制，开展形式多样的活动，调动教师的积极性；三是提供更多与发达地区教师深入交流沟通的机会，接触先进的教学理念，共享优质教学资源。

五、结果分析与意见建议

（一）调研结果与分析

1. 学校生源比较薄弱

本次调研选择的是粤东、粤西和粤北的中小学校，学校地处经济欠发达的地区，由于广东省域存在教育不均衡的现象，与之相对应的学校教育质量也相对珠江三角洲地区落后。此外，又由于这些学校的大部分家庭的家长，外出打工，对家庭教育的重视不足，也存在学生缺失家庭教育的问题。本次调研中，大部分薄弱中小学校处于农村，学生大体是本地户籍，以本地留守儿童居多。他们的入学成绩在同类学校排名中等。这些学生大体上会存在自主学习意识不足，缺乏学习动力和自信心，缺少家长指导，仅仅靠接受学校教育。他们还可能存在厌学的情绪，学校对其进行教育也存在一定的难度。

2. 学校基本配齐资源，但资源匹配尚且不够精准

自十八大以来，广东省在基础教育领域先后部署实施了“改薄”“创强”“推现”“强师工程”等一系列重大工程，全省基础教育得到快速发展。基本实现了学校建设标准、生均公用经费基准定额、基本装备配置标准、城乡教师编制标准统一。在本次调研中发现，学校基础设施配置和信息化教学资源，基本都能满足日常教学使用。但是从访谈中也进一步洞悉，尽管学校建设有资源库，但依然存在数量不足，质量参差不齐的问题。尽管学校争取开足开齐课程，但依然存在紧缺学科教师配置不齐全的问题。这反映了尽管配齐了软硬件资源和智力资源，但尚且没有配好的问题。即与学校教育管理、教师教育教学所需的匹配度不够精准。因此，如何配足、配好资源，把好资源质量关，优化配置模式，增强资源投放的精准度成为未来互联网+教育精准帮扶要攻克的重点任务之一。

3. 教师信息化教学能力还有待提高，高效教学模式与方法有待创新

随着互联网+教育的发展，信息技术已逐步深度融入教育教学，教师的师者角色及育人能力也发生了深刻变化，教师不再是知识的占有者和传授者，而转变为信息技术的灵活应用者。因此，教师自身对学习和专业的发展有了新的诉求。

整合技术的学科教学法知识（TPACK）常用来表征学科教师应用技术进行有效教学的能力。在互联网+教育精准扶贫过程中，对教师进行 TPACK 信息化教学能力培训，具有一定的必要性和迫切性。通过访谈发现，教师自认为信息化教学能力一般，他们希望在实际教学中，能够将技术融入学科教学过程中，用技术呈现学科知识，以生动、活跃的形式传授给学生。同时，他们希望借助信息技术，构建高效教学模式，为学生推送适切的学习内容，探索精准教学方法，实现新时期育人的目标。面对这些问题与需求，为促进粤东西北地区与珠三角地区基础教育优质均衡发展，2020 年，广东省教育厅印发了《广东省“三区”[①] 教师全员轮训实施方案》的通知，旨在提高“三区”教师师德素养和教育教学能力，满足教师专业发展，推动教师进一步更新教育理念，优化知识结构，提升教学技能，更好地适应新时代人才培养需要。

4.“互联网+”的优势在教育精准帮扶中尚且没有充分发挥

有学者认为，互联网+教育作为一种新型教育形态具有以下五个特征[②]，分别是跨界连接、创新驱动、优化关系、扩大开放和更具生态性。在互联网+教育精准帮扶中，跨界连接，指整合教育行政部门、薄弱学校自身、高新教育信息技术企业、社会志愿者等社会力量，建立多方参与、可持续发展的教育帮扶自组织生态。在这个多方

① 广东省三区指原中央苏区、革命老区、民族地区，简称“三区”。

② 秦虹，张武升.“互联网+教育”的本质特点与发展趋向［J］. 教育研究，2016，37（6）：8－10.

融合的生态圈里，充分发挥各方的优势，集思广益，帮扶方主动、积极、灵活地为学校的师生提供适切的帮助，被帮扶的学校积极发挥薄弱学校自身的主观能动性，建立供给与需求相匹配的良性循环闭环。

创新驱动，指运用信息技术，支持教育教学创新发展。如，随着图形图像技术、搜索技术和社交网络促进互联网教育形态的进一步发展，教育信息技术企业积极指导学校适当运用数字化、云计算、网络视频、课题录制、移动教学等新技术，助推学校逐步形成教育教学互动创新模式。

优化关系，指师生关系、人机关系发生变化。随着“互联网＋”时代的到来，教师要主动进行角色转变，由知识的占有者、传授者，逐步转向学生学习的引导者、帮助者。学生与平板电脑等移动学习设备的关系转变，不能一味禁止学生使用电子设备，而是建立健全一定的使用行为规范，辩证地、科学地使用设备，用以提高学习质量。尤其是疫情期间，开展线上学习更是需要学校对学生的线上学习行为习惯进行规范。

扩大开放，指学校扩大社交范围，增强校际间、区域间甚至实现跨国的交流与联系。“同课异构”的做法可以借鉴，“网络研修”的做法可以继续深入推进，“中国慕课”甚至是“可汗学院”等在线开放式的网络平台更要充分利用。以上提及的这些做法和经验，在调研中发现，现实中薄弱学校精准帮扶的做法距离以上先进经验，还有较大差距。一是现今的教育帮扶多为教育部门自上而下组织，以政府行政命令的形式开展，参与人员均为教育行政部门人员，社会力量未能充分参与，企业考虑投入成本，参与的积极性不高，教育帮扶的自组织生态圈子太小，未能形成合力。二是企业介入学校层次太浅，一般是学校付费购买短期的教学平台产品，缺乏技术人员的驻校指导与持续维护，因此，仅靠学校自身摸爬滚打，技术对教学的促进作用非常浅显和薄弱。三是薄弱学校校际间、区域间的沟通与交流停留在浅层次的、单一的学科教学分享，而深度的教育教学管理经验分享囿于校情不同，还得一校一案，因校施策。可见，教育扶贫模式逐渐由制度设计转向个体施策、追求普惠向差异化精准施策转变，强调因地施策、因人施策，“缺什么、补什么”。[①] 综上，有效发挥“互联网＋”的优化，助推精准帮扶任重道远。

值得庆幸的是，在调研和访谈中发现，中小学校长对互联网＋教育精准帮扶有一定的认知，他们认为互联网＋教育能够为学生全面而个性化发展赋能，为提升教师精准教学能力赋能，校长希望帮扶方通过实地调研，了解学校的真实需求，在精准分析需求的基础上提供专家团队支持与信息技术支撑。一方面希冀通过开展互联网＋教育促进教师教育教学能力提升，另一方面希望教师也主动运用信息技术与语文、数学、英语等学科进行深度融合，切实提高教育质量，提升育人水平。

---

① 魏有兴. 中国教育扶贫 70 年：历程、经验和走向［J］. 深圳大学学报（人文社会科学版），2019（5）.

(二) 建议

基于以上调研结果与分析，提出以下建议。

1. 顶层设计：加快互联网 + 教育精准帮扶工作前瞻部署，推进落实进度

针对广东省教育总体发展不均衡的现状，从顶层设计上发挥“互联网 +”的作用。一是加强顶层设计，以贫困地区义务教育学校的真实改善需求为出发点，组织制定宏观政策，加快对基础教育信息化助推教育质量提升的超前部署，形成科学、规范的行动方案。自广东省教育信息化发展“十三五”规划实施以来，先后研制出台了《广东省中小学智慧校园建设指南》《广东省基础教育互联网 + 教学范式与模式》《广东省基础教育课堂教学质量监测体系》等相关标准和指南，以标准引领全省中小学校科学发展。同时，部署了重点项目，如两个“提质”项目（数字教材全覆盖项目、“爱种子”教改行动）和两个“标杆”项目（信息化中心学校建设项目、融合创新示范培育推广项目），以及综合素质教育和教育大数据应用示范工程等。经过多年的实践，“爱种子”教改行动等部分项目取得了一定的成效，如在 2019 年广东省基础教育与信息化工作会议上，“爱种子”备受好评。① 二是坚持需求导向，把薄弱学校最关心、最需要改善的问题放在首位，构建不同类型薄弱学校差异化发展的实施路径并分类推进。如部分学校的学科教师配备不够齐全，如小学阶段的综合实践和科学以及中学阶段的通用技术、信息技术等都属于紧缺学科，需要尽快配齐师资。三是多方参与，省、市、县三级地方教育行政部门、教育信息化、教科研等教育系统专业机构形成工作合力，建立起一体化、体现多方利益需求的工作机制，发挥整体效益。可见，构筑以政府为核心、多元协同参与的教育脱贫格局，有效激发、激活多元社会集体力量共同参与是当下要落实的重点任务之一。② 因此，2020 年，广东省教育厅发布的《关于建立健全新时代基础教育教研体系的实施意见》，旨在通过多方的力量，推动基础教育科学发展、高质量发展。

2. 资源配置：创新教育供给服务方式，全面优化配置

创新数字教育资源供给服务方式，是解决省域教育发展不平衡、不充分问题的关键环节之一。通过调研发现，中小学校长和教师都认为优质数字化教学资源数量不够丰富，质量参差不齐，他们希冀通过互联网 + 教育精准帮扶，首要的是精准推送适切的数字化教学资源，满足信息化教学的需要。尽管广东省已有“粤教祥云”公共数字资源服务平台，但是依然避免不了重建设而轻应用的结果。因此，“互联网 +”时代，应加快制定数字教育资源标准规范，开发分别面向珠江三角洲和粤东西北的多层次、

---

① 2019 年广东省基础教育与信息化工作会议——“爱种子”获赞 [EB/OL]. [2020-03-01]. http://rcsl.scnu.edu.cn/a/20190923/255.html.

② 薛二勇，李健，单成蔚，等. 实现基本公共教育服务均等化——《中国教育现代化 2035》的战略与政策 [J]. 中国电化教育，2019 (10).

多样化需要的新型数字资源，并利用大数据技术汇聚互联网上丰富的教学、科研资源。同时，围绕不同用户的需求，建立智能化的、精准性的基础教育数字资源服务体系，以互联、互通、共建、共享的理念发展“互联网+”的资源服务新业态，为教师、学生提供丰富的、适切的数字教育资源服务。

3. 智力流转：提升教师信息素养，促进智力成果共享

促进教师智力流转，是促进教育质量资源均衡的重要举措。一方面，着力提升教师信息素养，帮扶团队根据学校特点开展教师信息素养培养，加强精准测评。对教育帮扶团队而言，鉴于粤东西北中小学校体量大、地域广、路程远，尤其是经历了疫情之后，建议教育帮扶的专家团队从传统的线下培训，转向线上线下相结合的混合培训；另一方面，从基于互联网的教育供给侧改革层面构建教师智力资源流转机制，如粤东西北当地的教师利用网络研修等渠道实现区域内、校际间教师的相互帮扶，从传统的人力流转转向智力流转，促进彼此的专业成长。北京市教委与北京师范大学未来教育高精尖创新中心合作推出《北京市中学教师开放型在线辅导计划》就是通过“互联网+”和大数据创新教育基本公共服务方式，补齐远郊区县师资不足的短板，促进智力资源在线流转到远郊区县，促进教师资源均衡配置。

4. 家校共育：家校社协同育人，逐步走出生源不佳的困境

家庭教育是学校教育的基础，是与学校教育互为补充的重要教育途径。2017 年 9 月，教育部发布了《中小学德育工作指南》，提出了“六大实施途径”，其中的“协同育人”，旨在加强家庭教育指导，构建社会共育机制，争取家庭、社会共同参与和支持学校德育工作。家校携手共育，能够有效促进家庭教育和学校教育有机结合，形成合力，逐步取得协同发力、融合推进、优质高效的育人效果。家校共育的路径分别有，一是引起当地关心下一代工作委员会以及教育部门高度重视，提高重视学校教育和家庭教育的思想认识，建立健全家庭、学校、社会多方协同育人的工作机制，促进这些农村孩子健康成长，努力培养德智体美劳全面发展的社会主义建设者和接班人。二是积极加强家庭、学校之间的有机联系，深入挖掘家庭教育资源，发挥家长在学生成长中的重要作用。建立家长学校，邀请家庭教育、德育教育专家团队，开展相关的家庭教育培训与讲座，丰富拓展家庭教育方式载体，提升家庭教育质量和水平。三是积极引入专业社会工作者的力量，探索家校社共育模式，共同促进广大的农村孩子健康快乐成长。

附件 1

“互联网 +” 教育精准帮扶调查问卷

（中小学校长）

尊敬的学校领导：

您好！

本次调查是为了解薄弱学校发展的真实需求，在“互联网 +”时代，为政府制定推动教育精准扶贫、脱贫中的薄弱学校建设，促进教育公平、优质、均衡发展的政策提供实践参考依据。本问卷调查结果仅用于课题研究，对外保密，请您放心据实回答。感谢支持，谢谢！

全国教育科学“十三五”规划 2018 年度教育部重点课题

“互联网 +”教育精准扶贫视域下薄弱学校发展路径研究课题组

2020 年 6 月

备注：薄弱学校是指在办学条件、学校管理、师资水平、生源质量等方面比较薄弱，达不到同级同类学校的基本办学标准，造成教育质量不高、社会声誉一般、学校生存与发展处境困难的农村学校。

一、基本情况

1. 学校位置处于

☐市区 ☐城镇 ☐城乡接合部 ☐农村

2. 学校等级

☐未定级

☐县（区）一级

☐市一级

☐省一级

☐国家级

☐义务教育阶段学校标准化学校

☐义务教育阶段学校非标准化学校

☐普通高中

☐示范性高中

3. 学校类型

☐小学

☐初中

□高中

□完全中学

□九年一贯制学校

□十二年一贯制学校

二、学校发展现状之办学条件

4. 学校信息化设施设备和教学资源是否满足使用

	完全满足	基本满足	不太满足	完全不满足
可用的计算机数量				
多媒体教室数量				
多媒体教室质量				
数字化教学资源数量				
数字化教学资源质量				

三、学校发展现状之师资水平

5. 大部分教师学历

□高中/中师　□大专　□本科　□硕士及以上

6. 大部分教师年龄

□30 岁以下　□31 ~ 40 岁　□41 ~ 50 岁　□51 岁及以上

7. 学科教师配备

□齐全

□尚不齐全

8. 教师信息化教学能力

□非常好　□良好　□一般　□不好　□非常不好

四、学校发展现状之生源质量

9. 大部分学生户籍地

□本地户籍

□外地户籍

10. 大部分学生是

□外来务工子弟

□非外来务工子弟

11. 大部分学生入学成绩在同类学校排名处于

□上等

□中等

□中下等

□下等

五、对互联网 + 教育促进学校发展的认识

12. 您认为互联网 + 教育可以从哪些方面促进学生发展?(多选)

口培养学生学习兴趣

□培养学生自主在线学习能力

□提高学生学习积极性

□提高学生信息素养

□提高学生学业成绩

□其他(请写出)

13. 您认为互联网 + 教育可以从哪些方面促进教师信息化教学?(可多选)

□开展名师在线教学培训或讲座

口指导开展新型信息化教学模式

□为师生提供优质数字化学习资源

□为学生开展网络协作学习

□指导建设数字教育资源平台

□其他(请写出)

□无

14. 您是否支持教师尝试开展新型信息化教学模式?

□非常支持

□一般支持

□不太支持

□不支持

15. 您认为开展新型教学模式时可能存在哪些问题?(可多选)

□受到硬件设备的限制

□受到网速的限制

□教师个人信息素养不高

□教师教学理念较为落后,不知如何开展

□缺乏有效的指导和帮助

□缺乏有效的激励措施

□其他(请写出)

16. 您认为互联网 + 教育的精准性体现在哪些方面?(可多选,按重要程度排序)

□精准诊断学校发展问题

□精准识别学校发展需求

□精准制定学校发展方案

□精准推送个性化教学资源

□精准跟踪学校发展进度

□精准评价学校发展效果

六、学校发展需求

17. 您希望利用互联网＋教育在哪些方面促进学校发展？（请按重要程度排序最多选择四项）

□移动学习环境创设

□数字教学资源丰富

□学生学习能力提升

□教师教学教育能力提升

□校长智慧管理能力提升

□其他（请写出）

18. 您认为哪些科目最需要利用“互联网＋”与学科融合？（可多选，并排序）

□语文　□数学　□英语

□物理　□化学　□生物

□政治　□历史　□地理

□音乐　□美术　□体育

□信息技术

□通用技术

□其他（请写出）

19. 您希望帮助方通过哪些措施促进学校发展？（可多选）

□深入调研，了解学校需求

□多方联动，建立扶贫团队

□专家指导，提供智力支持

□技术支持，提供驻点服务

□动态跟踪，及时发现问题

□有效评价，及时调整方案

□成果提炼，激励学校发展

□其他（请写出）

20. 您对互联网＋教育促进薄弱学校发展有什么建议？

附件 2

“互联网 +”教育精准扶贫视域下薄弱学校发展路径研究调查问卷

（中小学教师）

尊敬的老师：您好！

本次调查是为了解薄弱学校发展的真实需求，在“互联网 +”时代，为政府制定推动教育精准扶贫、脱贫中的薄弱学校建设，促进教育公平、优质、均衡发展的政策提供实践参考依据。本问卷调查结果仅用于课题研究，对外保密，请您放心据实回答。感谢支持，谢谢！

全国教育科学“十三五”规划 2018 年度教育部重点课题
“互联网 +”教育精准扶贫视域下薄弱学校发展路径研究课题组
2020 年 6 月

备注：薄弱学校是指在办学条件、学校管理、师资水平、生源质量等方面比较薄弱，达不到同级同类学校的基本办学标准，造成教育质量不高、社会声誉不佳、学校生存与发展处境困难的农村学校。

一、基本信息

1．学校位置处于

□市区　□城镇　□城乡接合部　□农村

2．学校等级

□未定级

□县（市、区）一级

□市一级

□省一级

□国家级

□义务教育阶段学校标准化学校

□义务教育阶段学校非标准化学校

□普通高中

□示范性高中

3．任教学段

□小学　□初中　□高中　□其他

4．任教学科

□语文　□数学　□英语　□物理　□化学　□生物　□地理　□历史　□政治

□信息技术　□通用技术　□音乐　□美术　□体育　□综合实践　□科学　□思想品德　□其他

5. 年龄段

□30 岁以下　□31 ~ 40 岁　□41 ~ 50 岁　□51 岁及以上

6. 教龄

□3 年以下　□3 ~ 5 年　□6 ~ 10 年　□10 年以上

7. 学历

□高中/中师　□大专　□本科　□硕士及以上

二、学校发展现状之办学条件

8. 学校教育信息化的设施设备和教学资源是否满足使用

	完全满足	基本满足	不太满足	完全不满足
可用的计算机数量				
多媒体教室数量				
多媒体教室质量				
数字化教学资源数量				
数字化教学资源质量				

三、教师需求之数字化教学资源

9. 学校是否有支持网络教学的平台或资源库？

□有（请填名称）________

□无

10. 最常用的数字教学资源有哪些？（最多选 4 项）

□教学视频（微课、优课、动画等）

□教学课件（PPT 等）

□教学设计

□教学文本（练习题、试题等）

□教学素材（文本、图片等）

□网络课程

□电子教材

□虚拟仿真

□其他（请写出）

11. 常用的数字教学资源主要用于哪些教学环节？（最多选 5 项，并排序）

□课前学生自主学习或探究性学习

□课前教师导学

□课中知识演示/展示
□课中课堂小组讨论/小组活动
□课后知识巩固、拓展与测评
□课后教师个人专业发展
□其他（请写出）

12．学校已有的数字化资源存在哪些问题？（可多选）
□资源数量不够丰富
□资源质量参差不齐，筛选工作量大
□资源较为陈旧，更新不及时
□资源的内容针对性不够强
□资源不支持再次加工
□其他（请写出）

四、教师需求之信息化教学

13．您的信息技术水平如何？
□精通
□会用
□了解
□不会
14．您是否愿意尝试开展新型教学模式？
□非常愿意
□一般愿意
□不太愿意
□完全不愿意
15．您认为开展新型教学模式时可能存在哪些问题？（可多选）
□受到硬件设备的限制
□受到网速的限制
□教师个人信息素养不高
□教师教学理念较为落后，不知如何开展
□缺乏有效的指导和帮助
□缺乏有效的激励措施
□其他（请写出）

16. 为了精准满足教学需求，以下哪些措施对您的帮助比较大？（可多选，并按重要程度排序）

□个性化输送和共享优质数字化教学资源

□开展远程直播名师课程

□开展同课异构活动

□创建网络学习社区，构建教师学习共同体

□开展网络教研（评课议课、在线培训等）

□专家一对一线上和线下指导

□其他（请写出）

17. 您希望通过哪些形式帮助您的课堂教学？（可多选）

□学科教研员实地指导

□电教专业人员驻校指导与协助

□根据本地学生学情，录制可直接用于上课的教学视频

□提供优质课件、习题、案例等一系列数字化资源

□实地观摩课堂教学活动

□其他（请写出）

五、教师需求之信息化教研

18. 您是否参与过网络教研活动？

□是

□否

19. 您认为网络教研中可能存在哪些问题？（可多选）

□受到网速的影响，研讨效率低

□网络教研平台的功能差，不能满足研讨需求

□网络教研组织松散

□缺少专家指导及骨干教师的引导

□教研问题得不到及时反馈

□研讨主题不是本地教师关心的主题

□其他（请写出）

20. 您认为开展网络教研对您的帮助大吗？

□帮助非常大

□帮助大

□一般

□帮助不大

□完全没有帮助

21. 您希望在网络教研中得到哪些帮助？（若多选，请排序）

□多与较发达地区教师深入交流

□参与优质课堂观摩活动

□得到教研专家的指导

□接触先进的教学理念

□参与教师能力提升的培训

□共享教研资源

□有机会提出需要研讨的主题、内容等

□其他（请写出）

22. 您对学校开展互联网＋教育精准扶贫有什么建议？

第二章
信息化教学概述

第一节　信息化教学环境的发展历程

信息化教学环境的发展历程大致为数字校园、智慧校园、智慧教室以及未来学习空间的转换与过渡过程。

一、从数字校园到智慧校园

（一）数字校园的兴起与发展

数字校园是以计算机网络为核心技术，以信息和知识资源的共享为手段，强调合作、分享、传承的精神，是网络化、数字化、智能化有机结合的新型教育、学习和研究的教育环境。① 数字校园是教育信息化发展到一定阶段的产物，我国对数字校园的研究始于20世纪90年代末，如蔡立德等基于上海市复兴高级中学建设数字校园的经验，介绍了数字校园的五大主要功能模块，分别是基于Web的公共信息发布服务系统、教育信息管理系统、开放资源管理系统、电子公文流转系统以及基于用户网络和桌面管理系统。② 蒋东兴等结合清华大学建设数字校园的案例，提出数字校园包括校园一卡通、数字图书馆、虚拟实验室等支撑系统。③ 信息技术发展对数字校园建设发

① https://baike.baidu.com/item/%E6%95%B0%E5%AD%97%E6%A0%A1%E5%9B%AD/4365811?fr=aladdin.

② 蔡立德，张秉义，黄宣哲．建设数字化的校园［J］．计算机周刊，1999（39）：26.

③ 蒋东兴，王映雪，沈培华，等．数字校园初露端倪［J］．微电脑世界，2000（40）：11－12.

挥良好的促进作用。随着计算机、投影仪、视频展台、数字电视等新媒体、新技术在中小学校的应用与日俱增，学校传统的宽带网络、投影机、计算机等硬件逐渐升级为校园无线网络、交互式电子白板、移动学习终端等设施。北京市于2009年开始建设中小学数字校园，北京市教委下发《北京市中小学数字校园实验工作实施方案》，方案提出用3年左右的时间建成一批具有首都教育特色、发挥示范引导作用和各具特征的中小学数字校园。① 北京市大兴区数字校园自2011年开始启动建设，首批16所数字校园实验学校在建设模式、评价体系、管理制度、政策保障和产品建设等多个方面取得显著成果，并逐渐形成了具有区域特色的云数字校园，在基础架构实现了六个“统一”，即统一的用户管理和身份认证系统、统一的应用管理系统、统一的消息管理系统、统一的存储管理系统、统一的个人门户系统和统一的数据互操作系统。②

2018年，教育部印发的《中小学数字校园建设规范（试行）》文件要求实现中小学校园宽带网络全接入全覆盖。2019年，工信部通信司表示，在推进专网建设工作中要向偏远贫困地区学校加大力度，确保2019年实现97%中小学校宽带接入的目标。③可见，我国绝大部分中小学校具备了数字校园建设的硬件基础设施，为促进信息技术与教育教学实践的深度融合，实现信息化教学的常态化应用与创新发展，支持学校服务于管理流程的优化与再造等方面奠定了坚实的硬件基础。随着数字校园建设实践和研究工作的开展，人们越来越开始关注数字校园的功能效益。为了更好地发挥数字校园的功能效益，需要从管理学、教育学、教育技术学、系统科学等多学科视角加强对数字校园的研究。④

（二）智慧校园的兴起与发展

在社会信息化的大背景下，不断推进以学校为主体的教育信息化进程，数字校园初步实现了学校信息资源整合与应用集成，但其面向师生的服务支撑能力弱，应用融合不够深入等问题也逐步显现，数字校园转型升级的必要性和迫切性也逐渐凸显出来。黄荣怀教授等人认为，智慧校园是数字校园发展的必要趋势，而且智慧校园是数字校园的高端形态，是数字校园发展的理想追求。⑤ 他们认为智慧校园是指一种以面向师生个性化服务为理念，能全面感知物理环境，识别学习者个体特征和学习情景，提供无缝互通的网络通信，有效支持教学过程分析、评价和智能决策的开放教育教学环境

---

① 吴斓．北京市中小学数字校园建设评估规范的研究［D］．北京：北京师范大学，2012.

② 李勇．区域数字校园建设的“大兴模式”——北京市大兴区数字校园基础架构建设的实践与思考［J］．中小学信息技术教育，2014（1）：12－14.

③ 封面新闻．工信部：确保2019年97%中小学校接入宽带［EB/OL］．［2020－12－14］．https://baijiahao.baidu.com/s?id=1644909051905428735&wfr=spider&for=pc.

④ 王运武．我国数字校园建设研究综述［J］．现代远程教育研究，2011（4）：39－50.

⑤ 黄荣怀，张进宝，胡永斌，杨俊锋．智慧校园：数字校园发展的必然趋势［J］．开放教育研究，2012，18（4）：12－17.

和便利舒适的生活环境。国内智慧校园的建设最先起源于浙江大学，浙江大学于2010年开始探索建设智慧型校园，其做法是基于无线与移动网络环境、物联专用网络环境以及核心宽带传输网络环境等网络基础设施，搭建云服务平台、校园卡支撑平台等公共支撑平台，以构建平安、生态、绿色、和谐、科学的校园，从而提高学校自身各项管理工作的效率、效果和效益。① 自此，越来越多的高校和中小学校也开始筹划和实施智慧校园建设。广东深圳、安徽合肥开展智慧校园建设与应用试点，以示范校引领区域智慧校园建设；重庆和江苏南京等地制定了相关文件，以指导中小学校开展智慧校园建设，如《重庆市智慧校园建设基本指南（试行）》和《南京市中小学智慧校园建设指导意见》等。

（三）数字校园与智慧校园的异同

2019年，教育部印发《2019年教育信息化和网络安全工作要点》指出，“引导各级各类学校结合实际特色发展，开展数字校园、智慧校园建设与应用”，同时“实施智慧教育创新发展行动，设立5个以上‘智慧教育示范区’”。② 可见，我国自2019年开始以点带面探索智慧校园建设。这既是信息化教学技术环境更新升级的表现，更是信息化教育发展转型的体现。从数字校园和智慧校园的实践起始时间来看，数字校园早于智慧校园，智慧校园则是在数字校园发展的基础上不断更新与升级。从建设理念来看，数字校园建设的初心是面向师生普遍性的服务，包括教学、学习、管理与办公等方面，而智慧校园则定位更精准，主要是面向师生提供个性化服务。从数字环境建设来看，数字校园俨然是个数字化空间，除了传统教室外，还安装多媒体课室。教学资源除了纸质媒介的书籍，还有数字教材、课件以及电子图书等。教学活动可以在多媒体教室完成，教学管理可以在智能平台进行。而智慧校园在数字校园的基础上，充分发挥物联网的优势，全面感知物理环境，尤以捕捉和传递学生个体特征（学习偏好、学习风格、认知基础、兴趣爱好等）和学习行为（学习时间、学习路径、学习活动、学习伙伴等）更甚。在数据采集与应用方面，数字校园有机集成了多种应用软件系统，基本能够采集到教育教学的各类数据。智慧校园可以综合各方面的数据、信息、规则等内容，通过智能推理，做出快速反应、主动应对，更多地体现智能的特点。③ 从精准服务来看，数字校园基本能够满足大部分师生数字化教学与学习的需求，智慧校园

① 程艳旗. 浙江大学智慧型校园建设探索［EB/OL］.［2020－12－20］. https://max. book118. com/html/2015/0831/24427573. shtml.

② 中华人民共和国教育部. 教育部办公厅关于印发《2019年教育信息化和网络安全工作要点》的通知［EB/OL］.［2020－12－11］. http://www. moe. gov. cn/srcsite/A16/s3342/201903/t20190312_373147. html.

③ 黄荣怀，张进宝，胡永斌，等. 智慧校园：数字校园发展的必然趋势［J］. 开放教育研究，2012，18（4）：12－17.

能够逐步满足教师精准教学和学生个性化学习的需求。综上，智慧校园是数字校园升级到一定阶段的表现，也是教育信息化发展转型的一个表现。数字校园和智慧校园的异同如表 2－1 所示。

表 2－1　数字校园和智慧校园的异同

类别	数字校园	智慧校园
起始时间	20 世纪 90 年代末	21 世纪 10 年代初
建设理念	面向师生普遍性服务	面向师生个性化服务
数字环境	基于互联网，从教学环境到教学资源再到教学活动等方面构建数字化空间	结合互联网和物联网的优势，全面感知、捕获和传递信息，尤其是识别学生个体特征和记录学生学习情景
数据支撑	集成多种应用软件系统和平台，校园内相关业务高度整合，尤其支持教与学的教学资源数据比较丰富	依据数据挖掘和建模技术，构建模型，建立预测方法，智能推理，获取海量数据
精准服务	满足大部分师生数字化教学和学习需求	逐步满足教师精准教学和学生个性化学习需求

校园是正式学习发生的主要场所，校园建设的好坏与优劣直接影响学校系统的运行效率与质量。随着学习情境识别和环境感知、移动互联、学习分析、大数据应用等技术的兴起与应用，数字校园在发挥功用的同时，智慧校园也在逐步发挥其更高级和更完善的功能，纾解当前数字校园发展困境，消除智慧课堂教学发展困境，优化精准教学与教育治理过程，促进学生核心素养培养和提高创新能力形成。

二、从智慧校园到智慧教室

（一）智慧教室的兴起与发展

智慧校园是一个集成了软硬件实施于一体的物理环境和信息化服务平台。智慧校园的应用案例包括智慧教室、智慧图书馆、智能办公、移动终端应用等。其中，智慧教室是智慧校园的核心应用。教室是一种物理环境，必须能够为课程的实施提供支撑。在传感技术、网络技术、富媒体技能及人工智能技术充分发展的信息时代，教室环境应是一种能优化教学内容呈现、便利学习资源获取、促进课堂交互开展，具有情境感知和环境管理功能的新型教室，这种教室被称为智慧教室。智慧教室是典型的智慧学习环境的物化，是多媒体和网格教室的高端形态。① 智慧教室不仅可以实现教室温度湿度与空调、CO_2与通风、光照与灯光、投影机的使用与窗帘或幕布等教学环境监测变量与教学环境保障设备之间的智能联动管理，同时可以为教学任务调度变更、教务管理以及测评考试等教学活动提供一个更为高效的网络化平台，进而对教学、管理、办公等提供智能的物理环境支持和信息传递虚拟空间支持。在国家教育信息化政策的推动下，智慧教室在学校的应用越来越普及。

（二）智慧教室与智慧课堂

本书中所指智慧课堂是指中小学开展的智慧型课堂教学。关于智慧课堂概念界定，不同学者，对其有不同的定义。谢幼如教授团队通过多年的理论研究与实践探索，认为智慧课堂是以培养具有高智能和创造力的人才为目标，依赖于大数据、学习分析等技术，实施学情诊断分析和资源智能推送，开展“云＋端”学习活动与支持服务，进行学习过程记录与多元智能评价的新型课堂。② 钟绍春教授团队认为，智慧课堂是课堂教学的一种高级形态，是指教师组织、引导和指导学生，在智慧教室中，基于云平台和网络学习空间，充分利用智慧教学和学习系统等信息化环境，所开展的能够有效解决课堂教学中存在的瓶颈问题的教学和学习活动。③ 尽管不同学者团队对智慧课堂的内涵探讨角度不同，但其落脚点都定位于运用新型信息技术，致力于人才培养，这点都成为共识。因此，面向新时代高智能和创造力的人才培养需求，利用信息技术再造传统课堂教学流程，实现个性化的智慧教学，从而推动课堂教学变革成为新时代智慧课堂发展的主要趋势。

在智慧教室开展智慧课堂教学，基于动态的学习数据，运用现代化的教学手段，教师更加方便有效开展合作探究性学习、项目式学习等新型教学模式，更加有助于师生之间开展互动教学，通过有效的课堂互动，促进学生高阶思维的培养。因此，智慧教室的装备及与之匹配的教学模式的研究是学校信息化发展到一定阶段的内在诉求，对于解困目前数字化校园建设、消除多媒体教学面临的困境，促进学生创新能力的提高以及变革信息时代学与教方式具有重要意义。④ 刘邦奇教授带领研究团队围绕智慧课堂进行长期研究，构建了基于智能技术支持的“因材施教”智慧课堂教学模式。⑤

---

① 黄荣怀，胡永斌，杨俊锋，等．智慧教室的概念及特征［J］．开放教育研究，2012，18（2）：22－27.

② 邱艺，谢幼如，李世杰，等．走向智慧时代的课堂变革［J］．电化教育研究，2018，39（7）：70－76.

③ 钟绍春，钟卓，张琢．如何构建智慧课堂［J］．电化教育研究，2020，41（10）：15－21，28.

④ 黄荣怀，胡永斌，杨俊锋，等．智慧教室的概念及特征［J］．开放教育研究，2012，18（2）：22－27.

⑤ 刘邦奇．智能技术支持的“因材施教”教学模式构建与应用——以智慧课堂为例［J］．中国电化教育，2020（9）：30－39.

该教学模式包括三个阶段，分别是课前个性预习预设，课中分层合作学习和课后个性辅导拓展。课前含三个流程，首先是进行学情分析，差异诊断；接着是自主预习，测评反馈；然后是以学定教，进行分层教学设计。课中含四个流程，首先是情境创设，多样导入；接着是内容分层，开展分组合作；然后是开展实时测评，即时反馈；最后是进行数据分析，精准强化。课后含三个流程，首先是布置个性作业，巩固拓展；接着是微课推送，个性辅导；最后是进行多元评价，立体反馈。

在勾勒出智慧课堂教学模式的美好蓝图基础上，未来需要开展的是立足区域和学校实际，进行改革与实验，取得推进教学模式、培养创新型人才的试点研究成果，并开展应用总结、辐射推广，助力培养更多智能时代的创新人才。

三、从智慧教室到未来学习空间

（一）未来学习空间的兴起与发展

重塑学校形态，以应对未来社会的复杂挑战，已经成为世界各国共同关注的教育热点话题。欧盟、美国、俄罗斯、日本、新加坡等纷纷启动未来学校计划。欧洲学校网络（European Schoolnet）是由欧洲 31 个国家的教育部门联合发起的学校发展共同体。作为一个非营利性组织，它的目的是引领学校有效运用信息技术开展多种形态的教育创新，从而提高欧洲各国的教育质量。2012 年，该组织在布鲁塞尔成立了“未来教室实验室”（The Future Classroom Lab），倡导对传统教室进行重新设计，利用灵活的学习空间支持教学方式变革。目前，有来自德国、法国、意大利、葡萄牙等国家的 52 所学校参与其中。① 2016 年，我国开展了中国未来学校创新计划。北京、上海等发达地区的部分学校开始尝试参与该计划。未来学习空间是未来学校重点关注和开展的实践领域。未来学习空间是基于真实场景的学习空间，是链接生活和社会的纽带。②其主要是为满足标准化的学科设置和班级授课制的教学方式而设计的，旨在更好地适应学生多样化、个性化的学习需求。主要做法是拓展学校的公共空间，加强非正式学习的建设，给学生提供更多的活动和交往空间；同时打造数字化学习社区，利用虚拟现实、物联网和学习分析等新兴技术，提供更加智慧的育人环境。③ 2018 年末，华南

---

① 曹培杰. 未来学校变革：国际经验与案例研究［J］. 电化教育研究，2018，39（11）：114－119.

② 罗朝宣. 未来学习空间创建：从创新人才培养出发的校本探索［J］. 中小学管理，2018（4）.

③ 张禹，曹培杰，吕丹. 海淀区未来学校建设的实践路径研究［J］. 中小学信息技术教育，2019（1）：33－35.

师范大学的两个全新学习空间初步建成。[①] 其中砺儒新师范创新学习空间，是未来学习空间较好的诠释。该学习空间在空间设计上，装修风格简约大方、色彩明亮、灯光、家具皆调至最佳舒适度；在功能上，用于教师授课、研讨和录制精品课程等；在效果上，未来学习空间借助于智能教学平台，可满足师生自带移动设备 BYOD（Bring Your Own Device）无线接入，可实现六人一组的多屏互动教学，实现线上线下融合的智慧教学，有助于教师开展新型教学模式，同时基于智能教学平台记录和形成的学习过程数据，为学生提供适切的个性化教学支持与服务。2019 年，浙江省教育技术中心组织建设的“未来学习空间体验中心”正式建成并对外开放。该未来学习空间包括智慧教室、普通教室、双师工作坊和创新实验区四个区域。其中智慧教室作为灵动空间，将手机作为互动移动终端，借助智能装备、多屏互动、多元联通、数据驱动等实现智慧教学。

（二）未来学校空间与学习空间重构

学习空间重构是近年来教育改革里面出现的热词，也是未来教育发展的趋势之一。2018 年《地平线报告（高等教育）》中再一次提及“重新设计学习空间”的概念，这是近三年来《地平线报告》对它的第三次提及。不同的是，它已经从 2017 年的“中期内趋势”成为“短期内趋势”，预示着改造学习空间这件事到了决策者们不得不将其提上议程表的时刻了。重新设计学习空间，其宗旨在于在数字化技术的支撑下，对物理教学空间进行多样化的设计，帮助个体和群体找到更适合自身的学习方式，让环境为学习者的成长注入新的动力。密歇根大学的“媒体联合体”（Media Union）是被广泛认为的第一个大学基于数字化技术进行空间重构的案例，由詹姆斯·杜德斯达特（James Duderstadt）在担任美国密歇根大学校长时推动和实施的一项研究型大学创新发展实验。“媒体联合体”是一个在信息时代培养数字化生存与创新能力的新时空。它囊括了一个多媒体中心应该具备的一切，从视频、动画、音乐工作站到最先进的视讯会议和演播室，通过把所有的信息技术集成在物理空间中，创造了一个“全数字化”（All-digital）的环境。这种全数字化的学习环境体现了一种对未来教育的探索，即“促进创造、支持动态指导、鼓励学生之间的讨论和合作。”[②]

---

① 新浪看点．惊艳！华南师范大学智慧学习空间亮相［EB/OL］．［2020－11－25］．http://k.sina.com.cn/article_5593465199_14d65816f00100hinf.html.

② 未来教育发展趋势之“学习空间重构”［EB/OL］．［2020－11－28］．http://www.360doc.cn/article/62046644_833188718.html.

第二节 信息化教学发展历程

推进学校信息化建设，光是有良好的信息化学习环境显然是不够的，更重要的是加快信息化教学应用。自1993年美国克林顿政府正式提出建设“信息高速公路”计划伊始，许多发达国家和包括中国在内的发展中国家相继出台了一系列国家信息基础设施建设规划，从而带动了全球信息化建设的浪潮。自20世纪90年代末，我国教育信息化建设分步推进信息技术在各级各类学校的应用，经过20多年的发展，我国的信息化教学从无到有、从弱到强，呈现出快速发展的态势。2005年，联合国教科文组织已将信息技术与教育融合发展过程划分为起步、应用、融合与创新四个阶段。借鉴信息技术与教育融合发展的四个阶段，信息化教学发展历程亦是如此。

1. 起步阶段（20世纪90年代末—2000年）

一般以基础设施建设为主，信息技术只是作为一种辅助工具协助教师进行课堂教学，目前我国绝大部分中小学校已经度过了这一阶段。

2. 应用阶段（2000—2010年）

主要体现为教育教学广泛利用信息技术来提升质量和效率，学校虽然已经具备了信息化基础设施条件，但缺乏足够的优质资源和先进的教育教学理念。

3. 融合阶段（2010—2018年）

自2010年以来，我国陆续出台了一系列重要的推进教育信息化的指导文件，如《国家中长期教育改革和发展规划纲要（2010—2020年）》《教育信息化十年发展规划（2011—2020年）》和《全国中小学教师信息技术应用能力提升工程》等，旨在全面提升中小学教师信息技术应用能力，促进信息技术与教育教学的深度融合。我国部分中小学校当前正处于融合阶段，主要体现为信息技术与教育教学的融合。在这一阶段，教师将信息技术与课堂教学充分融合，进行“以学生为主体”的教学设计，通过精心设计与引导，使学生在学习活动中习得知识，教师自身信息技术教学能力也得以不断发展。这一阶段，可简要称之为教育信息化发展1.0时代，我国中东部经济发达地区的大部分学校已经进入这一阶段。其间，涌现了很多新型数字化教学资源，如微课、私播课、慕课等，以及采用这些数字化教学资源开展了翻转课堂教学实践，以提高课堂教学效率，提升课堂教学效果。

4. 创新阶段（2018年以来）

若将融合阶段称之为教育信息化发展1.0时代，那么进入2018年，教育部发布《教育信息化2.0行动计划》重磅文件，提出要到2022年基本实现“三全两高一大”的发展目标，开启了教育信息化2.0时代。教育信息化2.0与1.0有何区别？教育部副部长杜占元认为，如果说教育信息化1.0是引入外部变量的话，那么2.0就是要把这些外生变量转化成内生变量。

这个阶段，教育信息化从融合应用向创新发展演进，全面提升师生信息素养。这个阶段，信息技术和智能技术深度融入教育教学全过程，教学模式、教学组织等要素得以重构，技术的全面支持对教育教学产生了重大结构性变革，这是一个长期的过程。教育部科技司司长雷朝滋认为，要构建"互联网+"条件下的人才培养新模式，就要探索基于信息技术的新型教学模式，实施因材施教、个性化学习的新型教学组织方式。重塑教学评价和教学管理方式，变结果导向的单一评价为综合性的、过程性的多维度评价，由仅仅注重知识传授向更加注重能力素质培养转变。[①] 因此，我国绝大部分中小学校目前距离这一阶段还有较大差距。

第三节 信息化教学模式的发展进程

一、信息化教学模式的内涵解读

（一）模式

"模式"一词是英文"Model"的汉译名词。《现代汉语词典》对模式的解释是"某种事物的标准形式或者让人可以照着做的标准样式"。《新语词大辞典》对模式的解释是"是理论的一种简化形式"。可见，模式是经验与理论之间的桥梁，是再现现实的一种理论性的简化结构。教学模式源于模式在教学领域的应用。国外最先将模式引入教学领域，并把教学模式作为一个正式的科学概念的是美国学者布鲁斯·乔伊斯（Bruce Joyce）等人撰写的《教学模式（Models of Teaching）》一书，这本书介绍了十几种具有指导意义的教学模式以及每种模式在课堂教学的应用场景。该书的第一版于1972年出版后彻底改变了美国乃至世界职前和在职教师教育的发展。目前该书已经出版到第八版，已成为研究教学模式乃至整个教学领域的不可或缺的重要教材和参考资料。

（二）教学模式

我国著名信息化专家、北京师范大学何克抗教授认为，教学模式是指在一定的教育思想、教学理论和学习理论指导下的、在某种环境展开的教学活动进程的稳定结构

---

① 雷朝滋：加快发展"互联网+教育"，推进教育深层次、系统性变革刻不容缓［EB/OL］.［2020-12-10］. http://sczg.china.com.cn/2020-01/06/content_41023212.htm.

形式。① 华南师范大学李克东教授认为，教学模式是指在一定的教育思想、教育理论和学习理论指导下，在某种教学环境和资源的支持下的教与学活动中各要素之间稳定的关系和活动进程结构形式。② 可见，教学模式的构成要素分别有理论基础、教学资源与环境、教学活动及各要素的相互关系、教学活动进程结构。刘邦奇教授认为，教学模式的准确含义是：在一定教学思想或教学理论指导下建立起来的较为稳定的教学结构框架和活动程序。③

（三）信息化教学模式

随着信息技术的发展及其在学校教学中的广泛应用，中小学教学实践中提出和采用了信息化教学模式。南国农先生认为信息化教学模式，是指在现代教学思想和理论指导下，师生之间运用现代教育媒体而形成的较为稳定的教学策略、结构和程序的活动泛型。④ 钟志贤教授认为信息化教学模式是教学模式在信息时代的新发展，是基于技术的教学模式，信息技术已变为支持学习的环境条件，学习环境成为信息化教学模式的必要因素。综上，信息化教学模式是符合现代教学思想的新型教学模式，以信息技术的支持为特征，并涉及现代教学观念的指导和现代教学方法的应用。

二、信息化教学模式的发展进程

信息化教学模式在课堂教学中的应用也经历了从无到有，从照搬套用到重构创设的改变，信息化教学模式的构建也从简单引入到变革创新的阶段，有关信息化教学模式的研究方兴未艾且逐步深入。信息技术对教育教学的影响主要是通过将信息技术融入课堂教学形成有效的信息化教学模式而得以具体体现的。本研究根据信息化教学模式发展的进程和对教育教学产生的影响效果两个角度分析我国信息化教学模式在中小学的演进与应用现状。

（一）信息化教学应用阶段：基于多媒体的信息化教学模式

20 世纪 90 年代末，以计算机多媒体为核心的教育技术在学校的普及与运用，尤其是通过建设中小学“校校通”、实施开发数字化教育教学资源等相关工程之后，学校逐步在传统教学模式基础上探索基于计算机多媒体的信息化教学模式。基于计算机多媒体的教学模式，其教学环境和资源主要由台式电脑、有线网络、电子白板和多媒

① 何克抗．建构主义的教学模式、教学方法与教学设计［J］．北京师范大学学报（社会科学版），1997（5）：74－81.

② 李克东．新编现代教育技术基础［M］．上海：华东师范大学出版社，2002.

③ 刘邦奇，吴晓如．智慧课堂新理念新模式新实践［M］．北京：北京师范大学出版社，2019.

④ 南国农．信息化教育概论［M］．北京：高等教育出版社，2004.

体课件构成。相比传统的教学模式而言，以教师和知识为中心的教学结构以及学习在整个教学过程中被动接受知识地位并未得到显著性改变。但相比传统教学而言，学习者已经开始体验和参与知识发现与探究的过程。这时期我国已经引入西方国家盛行的典型信息化教学模式，如基于网络探究（Web Quest）的教学模式、基于案例的教学模式、基于项目的教学模式等，全国各地中小学课堂出现了大量模仿和试用这些先进教学模式的探索实践，也形成了一些有益的经验和典型案例。但这一阶段针对信息化教学，我们采用的仍旧是一种“拿来主义”的态度，以照葫芦画瓢的方式开展各类教学模式应用实验，信息化教育的质量效益也不甚明显。

（二）信息技术与教育教学深度融合阶段：多样化的信息化教学模式

2014 年，何克抗教授指出，新的教育信息化十年规划放弃传统的“信息技术与课程整合”的提法，而提出信息技术与教育深度融合的观念，而唯一衡量能否实现“信息技术与教育深度融合”的标准就是传统的课堂教学结构改变了没有。这需要广大一线教师深入分析现有的技术与工具、资源与环境、基于地区、学校、自身和学习者的实际，不断摸索信息技术在课堂教学中的创造性使用方式，不断总结、归纳和构建富有成效、简便实用的信息化教学模式。

1. 基于微课的教学模式——支撑混合教学

微课是以微型视频（5 ~ 8 分钟）为核心载体，基于一个学科知识点或结合某个具体的教学要素和环节精心设计和开发的可视化优质学习资源。“微课”的核心组成内容是课堂教学视频，同时还包含与该教学主题相关的教学设计、素材课件、教学反思、练习测试及学生反馈、教师点评等辅助性教学资源，它们以一定的组织关系和呈现方式共同“营造”了一个半结构化、主题式的资源单元应用“小环境”。微课应用灵活，能支持翻转课堂教学、课内差异化教学以及课外个性化辅导等多种教学方式。何博教授等人基于同济大学《普通物理》课程探讨了将微课理念应用于混合学习提高学习效率，他们立足教育实践，认为基于混合学习的微课教学设计模式能利用丰富的学习资源给师生提供更多教与学的自由，有助于提升信息时代教师的教学能力和学习者的学习能力。① 张一春教授认为，学习者通过“微课”进行知识内化能够获得最佳的自主学习效果。②

2. 基于翻转课堂的教学模式——重构教学流程

翻转课堂（Flipped Class）是相对于传统课堂教学过程而言的新型教学模式。传统课堂采取先教后学，即教师在课堂上讲授新知识后给学生布置作业，学生回家后完成

---

① 何博，兰国帅，王祖源，等. 基于混合学习的微课教学应用研究［J］. 中国教育信息化，2014（20）：15 - 17，24.

② 张一春. 微课建设研究与思考［J］. 中国教育网络，2013（10）：28 - 31.

课后作业，以实现知识的内化。翻转课堂对教学模式最本质的变革在于颠倒课堂教学环节，实现知识讲授在课外，知识内化在课堂。在实践中，这种技术支持下的新型教学模式，随着各种新技术的广泛应用及教学流程的重构，技术与教学的深度融合，促使课堂教学过程中的各个要素和教学环节发生变化，知识内容和方式、教学模式、教学理念都发生了颠覆性的变化，翻转课堂的内涵显得愈加丰富和深刻。如果说翻转课堂实现教学流程的颠倒是1.0发展阶段，那么翻转课堂实现技术支持的学习变革和教学创新表明进入了崭新的2.0发展阶段。目前，以信息技术与教育教学深度融合为动因和标志的教学改革，已从最初的微课应用走向全面、全过程技术支持学习，促进课堂教学理念、学习目标、学习内容、学习方式、师生互动、学习评价等全面变革。

与翻转课堂1.0发展阶段相比，翻转课堂2.0发展阶段则进一步实现了课堂教学结构的变革，基于智能教学平台和极简教学工具，颠覆了传统教室布局和课堂形式，实现了更为开放的教室、更为互动的学习活动和更为精准的教学；通过环境感知、数据挖掘、学习分析等方法，提供动态学习数据的采集和即时分析功能，实现了基于学习数据的教学决策和教学机智，教学过程转向先学后教，以学定教，重构了课堂教学组织形式，使得教学系统发生了结构性变化。

3. 基于私播课的教学模式——深化在线教学方式

私播课（SPOC，小规模限制性课程）继承了慕课作为“互联网+”时代一种新型的在线教学方式的优势，同时克服了慕课实际课程完成率低的劣势，结合中小学校的特点，通过创设丰富的在线学习环境，提供多样的学习活动，以及开展实时的动态教学测评，加强了师生之间在线教学互动和交流，更加符合在线教学环境下中小学生的自主学习和协作学习。柳春艳教授等人融合目前先进的MOOC和SPOC的课程理念，以过程模式和教学设计理论为依据，构建了以平台设计、师生培训、教学模式设计、教学实践等四个环节为基本思路的基础教育SPOC翻转课堂的应用路径，并在甘肃省的贫困地区进行了试点实践。通过实践检验，发现师生对该应用路径的培训环节认可度高、效果好，依托教学模式的教学实践效果良好，学生的综合素质得到提升。①

4. 基于移动终端的教学模式——助力个性化教学

随着移动通信技术的快速发展，智能手机、平板电脑等移动设备的功能越来越完善，携带越来越方便，屏幕阅读越来越人性化。基于移动设备的便捷性和交互性，移动设备产品和服务很大程度上促进了教育教学的改革。因此先后涌现出多种学习方式，如远程学习（D-Learning），使用印刷材料、录音带、磁盘等媒体设备，通过邮件、电话进行师生联系；随着技术的发展，数字化学习（E-Learning）采用卫星电视、视频会议系统、计算机网络技术等媒体技术开展远程的面授教学，补偿了远程学习的一些不

① 柳春艳，傅钢善．基础教育SPOC式翻转课堂应用路径在贫困地区的实践研究［J］．电化教育研究，2018，39（6）：107－113.

足；移动学习（Mobile-Learning）是远程学习发展的高级阶段，采用移动通信设备和蓝牙，无线通信协议等技术和设备，实现随时随地自由学习。可以说，移动学习是移动计算和数字化学习结合的产物，能够为学习者带来不在的泛在学习（U-Learning）体验。①

移动学习借助移动计算设备，能够有效地呈现学习内容并且提供教师与学习者之间的双向交流。早期中小学常见的学习终端是笔记本电脑，当时把利用信息化设备进行教学的便携式终端，如装载了数字化学习资源的，可用于移动教学的笔记本电脑等移动学习终端称之为电子书包。2010 年 11 月，中国电信上海公司与上海市虹口区教育局、英特尔（中国）公司和微软公司签订共建"基础教育电子书包"项目协议，率先在全国推广电子书包应用。课堂上，学生人手一台笔记本电脑，通过网络与教师进行实时互动，实时检测，师生同步共享课堂教学内容。2012 年，中国国内大部分地区开始探索电子书包在教学中的应用。随着技术的进步和应用的不断深入，电子书包由最初简单的电子书发展成聚合学习终端、学习资源和学习支持服务的智能教学资源系统，成为数字聚合（Digital Convergence）时代的新产物。电子书包的核心价值在于通过技术增强学习者的思维能力，实现个性化、探究性、社会化、情境化、游戏化、自组织、深度的学习，转变教与学的方式。② 继而，平板电脑、智能手机、智能手环类自带设备（BYOD，Bring Your Own Device）等智能设备逐步进入课堂，成为新型的移动学习终端。基于移动学习终端开展新型教学模式的最主要价值在于采集和分析教学全过程的学习数据，实现个性化教学。基于移动学习终端，教师很方便收集到学生学习过程数据，收集学生与智能设备之间的交互，分析数据并将其转化为有用的信息，再高级一点可以通过仿真学生的知识结构模型和能力模型，了解学生学习痛点，分析成因，从而为学生开展针对性、个性化的指导。如精准推送学习资源，含习题、微课等，避免重复无效的练习，降低学生作业与考试的总量，减轻学生学业负担，同时提高学习效率，提升学习效果。

5. 基于教学数据诊断的教学模式——助推精准教学

随着教学环境的不断优化、数字教学资源的不断丰富、教学流程的娴熟再造以及在线教学的常态应用，这为基于教学数据诊断的教学模式奠定了坚实的基础。2015 年是中国的教育大数据元年，教育领域的相关利益者都在关注教育数据，课堂教学作为教育教学的关键场域和核心环节，教学数据在课堂教学起着非常关键的作用。对教学数据的收集、分析与应用，能够实现由传统基于经验的教学转向基于证据的教学，根据教学数据，教师的课堂教学从个人经验走向精准教学，学生的备考训练从盲目训练

① 潘基鑫，雷要曾，程璐璐，等. 泛在学习理论研究综述［J］. 远程教育杂志，2010，28（2）：93－98.

② 余胜泉，李晓庆. 电子书包对教育的核心价值是什么（上）［J］. 人民教育，2014（4）：26－29.

走向精熟练习，薄弱学生的补偿从大水漫灌走向精细滴灌，学生个体评价从主观印象走向数据写实。如极课大数据是国内领先的 K12（即小学、初中和高中三个阶段的基础教育）阶段大数据精准教学服务平台。其自主研发的 EI（Education Intelligence）教育智能系统，基于学习过程的动态化数据采集和智能分析，能够有效实现个性化教学管理及数据智能驱动的精准教学。① 湖南省衡阳市衡钢中学的肖振南等多位教师基于教学实践，构建了极课大数据平台下“四位一体”的精准教学模型，即采集学业数据，研究学情制订精准的教学目标；选择教学内容和形式，精准设计教学过程；利用大数据分析，精准评价学习表现；结合分析反馈，精准调控教学活动。② 通过他们的教学实践表明，极课大数据使整个教学过程可以精准度量和精准调控，有利于开展有效的差异化、个性化、因材施教的精准教学。

---

① http://www.fclassroom.com/fclass.html.

② 肖振南，郭平贵，贺佐平．基于极课大数据的“四位一体”精准教学研究与实践［J］．新课程研究（上旬），2019，(3)：30－32.

第三章
数据驱动教学

第一节　国外数据驱动教学概况

一、大数据时代到来

国际著名智库麦肯锡全球研究院最早提出大数据时代到来，并在发布的《大数据：创新、竞争和生产力的下一个前沿》中提出："数据已经渗透到当今每一个行业和业务职能领域，成为重要的生存因素。人们对于海量数据的挖掘和运用，预示着新一波生产率增长和消费者盈余浪潮的到来"。国际知名大数据专家维克托·迈尔·舍恩伯格是最早洞见大数据时代发展趋势的数据科学家之一，他所著的《大数据时代》被视为国外大数据研究的先河之作，《删除》则展现了大数据时代的取舍之道，这两本书被认为是大数据时代的开创性作品。2012 年，奥巴马政府宣布投资 2 亿美元拉动大数据相关产业发展，将"大数据战略"上升为国家意志。2012 年联合国发布《大数据促发展：挑战与机遇》政务白皮书，指出大数据对于世界各国是一个历史机遇，人们如今可以使用极为丰富的数据资源，来对社会经济进行前所未有的实时分析，帮助政府更好地响应社会和经济运行。早在 2012—2014 年间，大数据已经引起国际社会的高度重视，世界各国都在加快推进大数据战略布局，并发布了一系列重要文件和相关政策，大力发展大数据产业，以抢占新一轮科技革命的制高点。2012—2014 年国际大数据相关政策文件以及重要意义如表 3－1 所示。

表 3-1　国际大数据相关政策文件以及重要意义

时间	国家	事件	意义
2012 年 3 月	美国	发布《大数据研究和发展倡议》	这是继 1993 年美国宣布“信息高速公路”计划后的又一次重大科技发展部署。美国政府认为大数据是“未来的新石油”，将“大数据研究”上升为国家意志，对未来的科技与经济发展必将带来深远影响
2012 年 10 月	美国	发布《通过教育数据挖掘和分析促进教与学》报告	旨在更好地促进美国大数据驱动的教育应用，为美国高等院校及基础教育在大数据教育应用中提供有效指导
2012 年	日本	发布《面向 2020 年的 ICT 综合战略》	提出要重点关注大数据应用
2012 年	联合国	“全球脉动”（Global Pulse）发布《大数据开发：机遇与挑战》报告	阐述了各国特别是发展中国家在运用大数据促进社会发展方面所面临的历史机遇和挑战，并为正确运用大数据提出了策略建议
2012 年	联合国	发布《大数据促发展：挑战与机遇》政务白皮书	指出大数据对于世界各国是一个历史机遇，人们如今可以使用极为丰富的数据资源，来对社会经济进行前所未有的实时分析，帮助政府更好地响应社会和经济运行
2013 年 1 月	英国	启动数据开放计划，建设数据英国网站（data. gov. uk）	面向社会公众公开政府数据
2013 年 2 月	法国	发布《数字化路线图》	明确大数据是未来要大力支持的战略性高新技术
2014 年 5 月	美国	发布《开放数据行动计划》	总结现有开放政府数据框架，提出改进与完善措施
2014 年	欧盟	发布《数据驱动经济战略》	大力推动“数据价值链战略计划”，通过一个以数据为核心的连贯性欧盟生态体系，让数据价值链的不同阶段产生价值
2014 年 8 月	德国	出台《数字议程（2014—2017）》	通过数字创新驱动发展，打造未来数字强国

二、国外数据驱动教学概况

美国是教育数据决策和应用的先驱和典范，教育数据分析已经在美国的公立教育中得到快速应用，正在成为改革教学方法的重要力量。为了顺应这一趋势，国际组织以及以美国为首的多个国家纷纷开展了数据驱动教学评价。

（一）国际数学和科学评测（TIMSS）

1994 年，国际教育成就评价协会（International Association for the Evaluation of Educational Achievement，IEA）在美国国家教育统计中心（National Center for Education Statistics，NCES）和国家科学基金会（National Science Foundation，NSF）的财政支持下，发起并组织了第三次国际数学和科学评测（Third International Mathematics and Science Study，TIMSS）。TIMSS 每四年一轮，通过测试四年级和八年级学生的数学与科学学业成绩，以及达到课程目标的情况。TIMSS 的主要目的是了解各国计划课程的实现程度，因此在数学和科学内容选择上以各个国家的课程为依据，在编制测评框架之前要对各国的数学和科学课程内容进行调查，测评结束后 TIMSS 将为有关国家和学校提供数据支持，以便了解影响成绩的不同因素。2012 年中国香港和台湾地区参与了 TIMSS 测评，并取得了较好成绩。①

（二）国际学生评估项目（PISA）

2000 年，经济合作与发展组织（Organization for Economic Cooperation and Development，OECD）开展了国际学生评估项目（Programme for International Student Assessment，PISA）。该项目每三年进行一次测评，选取 15 岁学生的阅读、数学、科学能力进行评价研究，根据测试结果评测各个国家的各个学科素养水平。PISA 于 2015 年首次采用了基于计算机的问题解决测试，通过计算机记录了学生的行为数据（如类型、频率、时间长短、与系统互动的顺序等），以客观准确评估学生问题解决的能力。2018 年，我国四省市（北京、上海、江苏、浙江）作为一个整体，参加 PISA 测试，在全部 79 个参测国家（地区）对 15 岁学生的抽样测试中，取得全部 3 项科目（阅读、数学、科学）参测国家（地区）第一的好成绩。这次测试也是采用在计算机上答题的方式，可见基于计算机测试收集的教育数据显得更加的客观、科学、真实。

（三）美国国家教育进展评价（NAEP）

美国国家教育进展评价（National Assessment of Educational Progress，NAEP）产生

---

① https://baike.baidu.com/item/TIMSS/2843732? fr = aladdin.

于1969年，是由美国国会授权的唯一一个全国性中小学学生学业成绩测评体系。它依据课程标准建构各个学科学生学业水平评价框架，对全国学生的学业水平进行评估，以监控教育教学发展的进程。50多年来，NAEP已对美国中小学的阅读、数学、写作、科学、历史、地理、公民教育等学科进行了全面测评，其测评结果已成为美国联邦政府及各州衡量教育发展、分配教育资源、改革教育实践的重要依据。① NAEP通过一系列图表把各科目、各年级的成绩呈现出来，使读者直观地看到美国当前基础教育的整体状况、不同群体的成绩和群体之间的成绩差距、学生成绩的发展过程和变化趋势。数据结果直接反映了美国当前教育发展的基本趋势，为国家宏观决策提供信息基础，决策者也可以利用这些结果评估当前教育改革政策的实施效果。此外，NAEP的测评结果还被大量研究者深入挖掘和分析，开展诸如家庭、社区和学校对学生成绩影响的研究，以及资源差异、系统化的改革措施、不同的学习机会及教育政策对学生学业成绩影响的研究。研究成果对美国联邦教育决策产生了间接、广泛的影响。

（四）数据质量运动（DQC）

2005年，美国发起数据质量运动（Data Quality Campaign，DQC），即以州为单位，在全国范围内建立纵向的教育数据信息系统，该系统通过记录每个学生的成长轨迹，为教育管理科学决策提供客观、真实的教育教学数据。数据质量运动鼓励并支持国家决策者使用高质量数据，并且建议运用国家纵向数据系统，提高学生学业成就。② 2010年后，数据质量运动每年开展“数据行动”调查。2014年，美国有19个州在教师资格和审批程序政策中列入数据素养的内容，以确保新教师和校长在入职前掌握有效地解释和使用数据的技能。因为公众已意识到，要求教师和校长树立使用数据的信心并发展其能力是提高学生成绩的关键。同年，数据质量运动在《关注数据素养的教师认证政策路线图：保证质量的重点领域》中推荐了由二十多个组织共同研发的教师必备的十项关键数据素养技能，同时将这十项关键数据素养技能纳入各州教师认证标准中。2015年，美国有19个州的教师资格认证标准对纳入数据素养技能提出了要求，但当时尚未开发教师数据素养的考核指标与等级描述，也未颁布专门的教师数据素养标准。③

（五）下一代学习挑战（NGLC）

2010年，非盈利教育组织EDUCAUSE（美国高等教育信息化协会）领导团队制定了“下一代学习挑战”（Next Generation Learning Challenges，NGLC）计划的战略目标，

---

① 滕珺，朱晓玲．大数据在美国基础教育中的运用［J］．人民教育，2014（1）：74－76.

② 陈芳．美国提高教育质量新举措：建立纵向的数据质量系统［J］．世界教育信息，2008（12）：35－38.

③ 李萍，李颖欣，郑莹．美国教师资格认证标准新视点：数据素养及测评［J］．开放教育研究，2016，22（3）：63－70.

该计划通过分析学生学习数据，绘制个别学生的学习进度、跟踪学生学习掌握情况。该机构开发的学习和数据平台，专注于通过个性化的评估方式实现学生的技能提升，使学生真正理解和掌握这些技能。

第二节 国内数据驱动教学概况

一、国内教育大数据应用概况

随着大数据理念的迅速发展，我国也为迎接大数据时代做了积极准备。在技术变革教育的大背景下，大数据驱动教育教学更加精准与高效，大数据在教育领域的潜力也逐渐被发掘，我国发挥大数据在教育的应用主要体现在以下三个方面，分别是架构顶层设计，国家宏观政策引领教育大数据的发展；智库服务决策，国家高端智库开展教育大数据前瞻性研究以及产业技术创新，产教深度融合推动教育大数据的发展。

（一）架构顶层设计，国家宏观政策引领教育大数据的发展

2015 年 8 月，国务院印发的《促进大数据发展行动纲要》指出“数据已成为国家基础性战略资源”，系统部署大数据发展工作，并在十大工程之一的“公共服务大数据工程”中明确提出要建设教育文化大数据。① 一是完善教育管理公共服务平台，推动教育基础数据的伴随式收集和全国互通共享。推动形成覆盖全国、协同服务、全网互通的教育资源云服务体系。二是加强数字图书馆、档案馆、博物馆、美术馆和文化馆等公益设施建设，构建文化传播大数据综合服务平台，传播中国文化，为社会提供文化服务。三是探索发挥大数据对变革教育方式、促进教育公平、提升教育质量、改变教育治理模式、推动实现教育现代化和教育强国的支撑作用。基于政府宏观政策的大力倡导，我国学者也开始对教育数据文化进行了理论阐释。

2016 年 3 月，我国发布的《中华人民共和国国民经济和社会发展第十三个五年规划纲要》指出，“实施国家大数据战略。把大数据作为基础性战略资源，全面实施促进大数据发展行动，加快推动数据资源共享开放和开发应用，助力产业转型升级和社会治理创新。”大数据战略正式上升为国家战略。为推动教育主管部门制定教育大数据战略推进指导意见、加强决策咨询研究，促进大数据在教育领域的深度和融合应用，对我国大数据发展引领教育改革行动，2015—2018 年，国家发布了《促进大数据发展行动纲要》《教育信息化“十三五”规划》《新一代人工智能发展规划》《教育信息化

① 中华人民共和国中央人民政府. 国务院关于印发促进大数据发展行动纲要的通知 [EB/OL]. [2020-12-20]. http://www.gov.cn/zhengce/content/2015-09/05/content_10137.html.

2.0 行动计划》等一系列相关政策文件与规划建议，我国政府正式把大数据提升到国家战略高度，同时也确立了教育大数据在推动教育改革与发展的战略地位。2015 年堪称中国的“教育大数据元年”。① 与此同时，北京、上海、江苏、浙江各省市也在加快推进教育大数据的建设。《北京教育信息化三年行动计划（2018—2020）》指出，“将构建教育大数据平台，形成面向各种教育主题的教育数据集合”。2019 年发布的《上海教育数据管理办法（试行）》，旨在进一步规范教育数据的采集管理，推动归集整合，保障数据安全，促进数据共享开放，发挥数据价值。此外，全国诸多地区已将教育大数据作为重点内容写入区域智慧教育发展规划或行动计划中。

2017 年 12 月，习近平总书记在主持中共中央政治局就实施国家大数据战略第二次集体学习时强调“大数据发展日新月异，我们应该审时度势、精心谋划、超前布局、力争主动，深入了解大数据发展现状和趋势及其对经济社会发展的影响，分析我国大数据发展取得的成绩和存在的问题，推动实施国家大数据战略，加快完善数字基础设施，推进数据资源整合和开放共享，保障数据安全，加快建设数字中国，更好服务我国经济社会发展和人民生活改善”。②

（二）智库服务决策，国家高端智库开展教育大数据前瞻性研究

为适应世界范围内教育信息化走向智慧教育的大趋势，更好地适应智慧教育引领经济社会发展需要，2016 年，江苏师范大学成立全国第一个智慧教育学院，围绕智慧教育、教育大数据、人工智能教育、STEM 教育等前沿领域开展深入研究。2019 年，中国教育大数据应用研究院成立，并委托网龙华渔教育作为执行院长单位承担运行。网龙华渔教育作为网龙网络公司旗下教育品牌，深耕于“互联网 + 教育”大数据领域研发、教育产品融合应用的实践探索，助推移动互联环境下的在线教育。大数据对社会各领域产生深远影响，正在实现人类工作、生活与思维方式的变革，也强烈冲击着教育系统，成为推动教育系统改革创新的强大力量。

（三）产业技术创新，产教深度融合推动教育大数据的发展

党的十九大报告提出要推动互联网、大数据、人工智能和实体经济深度融合，要建立产学研深度融合的技术创新体系。报告同时强调，建设教育强国，必须把教育事业放在优先位置，要深化产教融合、校企合作，要实现高等教育内涵式发展。③ 2018 年，国务院办公厅印发的《关于深化产教融合的若干意见》将产教融合上升为国家教

---

① 杨现民，唐斯斯，李冀红. 教育大数据的技术体系框架与发展趋势——“教育大数据研究与实践专栏”之整体框架篇［J］. 现代教育技术，2016，26（1）：5 – 12.

② 审时度势精心谋划超前布局力争主动　实施国家大数据战略加快建设数字中国［N］. 人民日报，2017 – 12 – 10.

③ 刘志敏. 产教融合：从“融入”走向“融合”［J］. 中国高等教育，2018（2）：24 – 25.

育改革和人才开发的整体制度安排，构建“四位一体”的产教融合发展大格局，推动产教融合迈向了新阶段。该意见是党的十九大之后印发的首个推动教育综合改革的政策性文件，也是首次以国务院办公厅名义发布的专门关于产教融合的纲领性文件。[①]可见，我国大数据行业的发展迎来了优良的政策环境。继山东省、贵州省以及上海市等省市成立大数据产业技术创新战略联盟之后，2018 年，国家大数据应用服务产业技术创新战略联盟成立[②]，这些大数据产业着眼国家发展战略及市场需求契机发挥自身优势，加强大数据技术与各产业的融合发展。大数据对社会各领域产生深远影响，正在实现人类工作、生活与思维方式的变革，也强烈冲击着教育系统，成为推动教育系统改革创新的强大力量。在教育领域，国内教育大数据行业迅速走过概念讨论、市场探索与启动阶段，步入技术创新、高速增长阶段。国内涌现出一大批致力于互联网 + 教育的企业，这些互联网在线教育企业纷纷推出大数据与教育深度融合的在线教育产品，如超星的学习通、好未来的学而思网校、科大讯飞的智学网、乂学教育的松鼠 AI 智适应教育平台等。这些在线教育平台，按照教学功能划分，可以分为多种类型，分别有综合应用类、自适应学习类、作业答疑类、语言学习类、题库测评类以及课堂教学类等。这些不同类型的智能在线教育平台又衍生出不同的在线教育产品，比较有代表性的产品分别有智学网（https://www.zhixue.com）、论答网（https://www.learnta.com）、作业帮（https://www.zybang.com）、流利说（https://www.liulishuo.com）、猿题库（http://www.yuantiku.com）以及极课大数据（http://www.fclassroom.com）等，这些在线教育产品分别采用了不同的关键技术，以作业答疑类在线教育产品作业帮为例，该产品综合采用了公式识别、表格识别、图像识别以及自然语言处理等关键技术，随着这些在线教育产品的迭代更新，其主要功能日趋完善，已形成教学闭环，为学习者提供智能化的学习辅导平台。部分在线教育产品分类及其关键技术如表 3－2 所示。

表 3－2　部分在线教育产品分类及其关键技术

分类	在线教育产品	关键技术
综合应用类	菁优网、家长帮、掌通家园、智学网	智能语音、人工智能
自适应学习类	智慧学伴、论答、松鼠 AI 智适应	学科知识图谱、学习者画像、个性化推荐
作业答疑类	作业帮、拓维作业、阿凡题	公式识别、表格识别、图像识别、自然语言处理

① 陈锋. 深化产教融合的文件释放了什么信号［N］. 中国青年报，2018－01－29.

② 中国经济时报社官方帐号. 国家大数据应用服务产业技术创新战略联盟在北京成立［EB/OL］.［2020－11－20］. https://baijiahao.baidu.com/s? id=1615766971517131434&wfr=spider&for=p.

续上表

分类	在线教育产品	关键技术
语言学习类	英语流利说、可可英语、百词斩	语音识别、实时语音评分技术、协作打分引擎、个性化推荐
题库测评类	猿题库、学霸君	项目反应理论、深度学习、知识图谱
课堂教学类	极课大数据、智课	图像识别、自然语言处理

以上这些基于教育大数据的在线教学平台，可以在不改变传统大班教学模式的基础上，通过图像识别、计算机深度学习等人工智能核心技术，对作业和考试等数据动态化采集，并进行大数据智能分析。数据驱动的教学正在逐步实现教师精准教学，因材施教，以及学生自适应学习和个性化学习。

二、国内数据驱动教学概况

数据使教学变得更高效和精准，在教育领域的潜力也逐渐被发掘。而教学评价作为教学过程的关键环节，因其作为导向功能，能够促进教学改革的一整套环节贯彻落实。为进一步推动数据驱动教学的发展，各国开展了数据驱动教学的实践。近年来，我国也意识到数据在提升教育质量和助推区域教学变革中的重要价值，开始实施数据驱动教学的项目。

（一）推进县域义务教育均衡发展督导评估

均衡发展是我国义务教育发展历史和现实的双重选择。有学者认为，在整个国家教育体系和教育战略布局中，必须始终把义务教育作为教育改革发展的重中之重，把均衡发展作为义务教育的重中之重。① 2005 年教育部印发的《关于进一步推进义务教育均衡发展的若干意见》，要求各地以区域推进为重点，优先解决好县域内义务教育均衡发展问题，并在此基础上力争在更大范围内逐步推进。要把工作重心进一步落实到办好每一所学校和关注每一个孩子健康成长上来，把提高农村学校教育质量和改造城镇薄弱学校放在更加重要的位置，有效遏制城乡之间、地区之间和校际之间教育差距扩大的势头，逐步实现义务教育的均衡发展。2012 年，《国务院关于深入推进义务教育均衡发展的意见》指出，推进义务教育均衡发展，着力提升农村学校和薄弱学校办学水平，全面提高义务教育质量。同年，教育部印发《县域义务教育均衡发展督导评

① 翟博．均衡发展：我国义务教育发展的战略选择［J］．教育研究，2010，31（1）：3－8.

估暂行办法》，对资源配置、政府保障程度、教育质量、社会认可度四个方面进行督导评估。以资源配置评估为例，包括每百名学生拥有高于规定学历教师数、生均教学及辅助用房面积等7项指标，重点评估县域义务教育学校在教师、校舍、仪器设备等方面的配置水平，同时评估这些指标的校际均衡情况。

在大数据时代背景下，义务教育均衡发展以数据为基础，准确把握区域教育发展动态，利用大数据技术为教育行政部门科学决策、学校科学管理、教师科学教学提供了客观真实的数据，进而提高教育质量。如河北省廊坊市利用大数据的特性和教育区块链技术，成立了“京津冀大数据教育区块链试验区”,① 积极推动义务教育均衡优质发展，其主要做法有：一是开发教育质量监测系统，应用监测结果，提升学校教育教学质量。二是开发教育大数据学习平台，为教育质量向更高层次提升做好智力资源储备。三是建立学信大数据库，为学生和家长未来选课和选专业提供参考依据；为学校改进教育教学质量提供数据支持；为教育行政部门政策决策提供依据。四是打造高质量教学资源分享平台。将优质教学资源通过一定程度的有偿分享，既促进优质资源的创作、分享与应用，又在一定程度破解教育资源不均衡的难题。

（二）开展基础教育质量监测

2007年，我国教育部基础教育质量监测中心在北京师范大学揭牌成立。中心在全面实施全国基础教育质量监测工作的同时，指导各地开展基础教育质量监测工作，推动全国基础教育质量监测网络的逐步建立。中心约每两年一次，对义务教育阶段的四年级和八年级的学生的思想品德和公民素养、身体和心理健康水平、学业水平和学习素养、艺术素养、实践能力和创新意识，以及影响学生发展的教育环境和社会环境等六个方面进行监测。2019年11月，教育部基础教育质量监测中心发布了《2018年国家义务教育质量监测——数学学习质量监测结果报告》和《2018年国家义务教育质量监测——体育与健康监测结果报告》，这是我国首次发布分学科的义务教育质量监测结果。这些《报告》展现了我国义务教育阶段学生数学学习质量和体育与健康状况以及相关学科的学校教育教学状况，深入分析了影响教育质量的主要原因。

开展教育质量监测，以教育数据作为证据精准评估教育质量，作为国际教育质量评价的发展趋势，直接推动了我国的教育质量评价。自成立了教育部基础教育质量监测中心之后，我国各省市、区域（县区）纷纷成立了教育质量监测机构，如重庆市基础教育质量监测中心、广东省深圳市福田区基础教育质量监测中心等。深圳市福田区作为国家义务教育质量监测结果应用试验区，率先利用教育质量监测结果数据促进本地区教育的优化升级，提高教育质量。福田区自2013年开始着手开展教育数据多维应

① 欧阳梦. 让大数据“护航”义务教育均衡发展——访国家义务教育质量监测专家、河北省廊坊市政府总督学许红伟［EB/OL］.［2020－11－20］. https://baijiahao.baidu.com/s?id=1633732377105531207&wfr=spider&for=pc.

用研究，推进基于教育数据的精准决策。以基于教育数据的对比研究促进名校与薄弱学校的双向成长为例，选取区域内传统名校与相对薄弱学校进行对比分析，通过对近几年监测数据的研读，找到它们在各个指数上的差距，从而为薄弱学校改革提供思路，也使名校发现自身的不足，助力名校的更优发展。如福田区教育科学研究院附属小学以课程改革为突破口，基于数据重构学校课程，改变教与学方式，同时又借助督学、教研员等外部力量，整体提升了学校的办学规模和教学质量。从 2015 年到 2018 年三年间，学校生源数增长了67%，赢得了教师、家长及社区的认可，实现了自身由薄弱学校成为老百姓家门口新优质学校的蜕变。①

（三）开展中小学生学业质量综合评价

2011 年，上海市教育委员会发布了《上海市中小学生学业质量绿色指标（试行）》（简称绿色指标）的实施意见，《绿色指标》分别从学生学业水平、学生学习动力、学生学业负担、师生关系、教师教学方式、校长课程领导力、学生社会经济背景对学业成绩的影响、学生品德行为、身心健康以及跨年度进步等十个方面，全面多元对学生和学校进行整体评价。自 2011 年至 2019 年以来，上海市全市开展了多次评价实践活动并深入推进基于测评结果的改进行动，在转变教育管理模式、教学研究方式、教师教学行为、学生学习状态、社会价值观念等方面取得了良好的成效，引起了国内外的广泛关注。可见，上海市通过评价学生综合素质和个性特长发展的全面质量标准，并通过为教育质量进行定期“健康体检”，与世界上许多发达国家共同探索从“证明”走向“改进”的变革。2019 年，为顺应国家和上海教育改革的新形势，借鉴国际教育质量评价改革经验，上海市教育委员会教研室徐淀芳、纪明泽等人领衔开展了“绿色指标 1. 0”的修订完善研究，形成“绿色指标 2. 0”。“绿色指标 2. 0”将采取多样化的数据收集方式，增加基于计算机网络的数据收集方式，既提高数据收集的效率、减少数据丢失和误录，同时通过技术收集体现学生思维过程的数据，也为高层次思维能力等的测量提供更为适切的数据。②

此外，广东省广州市和深圳市，还有江苏省苏州市也在陆续探索中小学生学业质量阳光指标评价，简称阳光指标。这些绿色指标、阳光指标等评价指标，都旨在通过多元的评价方式全过程记录学生在学习过程中的多方面行为表现数据，以真正实现过程性评价与终结性评价有机结合，以达到以评促教、以评促学的目的。

---

① 韩方廷. 深耕质量监测数据，推进区域教育优质均衡发展——国家义务教育质量监测结果应用的福田经验［J］. 中小学管理，2020（1）：45 – 47.

② 徐淀芳，纪明泽，汪茂华，等.《上海市中小学生学业质量绿色指标》修订研究［J］. 上海课程教学研究，2019（1）：59 – 64，80.

（四）中小学教育质量综合评价改革

为基本建立体现素质教育要求、以学生发展为核心、科学多元的中小学教育质量评价制度，切实扭转单纯以学生学业考试成绩和学校升学率评价中小学教育质量的倾向，促进学生全面发展、健康成长。2013 年，教育部颁发《关于推进中小学教育质量综合评价改革的意见》以及《中小学教育质量综合评价指标框架（试行）》。评价指标框架包括学生品德发展水平、学业发展水平、身心发展水平、兴趣特长养成、学业负担状况等 5 个方面 20 个关键性指标。同年 12 月，教育部在全国遴选了 30 个实验区并启动了评价改革实验工作。部分实验区启用中小学教育质量综合评价数字化管理平台，在线采集师生过程性和表现性教育教学数据，分析与应用这些数据，用于教育管理、教学决策。同时，部分实验区正在逐步布局利用信息技术手段拓宽评价领域、升级评价技术以突破过程性评价、非学业指标评价，凸显综合评价改革强调的客观评价、能力导向、兼顾过程和进步的目标。但是，正因为综合评价的数据多样而丰富，绝大多数实验区目前仅将评价结果罗列出来，至于如何在海量数据中去粗取精、去伪存真，正确解读数据、抓住教育质量的真问题尚有待探索。正确解读数据需要根据结果使用目的建立一套评价标准，这样才能从海量数据中找到本实验区教育质量的真差异、真问题、真原因、真解决路径，切实提升区域教育质量。①

第三节　数据驱动的在线教学质量评价

教育大数据具有海量化数据、多样化结构、高速化处理和低密度价值四个特点。因此，在教育教学中采集、分析和运用教学数据，开展教学质量评价，改进教学决策，可以更好地服务教师开展精准教学，服务学生个性化学习，服务学校管理者智慧管理。

一、在线教学质量评价数据的实践价值

开展在线教学质量评价，有利于教师开展精准教学、学生个性化学习和学校管理者进行智慧管理。对教师而言，通过在线教学质量评价认识自身课程的实施水平，了解课程教学的实施进展，便于把握学生课程的学习状态，最重要的是能够反映课程目标的达标状况。对学生而言，通过在线教学质量评价度量自身在线学习的水平，感受自身在线学习的成就，据此增强自身在线学习的动力，最重要的是形成在线学习的图谱。对学校管理者而言，通过在线教学质量评价监测教师在线教学的课程实施效果，

① 辛涛，张彩．中小学教育质量综合评价改革的现状与前瞻［J］．中国教育学刊，2018（8）：37－41．

反映学生在线学习的学业进展水平，诊断学生在线课程的学习薄弱环节，最重要的是折射学生在线课程的过程管理成效。

在线教学质量评价数据分析让教学管理更加智慧。在线教学质量评价的数据分析包括五个环节，一是利用技术工具及时采集数据；二是定期持续采集在线教学数据；三是基于采集的数据深度挖掘数据；四是精准分析论证，解释描述数据；五是形成改进方案落实矫正行动。可见，在线教学质量评价让在线教学管理从模糊走向精准，实现教学管理决策的四个转变。首先是从认识模糊到把握清晰转变，教师通过树立科学的教学评价观念，对全体学生进行全面的立体的自我画像，清晰把握学情；其次是从基于经验到着眼证据转变，教师不再囿于以往教学经验判断，而是有机结合经验和智能教学平台自动形成的数据，将数据转化为有用的信息，便于教学决策；再次是从盲目武断到科学诊断转变，学校通过科学诊断管理问题，逐步实现精细化管理和智能化决策；最后是从常于冒险到处处保险转变，加快学校质量建设的规范化、科学化和品质化发展进程。

二、在线教学质量评价的数据采集

在线教学质量评价的数据采集包括且不限于以下三种方式，一是通过智能录播和视频监控，获取课堂教学数据、校园安全数据和学生情感数据。二是通过网评网阅、拍照搜题和点阵数码笔等技术，获取学生考试成绩数据、作业练习数据以及其他各种手写数据。网评网阅是指依据现代信息技术，对大量教学数据进行精细化分析，实现“明（明得失）、思（思原因）、悟（悟方法）、增（减负增效）”的效果。① 拍照搜题，是一种高精度的文字识别技术，拍照题目给出完整解析，可以辅助核查作答正误，轻松管理作业。② 作为互联网+教育最初一代的产物，拍照搜题曾在2015年左右风靡一时。在线教育独角兽作业帮、猿辅导、学霸君都是从拍照搜题服务起家。2020年，好未来也开发了一款基于超强AI算法识别能力的拍照搜题学习工具APP。可见，随着信息技术和人工智能的进步与发展，对教育的影响和渗透也将越来越深入。三是通过在线学习管理系统和极简在线教学APP，获取在线管理数据、网络舆情数据和其他师生、生生互动交流数据。

三、在线教学质量评价的评价标准

在疫情防控期间，为了给教师线上教学效果自我评估提供参考依据，同时也为规

---

① 网评网阅，长清教育跑出“减负增效”加速度［EB/OL］．［2020－11－05］．https://m.sohu.com/a/299815781_742187.

② https://ai.xueersi.com/photoSeach/.

范教师线上教学行为，指导学生线上学习提供决策参考，全国各地逐渐制定并使用在线教学质量评价标准，以评促教，促进教学质量提升。比较有代表性的分别有黑龙江省教育评估院、河南省教育厅、长春市基础教育教研中心、北京海淀区教师进修学校、中国信息协会教育分会等单位研制的在线教学质量标准。下面介绍三种在全国应用比较早，而且比较专业和权威的在线教学质量评价标准，分别是中国信息协会教育分会制定的《中小学在线教学质量评价标准（试行）》、北京海淀区教师进修学校制定的《海淀区中学学科线上教学评估标准（1.0 版）》以及黑龙江省教育评估院制定的《黑龙江省中小学在线教学评价指标（试行）》。其中中国信息协会教育分会作为民间教研机构的代表，黑龙江省教育评估院和北京海淀区教师进修学校则作为官方教研机构的代表。

（一）《中小学在线教学质量评价标准（试行）》

为规范中小学的在线教学行为，充分发挥在线教学的独特功能。2020 年 3 月，中国信息协会教育分会制定了《中小学在线教学质量评价标准（试行）》，包括前置准备、资源运用、教学过程和课程评价 4 个一级指标，技术工具与网络环境准备等 10 个二级指标以及 26 个评价要点。① 其一、二级指标如图 3－1 所示。

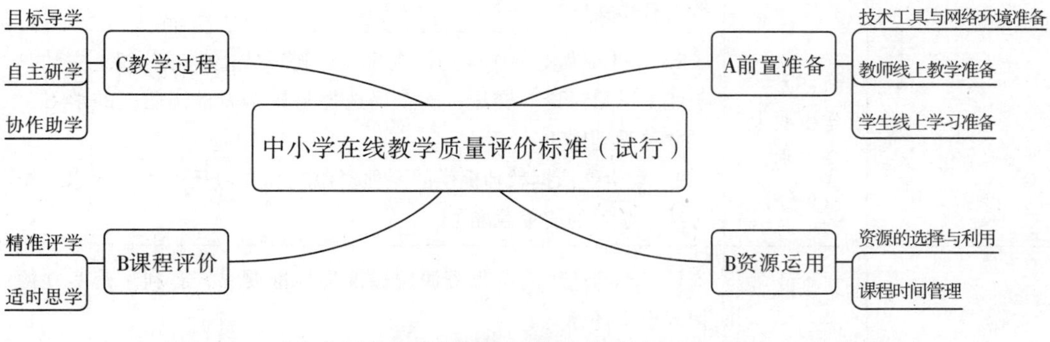

图 3－1　《中小学在线教学质量评价标准（试行）》的一、二级指标

《中小学在线教学质量评价标准（试行）》的评价指标以及指标解释详见表 3－3。

① 中国信息协会教育分会. 中小学在线教学质量评价标准（试行）［EB/OL］.［2020－11－03］. http://web2.nuist.edu.cn/cei/2020－3/202032692538.html.

表 3－3 《中小学在线教学质量评价标准（试行）》的评价指标以及指标解释

一级指标	二级标准	主要评价指标
A 前置准备 （20 分）	A1 技术工具与网络环境准备 （6 分）	1．教师课前调试好线上教学所需的相关技术工具，并选有其他备用平台。 2．保证网络学习环境畅通，支持线上学习需要。有网络故障应急方案和备用技术保障。 3．师生能提前关闭与教学无关的技术工具、应用软件等，有屏蔽不良信息的技术保障，确保在线学习环境健康、网络安全畅通
	A2 教师线上教学准备 （8 分）	4．教师能据教授班级的学情状况和所授学科特点选择适切的线上授课形式，能掌握同步教学与异步教学的教学方式，能熟练地使用录播方式或直播方式进行教学。 5．教师根据学生认知水平选择适切的在线平台及工具，教师能结合线上学习特点，以学生为中心，重视任务驱动与问题探究形式多样性，科学设计教学方案。 6．教师主动参与教研团队在线集体备课，优化线上教学方案，有应急处理措施。 7．教师及时给学生推送线上课程资源，提供学习任务单，符合线上教学实际
	A3 学生线上学习准备 （6 分）	8．学生能做好线上学习课前准备，遵循线上学习礼仪，主动参与线上学习讨论与交流，能正确选择与教学需求相适应的学习工具并熟悉其用法。 9．学生能依据教师提供的课程资源包和学习任务单的要求，做好线上学习的前置性准备
B 资源运用 （20 分）	B1 资源的选择与利用 （16 分）	10．教师选用的课程资源遵循课程标准要求，有利于落实立德树人根本任务。 11．课程资源符合学生的认知水平，能满足教师线上教学指导和学生线上自主学习需要，有效地服务于学生发展核心素养的培育。 12．教师能够基于教学需要，合理整合教材配套资源，为学生线上学习提供资源支持。 13．教师选用的线上教学配套的各类文本、视频与仿真模拟学习工具等课程资源类型丰富，且比例合理
	B2 课程时间管理 （4 分）	14．教师能够根据课程目标与学习任务，科学规划课程时间，做好线上教学的实践管理，注意用眼卫生（每节课集中讲课不超过 20 分钟，练习与辅导时间不少于 25 分钟，每天线上开课不超过 5 节，有适当课间休息，身体放松运动）

续上表

一级指标	二级标准	主要评价指标
C 教学过程 （40分）	C1 目标导学 （10分）	15. 教师重视课程导学目标制定，目标清晰合理，符合课程标准与学科素养要求。 16. 教师课程导学设计能重视学生认知水平和个体差异，有个性化助学指导措施
	C2 自主研学 （10分）	17. 教师的教学过程突出学生的主体性，重视学生自主学习、研究性学习能力、信息技术应用能力的培养。 18. 学生能以多种方式全员、全过程参与学习，自主管理学习时间，主动利用技术工具提出创造性或反思性问题，独立发表个人见解，会用团队合作等方式自主完成学习任务单的相关学习内容
	C3 协作助学 （20分）	19. 师生间合理采用网络工具互动交流，教师的提问和回答具有启发性，学生参与回答积极性高。 20. 学生能熟练运用多种线上工具围绕学习主题与任务进行线上交流，协作学习，相互促进，共同提高。 21. 教师能选择合适的技术手段对共性问题或困惑进行适时解答和个性辅导，学生理解接受效果良好。 22. 教师能运用技术工具或其他方式布置适量作业，及时评阅，并利用作业评阅数据进行作业评讲
D 课程评价 （20分）	D1 精准评学 （10分）	23. 教师能科学设计课程评价方案，适时监测学生的学习状态，及时对学生的课程学习进行精准与及时反馈，促进学生改进。 24. 学生课程学习的达标率高，较好掌握所学知识，并且信息获取能力、自我管理能力得到提高，自主学习意识增强，熟练掌握学习技术工具应用
	D2 适时思学 （10分）	25. 教师能合理选择技术工具，给学生和家长反馈学习效果，主动征求学生和家长对线上学习的意见。 26. 教师能及时反思自我线上教学的不足，并提出有效的解决策略
合计	100分	各评价等级得分
		总得分
总体描述性评价		

（二）《海淀区中学学科线上教学评估标准（1.0版）》

疫情防控期间，中小学全面开启线上教学工作。为帮助教师高效实施线上教学，北京海淀区教师进修学校自2020年4月正式发布《海淀区中学学科线上教学评估标准（1.0版）》。该标准以海淀区持续开展的深度学习教学改进、学生学习方式变革、促进学科能力提升的教学改进等项目的研究成果为基础，从深度学习的单元教学设计和实施的系统要素，以及线上教学的系统要素两个维度进行指标架构，结合教师需求和教学实际，经过多轮研究和实践发布及投入使用。标准分为线上教学设计、线上教学准备和线上教学实施3个一级指标，以及单元整体规划、学习目标设计、学习活动设计、评价反馈设计等12个二级指标和36个指标要项。具体如图3－2所示。

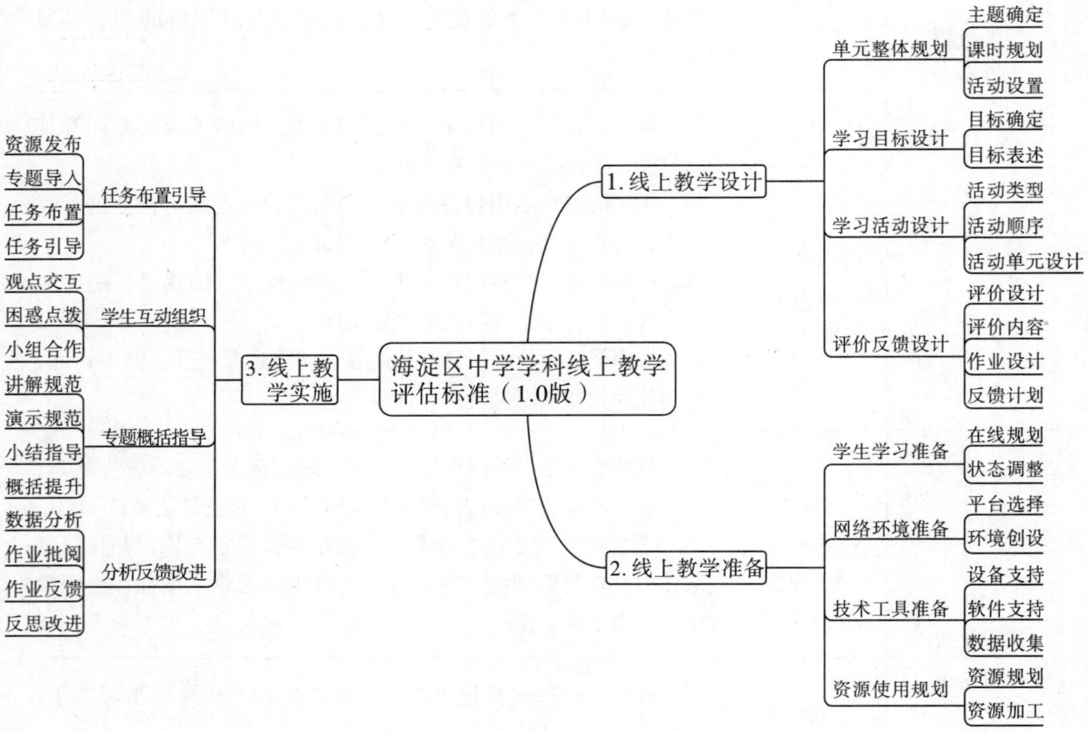

图3－2　《海淀区中学学科线上教学评估标准（1.0版）》指标体系

（三）《黑龙江省中小学线上教学评价指标（试行）》

疫情防控期间，为引导和规范中小学校及广大教师的线上教学行为，黑龙江省教育厅委托黑龙江教师发展学院教育教学评估与质量监测中心（黑龙江省教育评估院）成立项目组研制了《黑龙江省中小学线上教学评价指标（试行）》，于2020年3月在全省下发并投入使用。该指标包括教学准备、环境管理、资源利用、教学实施和教学效果5个一级指标，以及平台与工具准备等19个二级指标和45个评价要点的线上教学评价指标。其一、二级指标如图3-3所示。

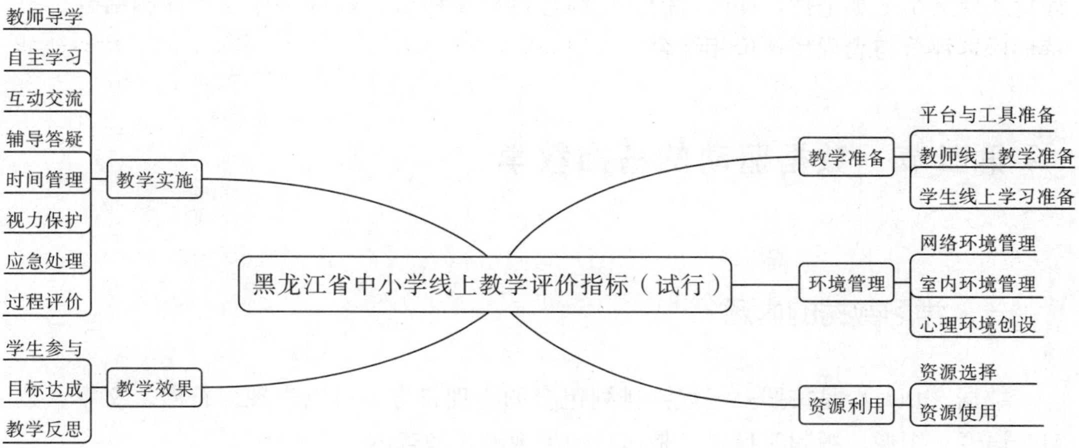

图3-3　《黑龙江省中小学线上教学评价指标（试行）》一、二级指标体系

四、在线教学评价的评价要素

从前文提及的各地发布的在线教学评价标准中，大概可以总结和提炼出在线教学质量评价的评价要素包括以下四个。一是学习准备状态，主要指学习前置知识的准备和网络学习工具的准备。二是课程资源支持，包括在线课程微视频、慕课（MOOC）、私播课（SPOC）以及导学单或自主学习单等学习资源。三是在线学习状态，教师要关注教学过程组织的有序性、课堂提问的启发性、在线讨论的互动性、学习指导的针对性以及教学难点突破的有效性。只有完成了以上几点，才能保障学生维持较好的在线学习状态，而不至于隔着电脑屏幕观望，无所事事。四是在线学习效果，检验学习效果优劣可以从目标达成比例高低、在线学习氛围好坏、网络流畅保障优劣以及对学生的反馈矫正是否及时等方面来衡量和考究。

五、在线教学评价的操作指引

开展在线教学评价，在操作上要注重简便、直观和及时反馈，一般遵循数据采集、数据分析、精准诊断、教学改进与反馈修正这一闭合回路。在结果上要客观真实，准确有效，因此要采集在线课程学习的前置性数据，关注了解在线网络课程的基础性数据，捕捉教师在线教学过程的生成性数据，把握在线课程目标达成的反馈性数据以及重视在线教学线下学习的补偿性数据，教师做好了以上数据收集、分析与应用，大体上就能确保在线教学评价结果的客观性与有效性。在形式上，要简洁，直观易懂。一般而言，当下比较常见的是采用柱状图、雷达图、折线图等可视化呈现的形式，简明扼要地表达评价结果，便于读取数据后面反映的教学决策价值。此外，在线教学质量评价还要突出三个坚持，即坚持做到定性与定量相结合，坚持自评与他评相结合，坚持形成性评价与表现型评价相结合。

第四节 数据驱动的精准教学

一、学习数据的内涵

数据（Data）是按照一定规则排列组合的物理符号，可以表现为符号、文字、数字、语音、图像、视频等形式，是信息的表现形式和载体。

2013 年，教育部颁布的《关于推进中小学教育质量综合评价改革的意见》强调要改革评价方式，将定量与定性评价相结合，注重全面客观地收集信息，根据数据和事实进行分析判断。可见，教育质量评价不再单一地依托考试成绩，而是收集、整理、分析学生发展的所有信息，并得出结论性的认识，也就是说要基于“数据”和“证据”对教育质量做出评价。李葆萍认为，在当前倡导的以学生为中心的学习环境中，学生学习“数据”和“证据”的主要产生来源于课堂学习过程、非正规学习过程、学习结果和个性化数据。其中，学生在学校内外的学习过程数据包括学习交互、学习行为、学习路径、各类过程性学习档案等，学习者个性数据则包括学生的生理、情感、认知状态数据等，以及各类以考试、作业、作品等形式展现的学习成果。①

本研究中的学习数据是指学习活动产生的并根据教学需要采集到的，用来促进教学模式创新以及教学质量提升的数据集合，包括学习资源数据、学习行为数据以及学习结果数据三大类。

二、学习数据的类型

学习数据的分类有很多种。从产生的学习环境来源来看，本研究专指线上课堂，不包括线下实体课堂。从产生的技术场景来看，本研究专指课前、课中和课后不同学习环节中，教师教学、学生学习以及师生交互过程中产生的数据。从结构化的程度来看，本研究专指用以支持教与学过程中的，以图片、视频、文档等非结构化的学习资源数据。从产生的环节来看，包括过程性数据和结果性数据。过程性数据是活动过程

---

① 李葆萍，周颖．基于大数据的教学评价研究［J］．现代教育技术，2016，26（6）：5－12.

中采集到的，难以直接量化的数据（课堂互动、在线作业、网络搜索等），结果性数据则常表现为某种可量化的结果（如成绩、等级、数量等）。综上，本研究中的学习数据，聚焦于线上课堂中，支持教师教与学生学的学习资源数据、学习行为数据以及学习结果数据。

（一）学习资源数据

1. 学习资源数据的类型与作用

学习资源主要是指数字化学习资源，包括数字化学习内容、数字化学习工具软件和数字化学习平台。学习资源数据指通过以上三类学习资源所生成的数据。数字化学习内容主要提供给学习者可供查阅、学习和修改的数字化内容，如题库、媒体素材、数字教材、课件等。数字化学习工具软件主要是指支持学习者完成学习内容的学习类软件、学习工具，如仿真实验室、几何画板、数字地图、图形工具、电子字典等学科学习工具，以及钉钉、微信、视频会议、学习通等通用工具类资源。数字化学习平台是为数字化内容提供载体，为学习者提供学习平台，促进资源跨组织、跨平台共享和重用的系统。数字化学习资源的类型与作用如表 3－4 所示。

表 3－4　数字化学习资源的类型与作用

数字化学习资源	类型	作用
数字化学习内容	数字教材、课件、微课/优课/私播课、教学资源库等	提供给学习者可供查阅、学习、修改的数字化内容
数字化学习工具软件	微信、QQ、钉钉、雨课堂、学习通等	支持学习者完成学习内容的教学类软件、教学工具
数字化教学平台	国家、省级、地市、区域建设以及校本教学资源库，如国家中小学云平台、中国中小学微课网、粤教翔云等	为数字化学习内容提供载体、为学习者提供学习平台，促进资源跨组织、跨平台共享和重用的系统

常用的中小学数字化学习平台包括国家、省级、地市、区域建设以及校本教学资源库，如国家中小学云平台、国家基础教育资源网、中国中小学教育教学网、中国中小学微课网等，以及广东省的粤教翔云网站、江苏省的智慧教育云平台等。

2. 学习资源的功能与途径

学习资源的功能主要可分四类：一是导学。通过编写导学案、选择资源和制作微课等方式引导学生自主学习。二是助学。通过辅导答疑、分类辅导和学习工具的使用等方式帮助学生自主学习和合作学习。三是促学。通过个别关照、心理辅导和学法指导等方式督促学生学习。四是评学。选用合适的学习平台，适度命题，分析数据，及时反馈学情。学习资源的功能与途径如表 3－5 所示。

表 3－5　学习资源功能与途径

学习资源功能	途径
导学	编写导学案、选择资源、制作微课
助学	辅导答疑、分类辅导、学具使用
促学	个别关照、心理辅导、学法指导
评学	选用平台、适度命题、数据分析、诊断反馈

3．学习资源数据的采集

一般而言，数字化学习资源数据的载体和表现形式是课程资源、课程作业、练习、考试等。学习资源数据的采集方式主要有以下两个方面：一是在线智能平台主要负责采集课程学习数据，如课程基本信息、课程资源、课程作业、师生交互信息、课程考核结果等。二是运用各种图像识别技术采集学习数据，如网评网阅技术主要用于采集学生考试成绩数据，点阵数码笔技术主要用于采集各种作业、练习、考试数据，拍照搜题技术主要用于采集学生作业练习数据。

（二）学习行为数据

借鉴天津师范大学教育科学学院王志军教授团队的研究，本研究中学习行为专指在线学习行为，因此学习行为数据指学习者在线上学习过程中，借助相应的技术设备和智能平台所生成的生物表征、外显行为及情感体验等方面的行为数据。①

1．生物表征数据

生物表征数据来源呈现多元化趋势，包括电、磁生理测量、眼动追踪等技术。电、磁生理测量主要包括皮肤电、心电、脑电、核磁共振等指标。皮肤电受神经系统调节，主要依据皮肤表面汗腺在刺激作用下被激活而导致电传导能力的变化而进行测量，可以反映学习者的情绪唤醒度和认知努力程度；心电包括心率和心率变异等指标，因学习者的认知需求、不确定性和注意程度变化而变化，具有较好的时间分辨率和敏感性，传达的信息更丰富，心率对学习者的情绪体验敏感，而心率变异性对认知负荷变化敏感；脑电主要用于对神经活动变化的策略，用于反映学习者的心理活动和唤醒程度，可以分析学习者的情绪体验、认知负荷和个体经验等。认知神经科学的发展使得在认知神经和生物学层面分析学习发生过程成为可能，使学习者的生物表征数据成为学习分析的重要数据来源。

2．外显行为数据

本研究中的外显行为指学习者个体与移动学习终端交互产生的外部显性行为。外

① 王志军，吴向文，冯小燕，等．基于大数据的多媒体画面语言研究［J］．电化教育研究，2017，38（4）：59－65．

显行为数据则是根据学习者个体与移动学习终端交互产生的外部显性行为所形成和采集的数据。一般而言，外显行为大致有以下几个方面，分别是浏览画面内容数量、浏览主题内容花费的时间、迷航位置与次数，以及学习路径。表3-6简要介绍了学习者个体与移动学习终端交互产生的外显行为以及行为的意义。

表3-6 学习者个体与移动学习终端交互产生的外显行为及其行为意义

外显行为	行为意义
浏览画面内容数量	反映学习者对学习内容的兴趣、掌握程度及内容的难易度
主题内容花费时间	
迷航位置与次数	反映知识内容的难度、学习者的认知投入度及内容画面设计的合理性
学习路径	反映学习者的学习方式与风格及内容画面交互设计情况

当下，学习分析技术为显性学习行为数据的采集与处理提供了有力的支持。通过使用一定的数据挖掘技术和相关工具软件追踪记录学习者的外显学习行为，关注学习者需求，探索学习行为和学习效果的关系。如，通过可穿戴设备技术（智能眼镜、手表、手环）、智能录播技术以及移动APP技术等相关新型技术实时采集课堂中学习的回答、互动（抢答）、讨论等数据。

3. 情感体验数据

情感体验数据包括本能层、行为层和反思层三个层次。本能层指学习者对学习资源的视觉感受，尤其是对图片、文字、音频和视频等多媒体学习资源的整体视觉、听觉等多维度直接感受和体验；行为层指学习者在使用数字化学习资源时的感受与体验，包括多媒体学习资源的功能、可用性及效果的体验数据；反思层指学习者在使用学习资源后引发的沉浸与思考等体验数据，包括理解、认同感与反思等方面的数据。直观感受、使用体验和效果评价共同构成了学习者立体化的情感体验数据。本能层和行为层侧重于直观感受、功能和可用性的测量，可以通过实验测试、行为观察、问卷调查等方式进行测量；反思层侧重沉浸性、理解和思考方面的考察，可以通过问卷调查、仪器测量等方式进行测量。

（三）学习结果数据

学习结果，一般可以通过学习者的外显行为，如学习内容完成度、检测成绩、检测中的错误来反映。其中学习内容完成度，反映了学习内容的难易程度和学习者的掌握情况；检测成绩反映学习者对主题内容的学习结果；检测中的错误反映学习内容的难点及学习者的掌握情况。

三、数据驱动的精准教学

美国Menachem教育基金会提出了“数据驱动教学”（Data Driven Instruction,

DDI）模式，该模式通过采集学生的学习过程数据、频繁的测试数据和定期评估数据，并对这些数据进行深度分析，教师可以更加科学、准确地把握学生的学习状态，以便对症下药，持续改进教学。

此外，国际上一些教育公司利用其技术优势，积极研发数据驱动教学的相关软件系统并探索其教学应用模式。美国的 Literacy How 公司提出了“数据驱动的差异化教学”（Data-Driven Differentiated Instruction）模式，该模式为每位学生设定具有挑战性的学习目标，基于学习过程与结果数据建立个性化的学习曲线，通过数据实时监测学生的学习进度，同时建立了基于数据的多维度评价模型，能够甄别学生的学习者特征并监测其实时学习状况，进而开展个性化的学习指导。随着全球教育信息化发展趋势、全球教学范式的转变，近年来，我国部分省市和学校已经开展数据驱动的教学实践探索。

自 2017 年伊始，浙江省根据中小学校教育技术应用的实际情况，在浙江省中小学校推广基于大数据和人工智能的精准教学。2018 年发布的《浙江省教育信息化三年行动计划（2018—2020 年）》明确要求浙江省各中小学校落实并开展基础教育精准教学行动，要求各中小学校遵循因材施教的原则，引入信息技术，开展个性化教学。其具体做法是：从理论层面探索新技术与教育教学深度融合的必要性和可行性，从技术层面探索信息技术支撑下的数据决策实现，从实践层面探索精准教学改革的策略和路径。

以浙江省丽水市基础教育改革为例，实施了区域精准教学改革实践，具体措施是构建政府、高校、企业与学校协同创新机制，推进全域精准教学改革；实施“以用定建”推进模式，搭建精准教学改革信息化平台；建立过程导向绩效评价体系，实施结合网络教研的精准教学模式。丽水市基础教育在区域精准教学改革实践中取得了良好的效果。江苏省也在不断探索中。如江苏省苏州市实验小学依托“基于数据分析的小学数学教学实践研究”，分别从支持适应性教学的智能平台构建、教师数据素养提升和数据分析优化教学三个维度，在小学数学教学领域研究与实践适应每一位学生的精准有效的教学，促进学生在小学数学领域的自主、主动、个性化学习，提升小学数学教学效能。江苏省无锡市辅仁高级中学依托“精准教学指向的大数据技术开发研究”，从作业环节切入，伴随式采集每一次作业的数据，通过数据分析和数据跟踪，开展数据驱动的精准教学，有效提升了教学质量。

四、数据驱动的个性化学习

大规模开放的在线课程（Massive Open Online Course，MOOC），中文译为慕课。MOOC 是“互联网＋教育”的产物。国际上著名的 MOOC 平台分别是 Coursera、edX 和 Udacity 等。国内著名的 MOOC 平台是中国大学 MOOC、学堂在线和慕课网等。MOOC 是以连通主义理论和网络化学习的开放教育学为基础的，具有大规模、开放和在线的特点。如 George Siemens 与 Stephen Downes 设计和教授的《连通注意与连通知识》这门网络课程，该课程有25位来自曼尼托巴大学的付费学生，还有2 300多位来自世界各地的免费学生在线参与了这门课程的学习。所有的课程内容都可以通过RSS feed订阅，学习者可以用他们自己选择的工具来参与学习：用MOODLE参加在线论坛讨论，发表博客文章，在第二人生（second life，一款虚拟学习软件）中学习，以及参加同步在线会议。慕课传入我国后，对我国在线教育产生了巨大影响。最重要的是体现了促进学习者个性化学习。促进个性化学习是慕课开发的内在逻辑和根本诉求。有学者认为，慕课诞生的内因是满足学习者个性化学习需求，开发的内在逻辑指向个性化学习，学习过程彰显了个性化学习诉求。可见，追求个性独立的自由气质、满足有自我提升的个性化学习需求，既是学习者的基本诉求，也是慕课开发的旨趣所在。①

广东省深圳市第二实验学校作为全国第一批教育信息化试点单位和深圳市中小学智慧校园示范校，一直重视信息技术与教育教学的深度融合，并取得较好的成绩。学校自2015年至今先后开展了《支持“问题·个性”教学模式的云课堂应用》《探索“教育云”作业，提升学习品质发展》等研究，并将研究成果应用于教学实践。2017年，深圳市第二实验学校作为深圳市“教育云”试点学校，依托深圳市教育云平台，全面推广教育云“作业通”应用，对网上作业进行探究。② 作业通平台可生成清晰的作业情况分析表单，完成作业数据的采集和分析，教师基于精确的学习数据反馈，可灵活动态调整教学。如，教师通过深入分析作业通系统反馈的学情数据，依据每位学生的知识点掌握情况，精准推送错题的同类型题目，及时为学生欠缺的知识进行补差补错。可见，基于作业数据诊断，将学生出错点与相应课程精准匹配，能够提高学生二次学习的效率，让学生由机械重复的题海学习转为高效个性化学习。

---

① 冯永华. 促进个性化学习的慕课开发价值取向及实现［J］. 现代远程教育研究，2019，31（5）：46－53.

② 李辉波. “教育云”网上作业探索研究［J］. 教育现代化，2018，5（19）：205－207.

第四章 适应性教学概述

第一节 适应性教学的概念界定

适应（Adaptation）一词，辞典的解释是“生物体适应外界环境条件改变的能力。”心理咨询百科全书的解释是“个体在社会组织系统、群体或文化经济因素的变化中，其生存功能、发展和目标的实现相应地变化的能力。”① 适应是个体与作用于自身的外界环境调整自身行为，以达到与外界环境协调配合的能力。适应是相对的，也是变化的，外界条件改变了，就迫使个体产生相应的变化，形成对新的条件的适应性以提高自身生存与发展的能力。因此，适应包含了三个基本组成部分：①个体，这是“适应”的主体；②环境（情境），它与个体相互作用，不仅对个体提出了自然和社会的要求，而且也是个体实现自己需要的来源，其中人际关系是个体“适应”过程中环境（情境）的重要部分；③改变，这是“适应”的中心环节。②

一、与适应性相关的边界概念

正确理解适应性教学的含义，需要研究和区分学习适应性、适应性学习、自适应学习等概念的关系。

---

① 车文博. 心理咨询百科全书［M］. 长春：吉林人民出版社，1991：684.

② 徐浙宁，郑妙晨. 国内“学习适应性”研究综述［J］. 上海教育科研，2000（5）：51－53.

（一）学习适应性、适应性学习与自适应学习的关系

1．学习适应性

关于学习适应性的概念，学术界主要从心理学和教育学的视角对其展开研究与阐释。从心理学的视角而言，早期我国学者周步成的界定被学界援引和认可，即学习适应性是个体克服困难取得较好学习效果的倾向，也称学习适应能力。其主要因素涉及学习态度、学习技术、学习环境和身心健康等方面。① 之后其他学者也在不断探讨学习适应性的概念，如冯廷勇等人认为，学习适应性是指学习者主体依据学习环境和学习需要，在具体学习情境中完成学习活动任务，通过调整自身条件，形成与学习情境相平衡和相适应的心理与行为过程。② 对学习适应性的研究，主要集中于以下五类研究，分别是调查报告、比较研究、模式建构、验证性研究与应用性研究。这五类研究都偏重于“群体”的探讨，但如何针对有着具体适应问题的学生“个体”进行辅导，使之向适应性学生转变；如何利用调查结果及协调相关的影响因素，来发展学生的适应性行为等没有详尽的介绍。虽然有许多的数据结果，但真正从学校教育的个体性发展目标来看，具体化的操作指导是极其有限的，因此就国内目前的学习适应性研究来看，在进一步深化宏观研究的同时，更要加强微观意义上的研究，这样才可以让理论的研究服务于教学实践。③

在心理学视角基础上，信息化教学视角所理解的学习适应性，更关注信息技术支持下的学习环境与学习者的适应性。如，赵呈领教授等人基于翻转课堂，引入学习者对信息化课程平台、信息化学习环境、信息化学习方式以及信息化教学方式的适应，这要求学习者要有与信息时代相适应的信息素养与学习能力。④ 可见，与传统学习适应性相比较，教育信息化环境下的学习适应性的最大挑战在于学习者要提高自身对信息化学习环境、信息化学习方式的适应性。

2．适应性学习

适应性学习源自机器学习，20 世纪 50 年代，适应性学习系统就已经是机器学习领域的研究对象。21 世纪初期，北京师范大学余胜泉教授认为适应性学习系统可以为远程学习提供更为优越的前提条件，使远程学习更为简单、高效，更具有个性化。在这种适应性学习系统支持下的学习，称之为适应性学习。⑤ 随着信息技术的更新与升级，以及信息技术与教育教学的深度融合，适应性学习的概念得到深化发展。21 世纪中期，江苏师范大学杨现民教授认为适应性学习是指基于学习者的个性特征差异为其

---

① 田澜．我国中小学生学习适应性研究述评［J］．心理科学，2004（2）：502－504.
② 冯廷勇，李红．当代大学生学习适应的初步研究［J］．心理学探新，2002，（1）：44－47.
③ 徐浙宁，郑妙晨．国内“学习适应性”研究综述［J］．上海教育科研，2000（5）：51－53.
④ 冯廷勇，李红．当代大学生学习适应的初步研究［J］．心理学探新，2002，（1）：44－47.
⑤ 余胜泉．适应性学习——远程教育发展的趋势［J］．开放教育研究，2000（3）：12－15.

提供个性化学习服务的一种学习方式，通过记录、挖掘和深入分析学习行为历史数据信息，以可视化的方式呈现数据分析结果，用于评估学习过程、发现潜在问题和预测未来表现，并对学习者进行个性化干预、指导，促进有效学习的发生。①

有学者认为，适应性学习一定是基于数字化学习环境中，需要由高级的数字化技术和智能技术开发的系统作为学习支撑，表现为适应性的内容呈现和适应性的导航支持。而同时，学习者在系统中学习也存在“适应性”，即学习者个体主动调整自己的机体和心理状态与具体的学习环境相符合所表现出来的能力倾向，包括学习者个体、学习的环境、互动改变三个部分。② 因此，在进行适应性学习时，存在“双向适应”的问题。③

3. 自适应学习

适应性学习中的“适应性”，在工程领域常也译为“自适应”，其词根是“adapt”，即“改编、适配”的意思。④ 以往自适应学习的研究大部分聚焦于自适应性学习技术的发展与升级，以及教学平台的开发与运用。如美国学者 Peter Brusilovsky 提出了第一个自适应学习系统通用模型，该模型分为领域模型、教育学模型、学生模型和接口模块四个核心组件。国外自适应学习技术的研究主题主要聚焦在智能学习环境创设、自适应技术支持下的个性化学习、教师适应性学习和基于自适应学习技术的理科教学实践创新四个方面。国外自适应学习技术的研究趋势主要体现在三个方面：将技术与人员整合，促使教师成为“适应性专家”；将技术与课堂整合，从学习分析走向学习调节；将技术与高等教育整合，构建自适应学习技术的研发智库。⑤ 国内研究者也相继投入对适应性学习系统的理论和实践研究。余胜泉、张剑平、赵蔚、姜强等专家学者也相继研究自适应学习系统模型的建构、框架设计、平台开发等。梁茜等人指出，我国未来自适应学习技术的研究应更多关注学习的干预和调节、自适应学习技术的环境创设、教师适应性教学素养以及自适应学习产品开发的相关研究。

祝智庭教授等人认为基于数据密集科学的自适应学习系统应该体现个性化的学习特点，下一个教育技术研究范式是个性化自适应学习（Personalized Adaptive Learning, PAL），即在自适应基础之上，学习内容更体现学生特点和需求。⑥

---

① 杨现民，田雪松. 中国基础教育大数据（2016—2017）走向数据驱动的精准教学［M］. 北京：科学出版社，2018：3.

② 徐浙宁，郑妙晨. 国内学习适应性研究综述［J］. 上海教育科研，2000（5）：51－53.

③ 边联，解月光. 适应性学习系统构建中的双向适应问题研究［J］. 中国电化教育，2009（3）：9－12.

④ 李克东. 网络环境下 CBE 研究的新课题［R］. 浙江师范大学讲座，2003.

⑤ 梁茜，皇甫林晓. 国外自适应学习技术的研究主题及趋势——基于 Web of Science 文献关键词的可视化分析［J］. 中国远程教育，2019（8）：47－58.

⑥ 祝智庭，沈德梅. 基于大数据的教育技术研究新范式［J］. 电化教育研究，2013，34（10）：5－13.

本研究认为，尽管自适应性学习对于支持教师精准教学和学生个性化学习具有独特优势，也是深化中小学教育教学改革的目标之一，但对于如何在中小学课堂中使用和发展这门技术，尤其是教师如何使用适应性教学平台开展适应性教学，形成适合学科教学需要的教学模式研究尚处于初级状态，因此有学者认为大数据时代的到来，还给中小学教师的信息/数据素养培训带来了更多的挑战。

综上，学习适应性是基于心理学的研究视角，其适应主体是单一的学习者个体，学习环境也是传统课堂。学习者个体主要适应传统课堂教学即可。而适应性学习的研究视角是基于教育学，更进一步是基于教育技术学的视角，鉴于是线上线下混合学习，适应主体之一的学习者必须要适应在线学习系统，同时在线学习系统的相关功能也要关照学习者个体的特征和需求，因此是双向互动改变。自适应学习可以说是在适应性学习的基础上发展而来的，集结了计算机科学、教育技术学以及学习科学等跨学科的研究领域成果，学习者与适应性学习系统之间、学习者与数字化学习资源之间、学习系统与智慧课堂教学之间等多向互动改变。学习适应性、适应性学习与自适应学习的关系如表 4－1 所示。

表 4－1　学习适应性、适应性学习与自适应学习的关系

类别	学习适应性	适应性学习	自适应学习
研究视角	心理学	教育学、教育技术学	认知科学、教育技术学、学习科学等
适应主体	单一主体：学习者个体	双主体：学习者个体＋适应性学习系统	双主体：学习者个体＋适应性学习系统
学习环境	传统课堂	线上线下混合学习环境	线上线下混合学习环境
改变向度	单向改变	双向互动改变	多向互动改变

（二）自适应学习平台与智适应学习平台的关系

1. 自适应学习平台

当前国外自适应学习产品普遍处于人工智能的初级自适应水平，自适应学习的知识应用范围集中于知识易拆解的科学、技术、工程、数学教育领域和语言培训辅导领域。国外自适应学习平台有 3 种类型：基于内容型、基于评价型和基于过程型。

基于内容型平台是最基础的，它侧重于针对不同知识水平的用户提供个性化的学习资源，以“拆分知识点”的形式构成一种支架式的教学模式，方便用户更快吸收所学知识。2010 年创立的学习博普（Learn Bop）平台，是专注于数学科目的基于内容型平台。

基于评价型平台侧重于对用户学习状况的评测，常见于语言辅导类产品、习题测评类产品。它强调阶段性的学习成果检测，在测评时兼有学习环境的参照式评估，使学习内容与测评结果、真实准确的个人能力挂钩。麦格希集团的自适应学习平台ALEKS，是著名的测评类学习系统。

基于过程型平台是自适应技术应用较全面、功能较完备的，也是三者中最复杂的一种类型。平台需收集学生相关学习行为数据，全面分析学生的水平层次和个人兴趣点，然后根据评估结果为每个学生分配新的学习路径。培生集团开发的Revel，便是一款代表性的基于过程型产品。它在平台功能架构、数字内容资源开发、技术框架和自适应模型建构方面，具有代表性。[①] 如图4－1所示。

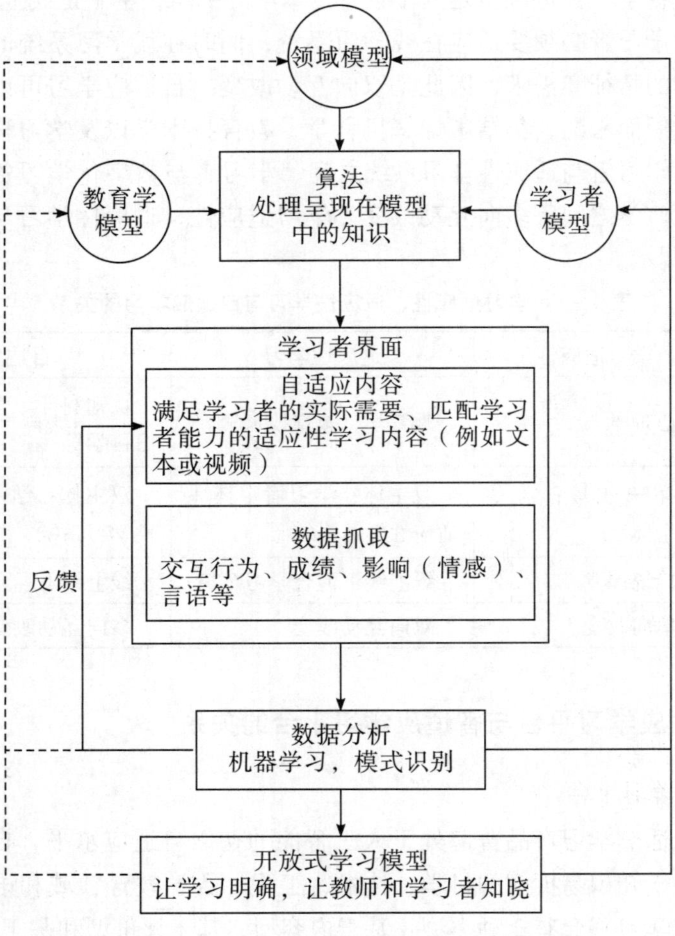

图4－1　Revel自适应学习系统模型图

① 范明献，索菲．国外教育出版领域自适应学习平台建设经验及启示——以培生Revel为例［J］．中国出版，2019（16）：32－35.

培生 Revel 是培生集团于 2014 年推出的面向美国高等教育市场的自适应学习产品，支持电脑、手机、平板电脑（iPad）多终端下载应用。Revel 提供课程学习、学情管理、个人评估自适应学习服务。学生可阅读穿插了互动和评估元素的课程材料进行在线学习；教师可在自适应引擎的支持下分配学习内容并访问学情信息表，来查看学生的参与情况和完成情况。Revel 设置了虚拟导师角色，评估学生的答题情况，与学生一起交流讨论，为学习者提供学习提示、问题解答服务。

学习者模型（Learner Model）。Revel 将学习者“模型化”，通过不断的机器测试，对学习者模型进行校准和优化。系统运行中，首先可根据个人身份静态信息（如年级、学号、年龄等）对学习者进行大致分类，并为学习者提供初始的学习路径；其后根据动态的学习行为信息分析学习者的学情状况和个人能力，形成分析图表并反馈给教师，平台为学习者提供个性化的自适应学习路径。

领域模型（Domain Model）。作为知识概念的集合，主要完成知识图谱的搭建和知识数据的更新存储，为系统调用知识数据提供支持。Revel 对学习的知识概念进行结构化和模块化，以尽量小的粒度分解知识点，以使自适应内容的匹配更精确。平台具有半开放的内容修改性，允许教育者在内容管理云平台中进行自适应课程的再创作，具有高度的灵活性。

教育学模型（Pedagory Model）。这是有效结合学习者模型和领域模型来实现自适应学习的关键。平台在将数字内容传递给学习者的同时，也持续分析学习者与平台的互动行为，在学习分析基础上推荐下一刻适合该学习者的学习内容或学习路径。

Revel 建构起开放式学习模型，它将分析结果呈现给学习者和教师。开放式学习者模型帮助学习者跟踪自己的进步，鼓励他们反思自己的学习。

在国外，除了培生 Revel 之外，牛顿平台（Knewton Platform）也是当前国际上一款优秀的自适应学习平台。牛顿平台教育路径规划技术和学生能力模型，构建了自适应学习的基础框架，以最大程度地实现个性化；依托项目反应理论（IRT）和 Knewton API 这两种核心技术，通过差异化引导的自适应学习过程和创建自适应课程这两种方式，提供自适应的支持与服务。①

综上，不论是培生 Revel 还是 Knewton Platform，这些自适应学习平台的共同功用均指向为学习者提供个性化的学习内容。在国内，人工智能自适应学习行业发展逐年升温。据 36KR 旗下鲸准研究院 2018 年发布《智适应教育行业研究报告》称，截至 2018 年，国内已有 40 多家企业入场抢占自适应教育市场，推出了自适应平台产品如猿题库、英语流利说、洋葱数学、智慧学伴等。下面，简要介绍智慧学伴。智慧学伴是北京师范大学教育学部、北京师范大学未来教育高精尖创新中心面向全国开放的智能教育公共服务平台。智慧学伴平台通过线上汇聚学生学科、心理、体育等全学习过

① 万海鹏，汪丹. 基于大数据的牛顿平台自适应学习机制分析——“教育大数据研究与实践专栏”之关键技术篇［J］. 现代教育技术，2016，26（5）：5－11.

程数据，对学生知识与能力结构进行综合建模，对学习问题进行智能诊断与精准改进，发现与增强学生的学科优势，实现学生的个性化学习，提升教师精准教学和在线教学的能力。[①] 目前，智慧学伴平台已经应用于北京市通州区教育深化综合改革项目，旨在通过智慧学伴平台，调动骨干教师的智力服务资源，为郊区、薄弱学校的孩子提供智力服务，解决这些孩子学习过程中的个性化问题，让孩子有实际获得。[②] 截至 2020 年，智慧学伴平台为通州区 31 所初中学校提供了学生学科能力与核心素养测评，同时开展了学生心理素质测评，并启动了大规模的学生开放性在线辅导计划。

尽管国内也在不断尝试开发与运用这些自适应学习平台在个性化教学进行针对性探索与实践，但是，总体来说，国内自适应学习平台存在着诸多问题与挑战。一方面，运营主体多为互联网企业和技术商，国内自适应学习行业尚未形成广为市场认可的主流产品；另一方面，自适应学习产品也面临着“是否能真正实现自适应学习”的质疑。可见，在自适应学习平台和产品领域，国内还有着广阔的发展空间。

2. 智适应学习平台

智适应学习平台，指基于人工智能的自适应学习。松鼠 AI 智适应学习系统，是人工智能与自适应学习的结合，“智”表示“智能”。松鼠 AI 的教师模型是基于知识图谱创建的，构建知识图谱经历了人工驱动和数据驱动两个阶段。首先，学科教育专家将目标教学内容进行重新解构。其次，把这个知识图谱应用到 AI 学习系统中，再次让学生学习。然后，再根据学生的学习数据做迭代。如此循环往复，直到知识图谱趋于稳定。[③]“智适应学习”系统的最终目的都是最大限度地模拟人类教师的角色，在教学过程中根据学生的学习目标、学习风格、学习行为、个人偏好和知识状态，利用 AI 实现教学策略实时地、动态地调整学生接下来的学习内容和路径，从而达到个性化教学的目的，继而实现比特级教师一对一还要高的学习效率。[④] 智适应学习的平台应用前景体现在集合了众多教育者、数据科学家、认知专家和计算机专家的集体智慧，采集了大量学生的学习数据，赋权教师为学生提供更好的学习支持，为学生提供个性化学习路径，提高学习效率，提升学习效果，但是依然也存在诸多现实问题。比如开发一个如此大型的人工智能平台，从知识成本、时间成本和资金投入来说都是非常昂贵的，某家科技公司可能会因为这么昂贵的成本投入而面临破产的困境，同时平台采集的学生数据涉及安全性问题，如何确保数据安全而不被泄露，也是非常值得深入而细致地研究的。

---

① 智慧学伴平台面向全国开放实施方案［EB/OL］.［2020－12－22］. http://slp. bnu. edu. cn/#!/policy/plan.

② “北京市中学教师开放型在线辅导计划”即将启动高精尖中心助力北京市教育深化综合改革［EB/OL］.［2020－12－25］. https://aic-fe. bnu. edu. cn/xwdt/zxxw/19361. html.

③ 崔炜，薛镇. 松鼠 AI 智适应学习系统［J］. 机器人产业，2019（4）：84－94.

④ 房晓楠. 松鼠 AI 的“AI＋智适应教育”之路该如何走？［J］. 机器人产业，2019（1）：80－84.

综上，智适应学习平台是自适应学习平台发展的高级阶段，尽管市场已经涌现了一些学习产品，但目前依然处于探索和进一步完善的过程中。相信随着人工智能技术的更新、升级与完善，智适应学习平台的功能与效用在未来发展过程中会越来越成熟！

二、适应性教学的概念界定

（一）适应性教学的内涵

关于适应性教学（Adaptive Instruction）的含义，最早源于美国的教育学家加涅，他在《教学设计原理》中认为“适应性教学这一术语通常指教师恒定地监控学生的进步，并根据学生的进步情况变换教学内容的材料和管理系统。”①

适应性教学法强调的是教师要在充分了解学生的学习习惯、学习动机、知识结构等基础上，以不同的方式呈现教学内容，调节教学过程，使教学成为一种动态生成过程，使每个学生都能获得成功的心理体验，从而提高学生的自信心和学习积极性。王霞认为，适应性教学应该是“双向”的，即教师的教学要适应学生的学习需求，因材施教；学生的学习要与教师的教学方式和教学目标相适应。② 从中可见，这种双向适应是适应主体（教与学主体）之间的相互适应。主体适应性教学是一种在教学主体与学习主体适应与被适应的对立统一关系中动态发展的教学，既强调师生的主体性，又强调师生主体间性对主体性的超越。这种主体适应性教学包括教与学主体相互适应、主动适应、随机适应、复杂适应与持续适应。

未来课堂作为一种教学信息生态系统，应由人（教与学主体）、信息、课堂教学系统环境等要素构成。③ 刘智明等人认为，DIKW（Data-Information-Knowledge-Wisdom）模型可以看出，从数据、信息、知识到智慧的演变规律，为我们提供了一条适应性教学中学生智慧发展的生成路径，即在适应性教学情境的帮助下学习数据被赋予丰富的教学内涵转变为具有价值的教学信息，再经师生的认知加工演变为鲜活的教学知识，这些知识在教学应用中逐渐升华为适应教师因材施教、学生个性化学习的智慧，推动了以学习数据为主导的适应性教学的发展，这便形成了本研究的基于学习数据的适应性教学的价值取向。

本研究认为，在移动互联学习环境下，适应性教学应该是全向的，除了师生要彼此适应之外，师生还要适应日益变化的学习环境，如未来学校中出现的智能学习设备

---

① 郭先平．高职数学适应性教学问题研究［J］．数学教学研究，2013，32（5）：55－62.

② 王霞．新生教学中适应性教学模式的创新研究——基于政治学课程的教学实践［J］．长春教育学院学报，2015，31（13）：55－58.

③ 刘智明，武法提，殷宝媛．信息生态观视域下的未来课堂——概念内涵及教学体系构建［J］．电化教育研究，2018，39（5）：40－46.

等。同时，全向适应是递进式的，首先是人与人之间的相互适应，即主体间适应性教学，这是必要条件，即教与学主体之间的相互适应。其次是人与环境之间的相互适应，环境由物理环境和社会环境构成。物理环境指教与学主体所处的自然条件和人工环境，如传统的多媒体课室、现代的智能课室以及未来的智慧课室等；社会环境指教与学主体相互作用的人和物，包括各种与之对应的社会、自然关系，如传统的以教师为主导，学生为主体的师生关系，以及随着教育理念的不断更新与进步，不断演进的教师—学生双主体的师生关系、民主平等的新型师生关系等。适应性教学的全向适应关系如图4－2所示。

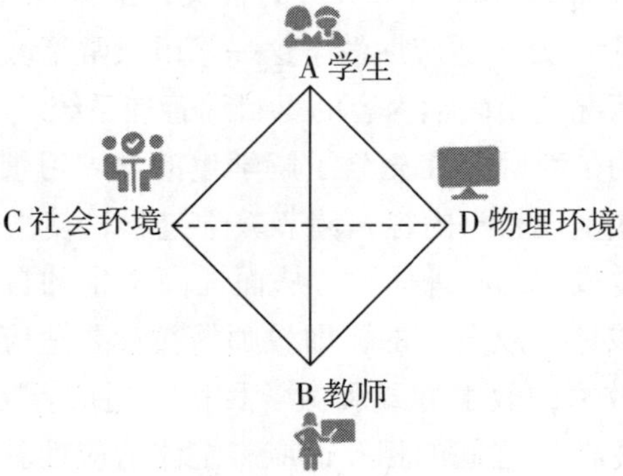

图4－2　适应性教学的全向适应关系图

（二）适应性教师

2004年教育部发布了《中小学教师教育技术能力标准（试行）》，以提高中小学教师教育技术能力水平，促进教师专业能力发展。随着智慧时代的到来，各种新的教育环境、教学工具、教学模式、教学方法与理念不断涌现，对教师的适应性教学能力又提出了严峻挑战。适应性教学的成功实施与教师的智慧教学能力有密切关系，教师能够合理使用智慧环境提供的资源、工具等开展适应性教学，提高教学质量和效率，很大程度上取决于教师在智慧环境下的教学能力水平如何。借鉴当前国内外主流教师信息技术能力标准，本研究构建了基于学习数据的教师适应性教学能力结构，主要包括技术应用能力、教学设计能力、课堂把控能力、互动授课能力、数据分析与处理能力和教学评价能力等。[①] 具体见表4－2。

① 唐斯斯．智慧教育与大数据［M］．北京：科学出版社，2015．

表 4-2　适应性教师信息化教学能力结构指标

一级指标	技术应用能力	教学设计能力	课堂把控能力	互动授课能力	数据分析与处理能力	教学评价能力
二级指标	理解技术知识、掌握技术操作、应用技术教学	资源与工具选择、过程与方法设计、教学环境创设	组织能力、控制能力、交往能力	交流互动、在线互动	数据采集与分析、数据解读与应用、数据评价与交流	过程性评价、综合性评价

（三）适应性学生

目前，我国还未制定学生教育技术能力相关标准。适应性学习是发展学习者的数字学习智慧，实现学习者的自我发现、自我认识和自我提升，成为智慧创造者。随着社会的不断进步和人才需求的变化，学习者的学习能力结构也需要不断地完善和提升。在综合借鉴不同机构组织提出的 21 世纪能力素养的基础上，唐斯斯、杨现民、单志广等人①提出智慧时代学生适应性学习能力结构。该框架从认知、创造、内省和交际四个领域来描述智慧学习者应具备的能力。其具体结构指标见表 4-3。

表 4-3　适应性学生智慧学习能力结构指标

一级指标	认知领域	创造领域	内省领域	交际领域
二级指标	高阶思维与推理能力、个人知识的智慧管理能力、学习资源智慧选择与应用能力	批判与创新的能力、敢于承担风险的能力、智慧工具与技术的应用能力	自我评价的能力、自我反思的能力、自我规划的能力	适应智慧环境的能力、参与智慧活动的能力、构建人际网络的能力、跨领域协作学习和交流能力

此外，在《中国学生发展核心素养》关于培养全面发展的学生中，要求学生要学会技术运用。技术运用指理解技术与人类文明的有机联系，具有学习掌握技术的兴趣和意愿；具有工程思维，能将创意和方案转化为有形物品或对已有物品进行改进与优化等。同时还要求学生具备一定的信息意识。信息意识指能自觉、有效地获取、评估、鉴别、使用信息；具有数字化生存能力，主动适应“互联网+”等社会信息化发展趋势；具有网络伦理道德与信息安全意识等。

---

① 唐斯斯. 智慧教育与大数据［M］. 北京：科学出版社，2015.

（四）适应性学习环境

学习环境是促进学习者发展的各种支持性条件的统合，通常包括学习空间、学习资源、辅助技术等。① 从不同的认知理论出发，利用不同的技术设备和物理资源，可以构建出不同类型的学习环境，例如，建构主义学习环境、虚拟现实学习环境等。近年来，随着人工智能、混合现实、人机交互等技术的发展，为虚拟现实学习环境的构建及应用提供了很好的技术支撑，特别是混合现实技术所提供的虚实融合、自然交互以及动态生成等功能。关于学习环境软硬件的设计，从学校大空间层面，我国经历了从数字校园到智慧校园，从智慧校园到未来学校的建设与发展历程；从教学课室小空间层面，我国经历了从多媒体课室到智慧课室，从智慧课室到未来学习空间的建设与发展历程。随着认知理念的更新与信息技术的升级，学习环境一直处于动态发展的过程，崭新的设计理念与创新的物化建筑，一直在不断迭代升级中。随着认知科学研究范式由“离身”逐渐转向“具身”，不论是教育产品生产商、教育建筑开发者，还是教育践行者——广大的教师与学生们，越来越强烈地感受到学习者个体及其与学习环境的交互与适应，对学习活动所产生的重要作用。

江苏师范大学智慧教育学院的专家团队，以具身认知理论为引领，以混合现实、人工智能、人机交互等技术为支撑，构建了具身型混合现实学习环境模型。② 该模型包括具身学习层、交互感知层和动态生成层。学习者在具身学习层通过身体感知运动系统的参与，开展学习活动并积累具身表征；在感知交互层通过身体行为状态的识别以及多模态自然交互，实现学习者与学习环境的紧密耦合；在动态生成层通过学习者交互行为的驱动，实现学习环境的动态创生，从而有效开展相应的具身学习活动。可见，未来学习环境的设计与构建，将越来越注重有机联结学习者与泛在物理学习环境，越来越注重加强学习者与学习环境之间的适应性与交互性，越来越加强学习者在学习环境中自然地、自在地开展探究性、项目式学习，创新学习形态，提升学习体验和学习效果。

第二节　适应性教学的教学方法

教学方法是教师和学生为了实现共同的教学目标和任务，在教学过程中运用的方式与手段的总称。适应性教学利用各种新媒体、新技术和丰富的信息资源，开发应用各类信息系统和教学手段，提供多样化的教与学方法。教的方法，目前常用的有探究

① 钟志贤．论学习环境设计［J］．电化教育研究，2005（7）：39－45．

② 赵瑞斌，范文翔，杨现民，等．具身型混合现实学习环境（EMRLE）的构建与学习活动设计［J］．远程教育杂志，2020，38（5）：44－51．

式教学法、互动式教学法、发现式教学法、情境教学法等；学的方法，主要有自主学习、协作学习、体验学习等以及正在涌现出基于项目的主动学习法、面向真实的深度学习、基于证据的智慧学习以及突破校园边界的移动学习等。鉴于本研究中大部分学校是薄弱学校，基于这些学校日常教学实践，常用的有分组教学法、分层教学法。

一、分组教学法

在欧美一些国家，班内分组教学被称为“教室内分组教学”（In-Traclass Grouping for Teaching）。在我国，它的对应词有“分组区别教学”等。尽管名称不一，在内涵上却都指同样一种教学组织形式：教师按智力、学习能力和成绩把全班学生分成若干个同质组，进而在同一教室内同时对各组学生开展差异化教学。①

班内分组教学的三种基本模式分别是：加速性分组教学模式，这种模式以加快优等生的学习进度，培养社会所需的各种英才为目的；矫正型分组教学模式，教师在按同质组进行差异教学的同时，通常还采用异质组的形式开展小组协助差生学习的活动，教育措施和教师的辅导也向差生倾斜，以尽可能多地为社会培养“有合格文化知识水平的公民”；深造—矫正型分组教学模式，教师尽力促使所有学生都获得最大可能的发展，在努力促使中等生进步的同时，教师要为学得快的学生提供“深造教学”，为未能达标的学生提供“矫正教学”。一般而言，我国基本采用深造—矫正分组教学模式。

班内分组教学的操作技术，大体上可总结为四种。一是同质组的划分，同质组的实质性意义在于把班内学生之间潜藏的多样性差异用若干个组揭示出来，从而使教师在教学的各个环节上都能采取适应这些差异的措施。二是分组教学目标的制定，教学目标应与各组学生现有发展水平接轨，以适应各组学生之间的差异。三是弹性作业的编制。分组教学目标在每章节、每单元教学中的体现物是“弹性作业”（或称“分层练习”等）。它一般由约60%基础题、20%巩固题和20%拓展题组成，基础题体现基础教育的统一性要求，人人必做；巩固题是对教材内容的纵向挖掘，为后进生的选答题和中等生、优等生的必答题；拓展题是对教材内容的横向拓展，为中等生的选答题和优等生的必答题。四是学生座位的编排和异质组的设置，国内外最流行的做法是把优中差学生搭配成一个个由四名学生组成的异质组，按异质组划块就座。采用矫正型分组教学模式的班级一般都设有异质组，便于开展小组合作学习活动。如组内合作，优等生讲授、中等生记录、后进生进行展示；组间合作，组长交流、组员互教；师生合作，教师暴露学生的共性问题，进行点拨释疑。区别对待，因材施教，以适应学生的个性化差异，促进不同层次各种类型学生的个性化发展。

下面以本研究中的项目学校A学校为例，介绍该学校日常教学实践中分组教学中

---

① 葛锦文．班内分组教学的特点、模式和操作技术研究［J］．上海教育科研，1994（1）：12－15．

组员的分工与合作。

A 学校是一所初级中学，遵循“同组异质、异组同质”的原则分配每组成员，一般而言每个小组由 4 ~6 名学生组成，大致由优等生、中等生和后进生组成，每个小组的总体水平保持相当，如此保证每个小组在大致相同的水平开展小组合作学习。在小组合作学习中，每个组员担当特定的角色，遵循“因生而宜、力所能及”的原则，对小组内成员进行合理分工，每个小组设立组长、记录员、报告员、提出不同意见者等四个不同角色，不同角色间交换分工。

组长：负责组内日常管理，包括课堂上组织交流讨论、实验操作等活动。同时，组长要做好小组文化建设，A 学校鼓励组长把小组合作延伸到课外，包括课外研学旅行等，进一步增加组间凝聚力。

记录员：负责记录小组交流讨论和实验操作的结果。同时，记录员要做好小组活动纪要，用于班内定期或不定期的小组成果分享的过程性记录。A 学校鼓励每个班级不同组别都有个档案袋，包括课内和课外的活动纪要简介，记录学生的成长与发展。

报告员：负责简要汇报小组讨论的主要结论，或演示小组实验操作的主要成果。

提出不同意见者：为了发展学生辩证思维能力，A 学校还增加了提出不同意见者这一角色，扮演一个“反面角色”，提出相反的看法和其他可能性。

通常来说，班内分组教学最适用于学生层次繁多、成绩和能力差异显著的班级，因为只有在这种班级里，才有可能把学生分成若干个层次（同质组），才有充分的必要进行分组教学。在差异过小的“同质班”里，教师只要通过改进教学方法就能提高教学效率，而不必变换教学组织形式。

可见，分组的实质是建立学习型组织，学习型组织在学习支架的条件下，依托同侪互助，围绕学习目标、学习活动、学习环境以及学习结果评估等内容开展小组合作学习，这是一种团队合作的体现，如此，更符合学生认知发展的最近发展区。这样，学习型组织在学习活动中以阐述、对话、合作的形式，内化为自主学习的能力。

二、分层教学法

所谓“分层教学”，就是根据大纲和教材要求，在一个班内针对不同类型学生的接受能力设计不同层次的教学目标，提出不同层次的学习要求，给予不同层次的辅导，进行不同层次的检测，从而使各类学生分别在各自的起点上选择不同的速度，获取数量、层次不同的知识信息。[①] 分层备课，做到教学目标差异化；分层施教，做到课堂教学弹性化：分层设问激疑、启发释疑、分组讨论；分层练习，做到作业设计等级化；分层指导，做到课后辅导具体化；分层测验，做到考试评估多重功能化：达标检测功

① 高小兵. 分层教学分类指导的层次目标和教学过程［J］. 教育理论与实践，2000（1）：58.

能、矫正强化功能、层次反馈功能，设必答题、选答题、拔尖题。

分层教学体现了教育“以人为本”的思想，是践行“因材施教”的重要形式和途径。学生在认知基础、学习风格、学习态度和学习行为等方面存在差异，靠“一刀切”的方式很难实现信息技术与教育教学深度融合，因此，需要采用“互联网 + 教学”的多元协同的分层教学策略，从而提高不同层次学生的学业能力。

张朝珍等人认为高中分层教学是同一学校内的同一年级的班际分层和班内分层的结合，是围绕同一课程，基于对不同层次的学生在这一课程学习中的现有发展水平和潜在发展水平的判断，教师在教学目标、教学内容、课堂提问、布置作业、课外辅导和达标检测等方面实施的适应性教学。①

本研究的项目学校为义务教育阶段的中小学校，基于项目学校开展分层教学的实践，本研究认为，义务教育阶段的分层教学是基于某个班的，针对不同层次的学生在某门/某些门课程学习的现有发展水平和潜在发展水平的判断，教师在教学目标、教学内容、课堂提问、布置作业、课外辅导和达标检测等方面实施的适应性教学。

三、分组和分层教学的异同

苏霍姆林斯基在《给教师的建议》一书中，提出“学习上的成就这个概念本身就是一种相对的东西：对一个学生来说，‘五分’是成就的标志，而对于另一个学生来说，‘三分’就是了不起的成就。教师要善于确定每一个学生在此刻能够做到什么程度，如何使他的智力才能得到进一步的发展——这就是教育技巧的一个非常重要的因素。”

可见，学生各有差异，根据学生个体差异开展适合的教育教学，不仅是因材施教的基本理念，更符合学生认知发展的自然规律。分层教学就是教师充分考虑到学生中存在的差异性，区别对待地设计和进行教学，有针对性地加强对不同类别学生的学习指导，以便使每个学生都得到最优的发展。因此，教学组织形式的变革应与课程结构改革同步进行，并与之相适应。学校要改革传统的教学体制，必须建立起以学科课堂教学为主，学科课堂教学与活动课指导相结合，分层次教学，分类学习指导的教学组织模式。

在本研究中，项目学校开展分层教学实践，往往组合使用分组教学和分层教学。首先，采用分组教学，将不同能力的学生分成不同的学习小组，组内成员互教互学，共同进退。可见，分组教学更倾向统一教学标准的达成，即重基础、讲公平。其次，结合采用分层教学，一般教学策略是小组中的后进生完成巩固练习，完成错题；优等生完成变式练习，攻克难题。可见，分层教学重提高、讲效率。因此，在常规的大班

① 张朝珍，杜金山．学生自主选择：高中分层教学的困境突破［J］．中国教育学刊，2010（9）：39－41．

集体教学中，要实现个性化教学，往往组合使用分组教学和分层教学。从学习结果的角度考察，分组教学的教师更倾向统一教学标准的达成，是一种追求“公平”的状态；分层教学的教师更倾向学习结果的个性化，是一种追求“效率”的状态。

第三节 适应性教学的组织形式

适应性教学往往都采用平板开展教学，常用的平板教学常常用于传统混合教学，如学生课前使用平板开展自主学习，提前完成预习内容；教师根据智能教学平台形成的学习数据，进行二次备课，做到以学定教。疫情期间，以及后疫情时代的适应性教学，也逐渐转移到在线教学，一方面是适应现代学习方式转变的需要；另一方面是适应未来社会生活的需要，师生都要变革已有的教学与学习方式，主动提高信息素养。

一、在线教学

（一）在线教学的时代背景

移动通信技术的发展对人类的进步起到了重要的推进作用。5G（第五代移动通信技术）也常被称为“面向2020年的新一代移动通信系统”，是从连接人到连接物的关键技术。5G已经不再是一个未来时的概念，它已经成为一个进行时的现实。5G对教育的促进与发展作用也逐渐凸显。在5G的推动之下，教育技术发展呈现三大趋势，分别是移动、开放和个性化。陆续涌现出新型的课堂组织形式，如翻转课堂、智慧课堂、双师课堂、统整课堂；出现新型的教育方式，如创客教育、STEAM教育以及新型的学习方式，如项目式学习、探究性学习等。

步入新的时代，学校也面临转型发展的挑战与机遇，21世纪的学校，应该教会学生运用21世纪技能，去理解和解决真实世界的各种挑战。21世纪技能包括学习与创新技能、培养数字素养技能与职业和生活技能。其中，数字素养技能包括信息素养、媒体素养、信息与通信技术素养。21世纪的学校，应该重视并为学生提供更多多样化的学习方式。中国教育科学学院未来学校实验室副主任曹培杰博士认为，未来学校的多样化学习方式，包括五种：注重思维的深度学习、面向真实的体验学习、强调融通的跨学科学习、基于数据的精准学习以及创设联结的无边界学习。①

---

① 曹培杰. 人工智能时代下，未来学生学习方式将如何变革？[EB/OL].［2020-11-15］. https://www.sohu.com/a/339416558_99950984.

（二）在线教学的实践意义

开展在线教学的实践意义体现在以下四个需要。

一是适应现代学习方式的需要。网络智能时代，需要变革教学方式的路径。

二是适应网络学习空间的需要。网络学习空间是由教育主管部门或学校认定的，融资源、服务、数据为一体的，支持共享、交互、创新的实名制网络学习场所。2018年教育部印发的《网络学习空间建设与应用指南》提出，要推动网络学习空间的深入发展，规范网络学习空间的建设与应用，促进教学方式与学习方式变革。因此，教师与学生都要适应网络学习空间的建设与应用的客观要求。

三是适应当前抗疫助学的需要。全国防控疫情“停课不停学”，坚持国家课程学习与疫情防控知识学习相结合，教师线上指导帮助与学生居家自主学习相结合，合理安排学习。以浙江省2020年疫情期间开展线上教学为例，据浙江省教育厅教研室面向全省初中、普通高中学生线上学习情况的调查结果显示，在被调查者中，已参加或者正在参加由学校组织的线上教学活动的占96.0%，没有参加由学校组织的线上教学活动的仅占4.0%。①

四是适应未来社会生活的需要。一方面教师要适应国家提出的不断提高信息化教学能力的要求，积极提高数据素养，主动作为，努力培养具备中国学科核心素养的创新性人才；另一方面学生要具备适应未来生活所需的信息素养、媒体素养以及信息与通信素养，主动学习，努力成为具有创新精神和创新能力的人才。

（三）在线教学的基本形式

在线教学是课内学习形式的其中一种方式，并非所有课堂都需要在线教学，在线教学要根据教学的实际需要而恰当采用，并非滥用。在线教学的功能定位是：课前前置学习，巩固旧知；课中资源拓展，学习新知；引导互动讨论，答疑解惑；开展教学测评，巩固提升；课后推送作业，适时开展个性辅导。因此要适当采取不同的在线教学形式。

在线教学的形式包括线上视频点播、线上直播课堂和线上翻转课堂这三种。线上视频点播，教师一般要事先提供录播号的视频或微课，提前发布给学生，学生自主学习。提前录播视频的好处是可以随时回看和重复播放，便于学生反复观看听课中的学习重点和难点。当然，优等生也可以调整进度条，加速播放。线上直播课堂，教师通过网络直播工具或视频会议系统开展在线教学。一般可采取腾讯会议、超星学习通、钉钉视频、CCtalk、UMU等直播工具直播，直播课程教师需要做好充分准备，在线开展互动式教学。线上翻转课堂，借鉴传统翻转课堂的模式，提前发布学习导学单、微

---

① 王小平，马婷．浙江省疫情期间中学线上教学情况调查研究［J］．中小学数字化教学，2020（3）：66－69.

课等学习资源给学生，然后在课中与学生进行交流研讨，答疑解惑，及时开始课堂检测。这种教学形式是先学后教，以导学案等学习资源为学生提供学习支持服务。

二、混合教学

随着“互联网+”的普及，MOOC，SPOC等在线网络课程以及翻转课堂、智慧课堂等新型教学模式不断涌现，教育信息技术与课堂教学深度融合，使得教学流程再造、教学模式创新的教育教学变革越来越真实地发生在我们的课堂，传统课堂也逐步走向混合教学。

（一）混合教学概念界定

混合教学（Blending Learning），越来越常态化地在中小学校得以开展，源于混合教学的诸多优势，一是混合教学结合了传统实体课堂教学和线上教学的优势，实现优势互补。二是混合教学整合了传统课室教学和线上教学学习环境的优势，支持在线学习资源共建共享。

何克抗认为混合教学就是将在线学习和传统学习的优势相结合，体现教师主导作用的同时体现学生学习的主动性。只有将这二者结合起来使二者优势互补，才能获得最佳的学习效果。[①] 田富鹏等人认为，混合教学是学习环境的混合，混合教学构建的教学环境充分整合了线上教学与传统教学的优势，不再局限于原有的学习环境。[②] 可见，混合教学既结合了传统教学和线上教学的优势，发挥了教师与学生教与学的积极性；又丰富了传统教学环境，有效整合了物理教学空间、教学资源空间和师生社交空间。混合教学的优势为疫情期间开展线上同步教学或异步教学提供了便利，创造了师生物理隔离、在线分享教学资源的条件。

本研究所指混合教学是指线下实体课堂教学与线上网络教学相结合的，线上+线下交替的教学组织形式。线下是实体课堂教学。其特征是以课堂为基础的常态教学、单向交流多；以教师讲授式教学、学生接受式学习为主；个性指导少、反馈单一。线上是网络在线教学。这种多媒体教学方式，其特征是学生课前可开展自定步调的自主学习，教师提供线上指导和在线评价。鉴于在线学习社区，拥有丰富的微课程资源，相对线下教学而言，线上教学具有个性化、灵活性、即时性和交互性的特征。

本研究提及了两种常见的教学组织形式，事实上，在教学实践中，通常是多种组织形式融合交替进行的，而非纯粹的一种形式或理想的两种形式的组合。而混合教学

---

① 何克抗．从Blending Learning看教育技术理论的新发展（上）［J］．中国电化教育，2004（3）：5－10.

② 田富鹏，焦道利．信息化环境下高校混合教学模式的实践探索［J］．电化教育研究，2005（4）：63－65.

的混合点，也是多种形式的混合，可以是自定步调学习和实时协作学习的混合，可以是多种学习支持服务的混合，可以是多种教学资源的混合，也可以是多种学习环境的混合等。因此，适应性教学组织形式的选择要根据教学任务的需要、教学内容的特点、教学对象的特征等因素和条件，根据教学最优化的原理，结合学生的实际学习需求，兼顾教学设计中教学模式的选择，采取适当的组织形式，开展适应性教学，促进学生智慧发展。

（二）混合教学常见形式

常见的混合教学采用以下四种类型，分别是线上视频点播、线上直播课堂、线上互动答疑以及线上翻转课堂学习。接下来简要介绍每种类型混合教学的学习特点、视频呈现以及方法指导。

一是线上视频点播。线上视频点播的学习特点是，事先提供录播好的视频或微视频课程，根据规定课程门类、指定时间、定点发布，让学生进行网上点播，开展线上学习。其视频呈现，可以是教育行政部门组织的官方学习平台，如国家中小学网络云平台（http://ykt. eduyun. cn）、广东省教育资源公共服务平台一师一优课（http://zy. gdedu. gov. cn）以及各地级市和县区教育行政部门的微课资源库，也可以是在教育部公布的教育 APP“白名单”里面的相关教育移动应用 APP，如洋葱数学 APP 等，还可以是各学科相关权威的微信公众号，如妙之慧解、赛学霸物理微信公众号等提供的相关微课。方法指导是点播类视频课程，可以回看和反复播放，对于听课中的疑难问题可以反复看。对学习程度好的学生，可以等重复播放时调整进度条，加速看。

二是线上直播课堂。线上直播课堂的学习特点是，通过网络直播工具和视频会议系统进行适时在线课程学习。当下常用的直播工具分别有微信/QQ 群视频、腾讯会议、超星学习通、钉钉视频、CCtalk、雨课堂、小鹅通直播等。方法指导是直播课程需要课前做好充分准备，集中注意力，因为很多在线直播课程不提供重复播放。在线直播的网络课程，进行线上交流时，听清教师提问，有序参与，不要发出与课堂无关的声音。

三是线上互动答疑。线上互动答疑的学习特点是，借助支持网络互动交流的学习工具，进行课程学习活动的问题答疑与疑难解惑。当下常用的学习工具分别有微信、QQ 群电话、CCtalk、钉钉、超星学习通等。方法指导是及时记录听课中的疑难问题，有些可以截图，直接上传至答疑网络平台。

四是线上翻转课堂学习。线上翻转课堂学习的学习特点是借鉴翻转课堂的模式，学生先看教师提供的网络微视频，结合学习单，自主学习，再进行线上交流研讨，教师线上答疑指导，及时开展学习效果评测。学习工具是要有提供微视频或者网络课程的网络平台。学习方法指导是先学后教，学案支持，独立学习，线上交流，互助研讨，教师指导，在线评测。

以上概述了混合教学的做法，下面简要呈现本研究中项目学校在开展混合教学中，线上教学所使用的智能平台与采用的交互工具，如表 4 - 4 所示。

表 4-4 项目学校在开展混合教学中，线上教学使用的智能平台与交互工具

项目学校	平台名称	智能 APP	调查工具
广州市白云区颐和实验小学	乐课智慧教学平台	班级优化大师 APP	问卷星
广州市花都区颐和实验小学	畅言智慧教学平台	作业盒子 APP	问卷星
广州市荔湾区东沙小学	UMU 互动平台	QQ、优教信使 APP	问卷星
中山市南头镇民安小学	读书郎智慧教学平台	一起作业 APP	问卷星
东莞市寮步镇石步小学	学创教育智慧教学平台	希沃易课堂教学平台	问卷星
佛山市顺德区梁开中学	全朗高分云智慧教学平台	洋葱数学 APP	问卷星
佛山市顺德区伍蒋惠芳中学	钉钉直播教学平台	翼课网	问卷星
梅州市丰顺县实验小学	希沃易课堂教学平台、希沃白板	班级优化大师 APP	问卷星
珠海市金湾区三灶中心小学	青鹿教学平台	畅言晓学 APP	问卷星

以上项目学校均不同程度地使用了智能教学平台，选用了适合本校教学实际的相关极简教学应用工具，但其宗旨都是一致的，即最大限度地满足线上同步在线教学或异步在线教学的需要。同步在线教学，是一种更为结构化的学习策略，课程安排在特定的时间，并在虚拟教室环境中实时进行。通过这种方式，学生可以从实时交互中受益，从而在需要时获得即时反馈与支持。如上表中提及的智能教学平台基本都满足了同步在线教学的需要。而异步在线教学，与同步在线教学相反，学生不能获得即时的反馈，学习内容不是在课堂上即时提供，而是在不同的学习 APP 或平台上获取，如上表中提及的相关智能应用 APP 均满足了这种需求。因此，选用哪种混合教学形式，需要结合具体实际情况，因地制宜，适当开展。

第四节 适应性教学的实施策略与教师面临的挑战

一、适应性教学的实施策略

实施基于学习数据的适应性教学，必须建立一套切实可行的操作框架作为理论指导。而操作框架的建立，应以教学活动实施的一般流程为依据，即基于学情数据设定教学目标—精准甄别和推送学习内容—精心设计学习活动—实时采集学习行为数据用于教学决策。

（一）基于学情数据，分步精准设定教学目标

课前分步设定适应性教学目标。第一步，在课程标准基础上，设定便于学生识记、

理解和应用这三个认知层次的低阶教学目标，在结合学生现有的学习现状和学习偏好基础上，对教学目标进行细化和量化，并在智能平台在线发布学习任务和学习资源，让学生完成相应的练习，进行自主学习。第二步，在学生完成前置学习任务基础上，根据智能平台形成的学情数据，结合教师对学情的预设和预期来把握情况，如知识点掌握程度，分析共性问题与个性问题，评价前置学习成果，即时调整第一次教学目标，重新有目的性地设定与学习者特征高度匹配的第二次教学目标，并重新定位教学重难点，调整教学策略，将教学目标定位于分析、应用和创造这三个认知层次的高阶认知目标，以尽量接近学生最佳的接受状态。

（二）精准甄别和推送学习内容

"精"是一个由初级认知到高级认知发展的连续性认知过程，对于学习者来说，就是完成知识的习得、内化和迁移。基于前置学习的数据分析与教学调整，为课中教师精准甄别哪些教学内容需要精讲，哪些教学内容需要略讲做了铺垫。一般而言，学生共性问题和疑点难点重点问题精讲，学生个性问题则个别辅导。

适应性教学的宗旨是为了要给学生提供个性化的学习，因此学习内容的精准推送也是应有之意，一般教师要根据学生特征与学习需求，主动为学生推送适合的、适切的学习内容。目前，基于学习数据的适应性学习内容的推送有三种方式：一是基于智能平台的自动化诊断的推送，指平台基于对学生的学习路径、学习结果的自动分析，形成的自动化推送推荐，这种平台自动化推送为教师提供了较为客观的参考；二是基于教师个人的教学经验诊断，为学生个体推荐适合的学习内容；三是基于学生群体的协同推送，需要建立学生与学生之间的关联，并利用这种关联特性建立学习内容与学生群体的匹配关系，由教师为学生群体推荐相同的学习内容。实际教学中以采用前面两种推送方式居多。

（三）精心设计学习活动

有效的学习活动设计是上好一节课的关键。设计一个成功的学习活动不但能激发学生参与活动的兴趣，而且在参与活动中，能体验到学习的乐趣，同时主动开展探究性学习，在探究学习中发现问题、思考问题、解决问题。因此，教师要充分结合学生已有的学习基础、学习风格、兴趣爱好、能提供的学习支持组织学习活动，布置学习任务。同时还需要精准设计哪些学习活动需要群体协作交流，以及哪些学习活动需要个体自主学习。在协作探究中，教师有必要根据组间异质、组内同质、优势互补的原则对班级进行分组，结合各组学习活动和学习任务完成进度和解决思路，适度引导学生解决问题。在自主学习中，教师也有必要为学生提供学习支持服务，以及为学生提供有针对性的指导，培养其主动学习的思维和提高自主解决问题的能力。

（四）实时采集学习行为数据，用于教学决策

在移动学习环境下，越来越多的信息化手段和工具可以实时记录课堂中学生的学习行为和表现，如通过智能平台的数据挖掘和日志分析等信息化手段，在线获取学生的访问信息、浏览行为、互动行为、作业提交行为等方面的数据。这些采集的学习行为数据，经过严格的数据分析和逻辑建构，通过概念图、散点图、雷达图等可视化的呈现方式，可以全面、精准地为学生画像，呈现出立体的学生行为表现全过程、全样貌。教师通过这些学习行为数据，深入挖掘，进行关联分析，发现问题，有针对性地采取干预措施，为教师教学决策提供参考。

二、教师开展适应性教学面临的挑战

随着互联网技术的快速发展，大数据教育应用、人工智能教育应用等快速渗透到教育领域，未来的学校教育也将随着技术的发展产生相应的变化。教育究竟应该培养什么样的人才？教师究竟应该具备哪些方面的综合素养？人工智能时代，教师会被替代吗？这些问题拷问着未来智能教育时代的教师。可以说，未来教师为应对人才培养目标的变化，要主动适应教育场景的变化，因而面临很多挑战。

（一）教学理念的更新：教学理念从“经验模仿教学”转向“数据驱动教学”

随着可穿戴技术、云计算、大数据等技术在教育教学领域的逐步应用，各种智能教学平台、移动 APP、VR/AR 设备、平板电脑、智能手机等数字终端开始应用于学校教育教学中，学习者可根据自己的认知目标，开展泛在学习，课程内容教学将出现个性化、交互化等特点，“学生期待教师能善于运用基于技术的方式或是其他方法传授内容、提供更有针对性的帮助”。数据驱动教学将形成和记录师生的各种在线行为数据，并转化成有价值的信息，通过各种教学媒体可视化呈现出来，为教师的教学决策和学生的学习决策提供更加准确、及时、全面的支持，推进精准教学和精准学习，从而充分发挥学生的主动性、积极性和创造性。

数据驱动教学，最关键在于教师要具备一定的数据素养。“互联网 +”时代，“数据已成为各行各业的重要资产”，收集和挖掘“教育数据”已成为推动我国教育深化改革与发展的战略选择。① 目前，教师的“数据素养”也没有形成统一的认识，可以简单理解为“教师使用数据改善教学的能力”②，也可以复杂理解为“教师运用数据处

---

① 李青，赵欢欢．教师数据素养评价指标体系研究［J］．电化教育研究，2018（10）：104－110.

② 阮士桂，郑燕林．教师数据素养的构成、功用与发展策略［J］．现代远距离教育，2016（1）：60－65.

理教育教学问题、指导教育教学实践的能力体现，是在这一系列过程中不断形成的对教育数据的能动反映与高级认识活动，是帮助学生更好学习、促进学生更好发展的专业表现。"① 总之，数据素养是信息素养在"互联网+"时代的新内涵。②

（1）数据意识。教师的数据意识是促进基于数据的教学思维、教学实践、教学交流、教学应用等方面变革的前提。教师应具备数据的敏感度、判断力和洞察力，并挖掘其教育的潜在价值。

（2）数据知识。数据知识是数据获取、分析、管理和评价的基础，也是教师数据处理和数据教学应用的基本保障，教师应具备数据的基础理论、数据处理工具、数据处理技术、数据政策法规、数据伦理等方面的知识。

（3）数据能力。数据能力是数据素养的核心。教师应具备的数据能力包括：数据处理的基本能力和数据教学应用的能力两个方面。一是数据处理的基本能力，包括数据获取与收集能力、数据管理与存储能力、数据解读与分析能力、数据交流与共享能力和数据评价与决策能力；二是数据教学应用的能力，即用数据改进教学的能力，包括应用数据发现教学问题的能力、应用数据进行教学决策的能力和应用数据监控教学发展的能力。

（4）数据道德。教师应意识到数据的伦理和道德问题，能够保证数据获取与使用的合法性，以及数据的真实、完整和规范。

（二）学习方式的变革：专业角色从"知识供给者"转向"知识管理者"

在传统教学中，教师与学生面对面教学，教师将更多的精力和时间放在"教什么"和"如何教"，很少关注学生的需求与体验。在基于学习数据的适应性教学中，学生知识的获取从被动接受转为主动探索，形成正式学习与非正式学习相互补充，移动学习与固定学习并驾齐驱，线上学习与线下学习比翼齐飞，课内学习与课外学习融合共生的新格局。课前教师通过前置学习数据，提前了解和分析学生的学习状态，评估和检测课前小测存在的问题，进行学情分析和诊断；课中教师通过课堂学习数据即时可视化呈现，更加精细、精准地了解学生对课堂知识的掌握情况，指导和帮助学生获取知识，并提供及时便捷的反馈；课后教师通过强大的互动和反馈功能，及时给予学生个性化的辅导。

（三）教学环境的升级：教学手段从"技术导向"转向"学习导向"

《教育信息化2.0行动计划》指出，"教育与互联网深度融合，以教育信息化支撑

---

① 林秀清，杨现民，李新. 中小学教师数据素养的发展路径与培养策略［J］. 现代教育技术，2020，30（1）：59－65.

② 李兆义，杨晓宏. "互联网+"时代教师专业素养结构与培养路径［J］. 电化教育研究，2019，40（7）：110－120.

引领教育现代化，促进全民终身学习”。在此背景下，构建智能教学环境，着重关注学习者的能力结构，树立“数据驱动学校，分析变革教育”的理念，倡导“利用信息技术开展启发式、探究式、讨论式、参与式教学，探索建立以学习者为中心的教学新模式”。从信息技术的简单应用到信息技术支持的学与教深层次变革，也使教师的教学手段从“技术导向”转向“学习导向”，这是技术回归育人本质的实践过程，更是教育信息化发展从量变走向质变的关键环节。

（四）评价模式的变革：教学方式从“标准化教学”转向“个性化学习”

在传统教学中，课堂是教学的核心，试卷是评价学生的重要手段，这种教学评价方式和评价内容比较单一，评价内容仅限于知识的掌握。在适应性教学中，教学不简单囿于实体课堂，采用试卷纸质评价和智能教学平台电子档案袋评价相结合的手段，以更加科学、客观、实时的教学评价方式记录学习者的学习内容，跟踪学习者的学习路径，分析学习者的学科情感和行为倾向，真实反映每一位学生的个性化学习过程。

（五）教育技术能力的提升：信息技术应用能力转向信息素养发展

2019 年，教育部发布《中小学教师信息技术应用能力提升工程 2. 0 意见》提出的目标是“到 2022 年，构建以校为本、基于课堂、应用驱动、注重创新、精准测评的教师信息素养发展新机制”。该意见以《中小学教师信息技术应用能力校本应用考核规范》（30 个能力点）为依据，确定多媒体教学环境、混合学习环境、智慧学习环境下的学情分析、教学设计、学法指导和学业评价四个维度的三十项微能力为考核重点。其中“多媒体教学环境”支持“集体教”，可视作简易多媒体教学环境与交互多媒体教学环境；“混合学习环境”支持“集体学”，可视作多媒体计算机网络教室、网络教学环境或移动学习环境；“智慧学习环境”支持“个体学”，可视作智能教育设备支持的，能够支持实现个性化学习与差异化学习的学习环境。中小学教师信息化教学能力测评指南如表 4 – 5 所示。

表 4 – 5　中小学教师信息化教学能力测评指南

维度	信息技术应用环境		
	多媒体教学环境	混合学习环境	智慧学习环境
学情分析	A1 技术支持的学情分析	B1 技术支持的测验与练习	—
教学设计	A2 数字教育资源获取与评价 A3 演示文稿设计与制作 A4 数字教育资源管理	B2 微课程设计与制作 B3 探究性学习活动设计	C1 跨学科学习活动设计 C2 创造真实学习情境

续上表

维度	信息技术应用环境		
	多媒体教学环境	混合学习环境	智慧学习环境
学法指导	A5 技术支持的课堂导入 A6 技术支持的课堂讲授 A7 技术支持的总结提升 A8 技术支持的方法指导 A9 学生信息道德素养 A10 学生信息安全意识培养	B4 技术支持的发现与解决问题 B5 学习小组组织与管理 B6 技术支持的展示交流 B7 家校交流与合作 B8 公平管理技术资源	C3 创新解决问题的方法 C4 支持学生创造性学习与表达 C5 基于数据的个别化指导
学业评价	A11 评价量规设计与应用 A12 评价数据的伴随性采集 A13 数据可视化呈现与解读	B9 自评与互评活动的组织 B10 档案袋评价	C6 应用数据分析模型 C7 创建数据分析模型

《中小学教师信息技术应用能力提升工程 2.0 意见》提出“通过示范项目带动各地开展教师信息技术应用能力培训（每人 5 年不少于 50 学时，其中实践应用学时不少于 50%），基本实现‘三提升一全面’的总体发展目标”的要求，根据此文件要求，亟须通过合理数量微能力点的监测，有效推动教师主动参与能力提升工程，通过工程的技术实践培训，真正提升教师信息化环境下的学科教学能力。可见，在“互联网 +”时代，随着大数据在教育领域的广泛应用，推动教师主动适应信息化、人工智能等新兴技术，促进信息技术与教育教学深度融合，开展数据驱动的教师信息化教学能力测评迫在眉睫。

（六）教师专业发展变革：专业素养从“单一学科”转向“多元学科”

“互联网 +”时代正在改变教师的整个工作形态，跨界融合思维是对教师专业发展提出的新要求和新特点，这就要求教师应具有跨学科的视野、知识、能力和方法，教师专业素养从“单一学科”转向“多元学科”。如跨学科学习（STEAM 教育）等新兴教育模式在学校的普及应用，对教师专业素养提出了更高要求。如，袁磊等人认为教师 STEAM 素养的养成会在无形中运用到教学活动过程中，改变传统教育理念下的教学目标和教学评价，以促进学生综合素质和实践能力的提升，实现教学双赢。教师专业发展变革体现在以下四个方面。

一是对教师的专业核心能力结构要求更高，信息技术知识教学迁移能力、信息技术与学科整合能力、数字化交往能力、数字化教学评价能力、数字化协作能力、促进学生数字化发展的能力等将成为互联网时代数字教师的核心能力。

二是教师专业发展的内在要求、外在环境与信息技术的结合更加紧密，越来越多的教师正在开始使用各种网络新技术工具，这些工具的使用正在改变着教师的行为。

三是教师学科的知识、教学法的知识与技术的知识正在走向融合，能否将信息技术知识、学科内容知识、教学法知识很好地融合，并能在多变的教育情境中恰如其分地迁移运用，将成为教师的核心教学技能。

四是教师专业发展越来越强调体验、参与，要从被动接受到主动适应再到积极参与，从个体工作到群体协作再到共同体协作，从显性过程到隐性过程，从知识接受到知识建构，从了解信息到培育智慧。

第五章
适应性教学设计

第一节　适应性教学设计的内容与步骤

一、学习目标分析

（一）学习目标与教学目标的异同

适应性教学设计的首要环节是进行学习目标分析，学习目标是教学设计的魂，是核心，是关键，目标不立，全盘皆散。采用“学习目标”的表述取代“教学目标”，是对线上线下“学”的行为、路径和显性、隐性学习结果的更加具体明确化，更有利于收集、分析、运用学习数据；同时，便于课堂检测、观察和评价，有利于开展“先学后教，以学定教，精准教学”的适应性教学。下面分别以两个范例说明学习目标与教学目标的不同。第一个范例以统编版小学二年级上册语文《风娃娃》（第二课时）为例。详见表5－1。

表5－1　学习目标与教学目标的不同（范例1）

教学目标	学习目标
1. 有感情地朗读课文，体会风娃娃的好心和傻气。 2. 读懂故事内容，学会讲这个小故事。 3. 懂得“做事光有好的愿望不行，还要看是不是对别人有用”的道理	1. 借助问题支架“来到哪里，看到什么，做了什么，结果怎样”，讲一讲故事。 2. 对比结果，尝试提出问题，理解风妈妈的话。 3. 借助问题支架“来到哪里，看到什么，怎么想的，做了什么，结果怎样”，试着创编故事。 4. 认真观察，写好左窄右宽的“路”和“场”

第二个范例以小学一年级《减法的认识》为例。详见表5－2。

表5－2　学习目标与教学目标的不同（范例2）

教学目标	学习目标
1. 使学生知道减法的含义，初步体会生活中有许多问题要用减法来解决。 2. 培养学生动手操作能力、语言表达能力和初步的数学交流意识。 3. 使学生积极主动地参与数学活动，获得成功的体验，增强自信心	1. 通过操作、演示，能说出减法的含义，能正确读出算式。 2. 通过操作、讨论，能根据图意列式，并能用减法解决生活中的简单问题

显然，以上两个范例中教学目标是从教师的角度来表达的，不难发现“体会”“学会”“懂得”“知道”“培养”和“获得”等行为动词的描述过于宽泛、笼统和含糊。这些指向不够清晰的用词，对教师来说，操作性不强，引申出的问题设计和学习任务并不明确；对学生来说，无法依据这些指示词语，开展有效的学习活动。因此，容易造成教学目标达成度难以检测的问题。事实上，教学目标是教师在教学设计中预设学生的学习结果，若目标导向不够明确，难以检测，操作性欠缺，教师在教学中就会处于疲于应付的尴尬境地。

传统的教学目标内容是新课程改革中提出的三维一体课程目标，即知识与技能、过程与方法、情感态度与价值观这三维目标。学习目标和传统教学目标的内容在本质上是一致的。不过，适应性教学设计的学习目标在遵循这个基本要求基础上，尤其要结合移动学习环境下，开展平板教学或其他智能教学方式时，学生要达成的信息素养方面的教学目标。同时，尽量使用行为动词表达，目标设置要具体可评价，不可太宏大。

通过上述两个范例的“学习目标”的表述，可知是从学生学习的角度来设计的，用了明确、具体、可操作的动词“讲”“提问”“创编”等，明确引导学生在课堂上应该完成哪些学习任务；同时，提供了“借助问题支架”“认真观察”“通过操作、演示”等学习路径进行引导，为学生提供了观察、思考、实践的学习支架；最后，用学生能否“讲”出来，能否“提问”，能否“创编”等行为，便于课堂观察，易于开展学习评价。

可见，用学习目标的表达，将教师与学生的角色视角进行换位思考，对学生学习的行为、学习的路径、学习的结果更加具体与明确化；这样更加以学生为中心，凸显学习者的主体地位，让每位学生清楚地知道自己本节课的学习目标是什么，要做什么，要达到什么效果。更重要的是，这样更便于教师课堂检测和开展评价，有利于开展基于学习数据的课堂评价研究。

在实际的适应性教学设计中，对学习目标的分析往往是与教学内容的分析结合进行的，因此要关注互联网+教育时代，教学内容要求的新变化。一般而言，确定某个课时的教学目标包括两个重要内容，一是结合布鲁姆认知目标等分类理论，从低阶到高阶目标的顺序进行撰写。二是鉴别达到目标所需学习的知识与技能以及应具有的情感、态度与价值观等。教育部印发的“普通高中课程方案和语文等学科课程标准（2017年版2020年修订）”，提出把学生发展核心素养作为课程设计的依据，明确各学段、各学科具体的育人目标，落实到学科核心素养发展中。学科核心素养是知识与技能、过程与方法、情感态度价值观这三维目标的整合与提升，是学科育人目标的认知升级。在核心素养发展的背景下，由于学科不同，各学科凝练的学科素养也有所差异。

（二）学习目标的撰写总体思路

实施学习目标导学的教学，进行逆向教学设计，更有利于提高教学效果。逆向教学设计，即从所追求的学习目标出发，首先考虑评估方案（如何证明学习目标达成了），再来具体规划学习活动和教学策略的教学设计方式。预期的学习结果、学习成绩、教与学行为之间的有机关联会使学生取得更好的学习成绩，这也正是逆向教学设计要实现的目的。可以说，评价活动设计先于教学设计。逆向教学设计包括三个步骤：首先确定学生本节课的学习目标（成果）；其次确定如何证明学生达成了学习目标（评估）；最后安排各种学习活动和学习指导方法（设计）。

（三）学习目标的撰写总体要求

首先要符合课程标准要求，宏观把握课程标准要求，整体研究教材，正确使用教学参考用书，熟悉本册教材，确定课时学习目标，将学科核心素养融合渗透其中；其次要制定数量合适的学习目标，一节课达到2~3个目标，力求实效，一节课一所得；最后学习目标要达成以学定教，精准教学。

（四）学习目标的撰写基本要点

学习目标的撰写基本要点是要明确、具体，易观察，可操作，可检测，可评价。表述时要注重显性目标表述的行为化、过程化、可检测化，注重隐性目标表述的外显化、表现化、可观测化。一是要有行为动词。动词选用要根据学科特点来确定。使学科核心素养转化为可观测的关键行为，是制定学习目标的关键。二是要有行为条件。给学生学习提供路径与支架。确定行为条件，实际上确定了本课时学生的学习活动。三是要有行为表现结果。这些表现结果要可观测和可评价。

二、学习者特征分析

适应性教学的学习者特征分析主要是分析学生已有知识和经验、心智发展水平、学习风格、学习方法、个体差异、学习困难以及信息素养等。分析学习者特征可以从两个途径进行。一是教师基于平时对于学生的了解，分析学生的性格特征、认知能力与学生对学习的期望。二是教师基于智能教学平台提供的学情数据，分析学生对已学知识的掌握程度、近期的心智发展水平、学习风格、学习困难等。智能教学平台提供的学生学习数据，能够给予教师有针对性的教学建议，教师可以有机结合自身对学生的了解以及平台呈现的学习数据，有的放矢地制定有效的教学设计。

三、学习内容分析

学习内容是指为了实现学习目标，要求学生系统学习的知识、技能和行为规范的总和。学习内容分析，是对学生所学的所有知识、技能和态度进行详细剖析的过程，并揭示组成学习内容的各项先决知识技能的联系。通过学习内容分析，可以明确学习内容的范围、深度与广度，确定学习过程中各级学习内容的类别及其上下左右关系，还可以确定学习内容的基本框架，为后续的课堂教学设计的内容选择做好铺垫。

与学习内容设计环环相扣的是进行学习活动的设计。把学习内容与更多的学习活动紧密相连，使学生投入到真实的任务情境中，在解决问题或真实任务的过程中，鼓励学生开展项目式学习、探究性学习，激发和支持学生高阶思维发展，培养学生的自主和协作学习能力。学习活动可以是一个问题、一个案例分析，也可以是一个项目，通过完成学习活动，学生能够掌握更多的知识与技能，促进高阶思维的形成与发展。

四、倡导新型教学方法

本研究中倡导的新型互联网 + 教学方法，是指熟练使用新媒体新技术，恰当使用教学平台、移动终端的功能，紧密结合各类课程的教学特点，针对学科教学实际，精心选择的、与学科教学相适应的新型信息化教学方法。互联网 + 教学方法分别有探究式教学方法、情境化教学方法和互动式教学方法等。当然这些新型信息化教学方法并非一成不变的，它是随着信息技术的更新换代，以及师生信息素养的稳步提高，而动态变化的。

（一）互联网 + 探究式教学方法

探究性教学方法是指在教师引导下，学生主动参与到发现问题、寻找答案的过程中，以培养学生解决问题能力的教学活动。区别于传统教学，适应性教学方法利用智能教学平台的优势，为教师引导学生开展探究性学习架起了探究的桥梁，提供了探究的多样性支架，有助于引导学生积极主动地去发现和独立自主地去探寻知识。

（二）互联网 + 情境化教学方法

情境化教学方法是指教师为了达成既定的教学目标，引入或创设与教学内容相适应的具体场景或氛围，使学生处于类似真实的活动情境之中，以引起学生的情感体验，帮助学生更好地理解教学内容，促进学生发展的教学方法。适应性教学中采用的互联网＋情境化教学方法，为学生创设了更为生动、直观的信息化教学环境，如在课前可以创设问题情境，有效地启发诱导学生思考；课中创设任务情境，巧妙地引导学生进入任务驱动情境，为学生提供丰富的学习资源，指导学生在情境内容中进行学习体验和创作实践。

（三）互联网＋互动式教学方法

互动式教学方法就是通过营造多边互动的教学环境，在教学双方平等交流探讨的过程中，达到不同观点碰撞交融，进而激发教学双方的主动性和探索性，达成提高教学效果的一种教学方式。[①] 传统多媒体教学中的互动，基本实现了师生与媒体设备之间的互动，但师生之间、生生之间的互动，以及课堂模式没有根本性变化。在适应性教学中，积极创作师生之间、生生之间以及师生与智能教学设备之间，多维度的、立体化的互动与交流。如借助智能教学平台、移动学习终端以及极简应用工具，完成学生学习过程数据采集，实现师生全面课堂互动，掌握学生个体学习状态，提高教师教学工作效率，同时还可以利用智能平台形成的伴随式、无感式全方位数据采集，逐步实现精准教学和个性辅导。如此，学生在更广泛的师生、生生互动讨论中接受和消化更多的知识，学会和掌握更多的技能，拓展学习的深度与广度。

五、教学环境创设与资源开发

教学环境是教学模式的条件因素，是指为完成一定的教学目标，使教学模式发挥作用的各种条件。教学环境是适应性教学模式不可或缺的要素，适应性教学模式是信息化的教学模式，信息技术已经从单纯的辅助工具转变为支持教师精准教学和学生个性化学习的环境条件。任何教学模式都是在特定的教学环境和教学资源条件下发挥作用的。教学环境与资源包括的内容很多，有智能教学平台、移动智能终端、在线教学极简工具、数字化教学资源等。

（一）智能教学平台

随着科学技术的发展，以及对信息技术与教育教学的深度融合，涌现出越来越多的智能教学平台。本研究简要介绍在中小学中应用较为广泛，比较有代表性的智能教学平台。

知心慧学大数据（http://www.zhixinhuixue.com）开发的精准教学系统。该教学

---

① https://baike.so.com/doc/6518052－6731781.html.

系统突出的功能源于六大技术支持，分别是智能题库系统、智能阅卷系统、数据分析系统、个性化教学资源推送系统、学管服务系统以及专家顾问服务系统。又如，软云科技（http://www.ruanyun.net）在个性化学情诊断方面的做法，分别是精准预测学生的未来成绩，明确提分的方向；为学生提供最优学习路径规划，减少时间的耗费；提供五层学科知识图谱，前置知识点推荐；个性化推荐习题集，同错不同题推送。与软云科技功能类似的，有智学网（https://www.zhixue.com），该教学平台能够精准诊断学生能力，鼓励学生攻克薄弱知识点。其具备的功能分别有选题组卷精准化、问题定位精准化、补偿练习精准化（学情组卷、专项组卷、同步组卷、知识点组卷、模拟组卷）以及个性辅导精准化。

再如，悠数学（www.yoomath.com），其功能体现在个性诊断、精准推送、错题矫正、智能批改和有效提分。该教学平台主要有四个方面的功能：一是提供题库资源，高质量支持中考；二是机器自动改卷，形成精准学情报告；三是诊断薄弱问题，及时推送矫正试题；四是收集学生错题，个性化查漏补缺。

以上提及的智能教学平台，仅仅是简要介绍其与适应性教学相匹配的部分功能而已。事实上，随着疫情的出现，线上线下混合教学成为大的发展趋势，随即涌现了越来越多的智能平台，教育部以及地方等教育行政部门前期也对这些平台设置了准入门槛和构建了相关制度要求，因此作为学校和学习者都要立足实际，根据需求，选择适合的平台，赋物以智，汇人之慧，促进师生智慧发展，培育面向未来的智慧教育。

（二）移动智能终端

移动智能终端拥有接入互联网的能力，通常搭载各种操作系统，可根据用户需求定制化各种功能。教学中常见的智能终端包括智能手机、平板电脑、可穿戴设备等，下面简要介绍常用的智能手机和平板电脑。

1. 智能手机

2019年2月28日，中国互联网络信息中心（CNNIC）发布第43次《中国互联网络发展状况统计报告》。报告指出，截至2018年12月，我国网民规模达8.29亿，普及率达59.6%，较2017年底提升3.8个百分点，全年新增网民5 653万。我国手机网民规模达8.17亿，网民通过手机接入互联网的比例高达98.6%。[①] 可见，手机已成为网民上网不可或缺的设备。同时，在网民职业结构中，学生的占比为25%及以上，尤其是在大学校园，越来越多的大学生使用智能手机，手机进课堂已经变得非常普遍。

---

① 中华人民共和国网络安全和信息化委员信息办公室官网．报告：网民规模达8.29亿互联网普及率59.6%［EB/OL］．［2020-11-12］．http://www.cac.gov.cn/2020-01/15/c_1580632634202716.htm.

2. 平板电脑

根据地平线（2017 版）基础教育采用技术的短期趋势（1—2 年）的预测，自带设备（BYOD）在基础教育领域将逐渐成为趋势。自带设备是指学生自带电子设备（手机、平板和电脑等）到学校上课。早在 2010 年，美国的中小学已经开始提倡和鼓励学校师生自带设备，美国推行的基本理念是：学生是信息的生产者而不仅仅是消费者。即学校要意识到自带设备对于学生学习与成长的价值，为学生提供必要的学习资源、数字化的学习环境以及较为优质的学习支持服务，赋予学生使用自带设备的权力与自由，培养信息时代数字公民的素养。在国内的中小学，自带设备即移动智能终端多指平板电脑。随着翻转课堂、智慧课堂、移动学习等在中小学的应用与实践，越来越多的学校统一采购平板电脑作为数字化学习设备，应用于教学实践中。当然，学校要求学生合理使用平板电脑，会制定一些管理与规定，要求学生规范平板电脑使用行为，保证教学在正常使用的同时保障学生的视力不受影响。

（三）在线教学极简工具

移动互联时代，产生了众多新兴技术，这些新兴技术给教育教学带来了便利，但过多的技术涌现反而让教师无所适从。基于这样的时代背景和便于教师上手易用，“极简教育技术”诞生了。上海师范大学黎加厚教授在公开出版物《马九克极简教育技术丛书》首次提出“人工智能时代的极简教育技术”概念。“极简”不是简单、低级的意思，而是简约而精巧。在基础教育领域，在线教育公司开发了众多极简教学工具，这些教学或学习工具基本都开发了手机 APP，便于移动学习，实现时时学习、处处学习和泛在学习。将其按照功能进行分类整理，可以发现有综合应用类、适应性学习类、作业答疑类、语言学习类、汉语文化类、题库测评类、课堂教学类、实验课堂类、翻译服务类、学习成长类、拓展提升类以及中考必备类等 12 大类。具体如表 5 – 3 所示。

表 5 – 3　在线教学极简工具

序号	功能分类	在线教学极简工具
1	综合应用类	菁优网、家长帮、掌通家园
2	适应性学习类	智慧学伴、论答、松鼠 AI 智适应
3	作业答疑类	作业帮、拓维作业、阿凡题
4	语言学习类	英语流利说、可可英语、百词斩
5	汉语文化类	成语词典、网易蜗牛读书、百度汉语
6	题库测评类	猿题库、学霸君
7	课堂教学类	极课大数据、智课
8	实验课堂类	烧杯、赛学霸科学、NB 物理实验
9	翻译服务类	有道翻译官、百度翻译、google 翻译

续上表

序号	功能分类	在线教学极简工具
10	学习成长类	斑马 AI 课
11	拓展提升类	中考必胜
12	中考必备类	天天练、爱学堂

从应用场景来看，目前我国极简在线教学工具的应用主要集中在适应性学习、课堂精准教学以及作业答疑等。

论答（Learnta）是适应性学习的典型代表，它基于学科专家构建的学科知识图谱以及 PRISM 人工智能算法引擎，精准评测学生的知识状态与能力水平。更为关键的是，借助人工智能学习系统为学生智能规划个性化学习路径，智能匹配学习任务、个性化推送微课、微练习等学习内容。①

极课大数据是课堂精准教学的典型代表。极课大数据通过扫描仪采集作业、练习和考试等学习过程中的动态数据，基于图像识别、自然语言处理等人工智能算法，实现数据增值；同时通过计分电子表格、学业诊断报告、学科评价报告、学业信息档案、学生错题本、个性化学习包等多种渠道和服务，为学生推送个性化学习资料，规划最优学习路径。此外，还为教师提供海量的题库和专业的组卷查询技术，为教师课前备课、课堂教学和课后辅导提供精准、清晰的数据决策支持。②

作业盒子是作业答疑的典型代表，它是移动作业工具，具有移动办公、拍照上传、师生通讯、多种题库、学情统计、智能统计等服务功能。③ 使用作业盒子，教师轻松批改每天的学生作业，准确了解每个学生每次作业情况，智能分析每节课的教学成效，实现教师精准地教；使用作业盒子，学生直接填答客观题，拍照上传主观题。学生通过作业盒子 APP 上的分析数据（每个知识点的作业正确率、近 30 天的作业正确率、每位同学的作业分析）及时掌握自己对知识点的掌握情况。如此精巧地学，可提升学习效率，提高学习质量。

（四）数字化教学资源

在适应性教学中，数字化教学资源是指通过网络传送的适合学生学习的各类电子文档、图片、视频、音频、PPT 课件以及仿真实验等多种多样的教学与学习资源。数字化教学资源是适应性教学的教学内容基础，是实现适应性教学的基本资料。选择适

① 北京爱论答科技有限公司．论答人工智能学习系统［EB/OL］．［2020－11－13］．https://www.learnta.com/official/home.

② 江苏曲速教育科技有限公司．极课大数据——数据智能驱动精准教学［EB/OL］．［2020－11－15］．http://www.Fclassroom.com/.

③ 北京知识印象科技有限公司．作业盒子［EB/OL］．［2020－12－01］．https://www.knowbox.cn.

切的数字化教学资源也是适应性教学课前准备的重要任务，要重点把握以下三个方面。

一是制作合适的微课资源。适应性教学与传统教学的显著区别是可以借助智能教学平台，课前发布学习资料给学生提前学习，因此微课在课前学生前置学习发挥了较为重要的作用，同时，微课为教师开展翻转课堂提供了必要条件。微课是一种新型的数字化课程资源，是教师以简短、微小的视频为载体进行知识讲授的教学片断，简言之，微课就是微型教学视频。主要用于帮助学生理解某个知识点。微课制作包括设计微课教学方案和录制教学视频两个环节。除了使用智能教学平台提供的实录工具外，常用的还有利用拍摄设备直接录制教学视频。

二是选择合适的资源内容。从内容来源看，数字化教学资源是适应性教学的教学内容资源，包括各学科课程标准、数字教材、PPT 课件、课堂小测等。但在实际课堂中并不是每次都需要各种资源，而是根据当次当堂课时教学需要，有所取舍。

三是确定合适的资源推送方式。数字化教学资源的推送方式可以是教师制作好的课件、微课、任务单等学习资料传递，也可以是提供整理归类好的思维导图、仿真实验等。比如，教师可以将这节课中教师整理的较为完整的思维导图，以及全班同学课前绘制的思维导图范例提前推送给学生。

六、教学活动过程设计

课堂教学活动过程设计实际上是以上述各教学设计要素的分析和设计结果为基础，综合考虑学习目标、教师活动、学生活动、技术使用、学习数据的采集与运用等方面以及这些元素之间相互联系，对具体的课堂教学实施过程进行设计。

课堂教学活动过程设计的其中一个重点环节是划分教学环节，在适应性教学中，大的教学环节可划分为课前前置学习、课中精准教学和课后个性辅导三个环节。小的教学环节则集中在课中精准教学具体分为哪几个步骤，一般含课前导入、课中讲授、课中小测、课中研讨等，具体步骤因不同学科、不同课时内容而异。划分了教学环节和清晰了教学步骤之后，要对每个环节、每个步骤的教师活动、学生活动、技术使用等进行具体的设计安排，包括活动内容、活动时间、活动要求等，形成具体、可操作的教学活动流程。

为了使课堂教学活动中教师、学生、教学媒体、教学内容、学习数据等有机结合，形成最优的教学活动结构，可借助表 5－4 所示的要素、环节和内容，设计课堂教学活动流程图并作为实施课堂教学活动的蓝图。

表 5－4　教学活动过程设计表

教学环节	起止时间	学习目标	教师活动	学生活动	技术使用与功能评析	学习数据分析与运用
……						

在教学活动流程中可标明每一个阶段的教学内容、教师活动、学生活动、教学媒体等。在流程图中也可采用适当的图形符号清晰表达要素之间的关系。在教学实践中，教学设计常用的图形符号及意义见表5－5。

表5－5　教学设计常用图形符号及意义

图形（Symbol）	意义说明
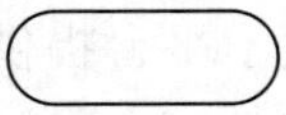	开始，结束
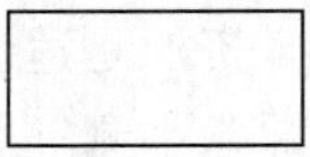	教师活动
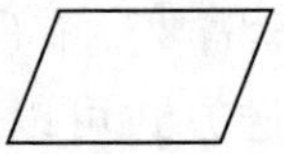	学生活动
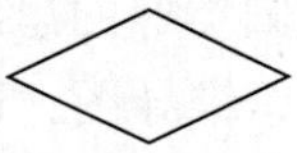	决策、判断
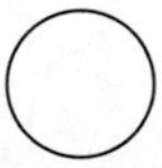	重要教学内容
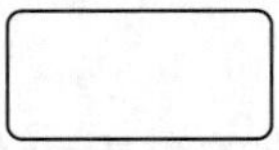	一般教学内容
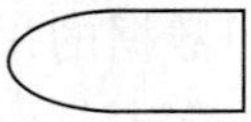	教学媒体
	流程线

七、学习评价设计

学习评价是指以学习目标为依据，制定科学的标准，利用智能教学平台，对教学活动的过程及其结果进行测评，并给予价值判断的过程。在适应性教学实践中，应坚持学习评价与学习目标和教与学的方式的变化相适应，外部评价与自我评价相结合，强调学生自我评价和自我反思；坚持终结性评价与过程性评价相结合，重在过程性评价；坚持选拔性评价与发展性评价相结合，重在发展性评价，强调通过评价更好地指导和促进学生的发展；在评价学业成绩的同时，注重评价学生的综合素质和学科核心素养，促进学生全面而有个性地发展。

适应性教学的学习评价设计要突出全过程学习诊断与评价，包括课前前置学习、课堂提问、课堂小测、课后在线完成作业等，以及是否具备一定的数据素养，定期将学习测评数据上传到自己的电子学习档案袋等。在评价方法手段上，除了传统的试卷、问卷调查等评价工具外，教师还应该积极主动分析智能教学平台自动生成的学生学习数据，记录学生学习轨迹，同时采用档案袋评价、量规、表现性评价方法与工具。

第二节 适应性教学设计的两种撰写方式

教学设计方案既是教学设计工作的总结，也是实施教学的具体依据。教学设计方案编写主要采用叙述式和表格式两种方式。这两种方式都包括学习目标、教学内容、师生活动、技术支持、学习数据等方面，在实际应用中可根据学科需要有所选择。下面分别简要介绍两种教学设计方案的撰写。

一、叙述式方案撰写

（一）基本信息

1. 课名信息

本章中课名一般是指一个课时的信息，包括课型（新授课、复习课、实验课、练习课、讲评课等）、所属学科、年级、所用教材版本等具体信息。

2. 授课教师信息

授课教师信息一般指该课时教学设计方案的设计者或授课者信息，包括任教单位和个人姓名。如果想得到同行的交流指导意见的话，还可以留下电子邮箱便于联系。

（二）教学分析

教学分析包括学习目标分析、教学内容分析、学情分析、技术应用重难点以及教学环境与资源分析五个部分。

1. 学习目标分析

一般可按照三维教学目标分析，用具体、明确、可操作的行为语言，描述本课时的知识与技能、过程与方法、情感态度与价值观等方面。

2. 教学内容分析

一般分析课程标准、学科教学指导意见中对本课时教学内容的要求；分析本课时内容的组成和在教学中的地位与作用；分析本课时的重难点。

3. 学情分析

一般而言，教师可以基于智能教学平台自动生成的学生学习数据，含学生客观题答题正确率，学生浏览、完成学习资源行为轨迹与时长等客观数据，分析学生课前前置学习的总体情况，进行精准备课；分析学生课中完成课堂检测的总体情况，反思课堂教学效率和教学质量；分析学生课后完成作业的情况，为学生提供个性辅导。

（三）技术应用重难点分析

适应性教学区别于传统课堂教学的其中一个关键因素是技术赋能，能否发挥技术的作用很大程度取决于教师会不会恰当使用技术。因此教师必须具备一定的信息素养，更确切地说要具备较好的数据素养，掌握极简在线教学技术工具，同时具备采集、分析与运用智能教学平台形成的数据，发挥学习数据在教育教学中的效用。

（四）教学环境与资源分析

教学环境的创设和数字教学资源的推送，应结合具体学科教学内容而进行优化选择。一般而言，教学环境的创设，是根据学习目标、学习内容和学生的学习基础与学习风格等情况而创设的基于网络的在线学习环境。数字资源，包括多媒体课件、文本、图片、音频、视频资料、微课程、数字教材、试题库、虚拟仿真实验教具等。

（五）教学过程

适应性教学过程一般划分为课前前置学习、课中精准教学和课后个性辅导三个大的教学环节和若干个小的具体教学步骤。每个教学环节的学习目标、教师活动、学习活动、学习数据、技术使用等根据不同学科教学内容而具体设定和设计。

（六）教学反思

教学反思是教师对课堂教学的再认识和深度思考，通常基于教学评价进行研究比较，并以此来总结经验教学，反思自己的教学得失，进一步提高课堂教学水平。适应性教学反思将从以下四个方面展开。

一是学习数据分析，包括基于学习数据的课前学情诊断、课中精准教学以及课后个性辅导三个环节中学习数据发挥的功效。

二是教学效果分析，在实际的某个课时教学实践中，一般可以采用问卷调查、访谈的形式了解学生的兴趣、学习成绩、教学效率和教学质量等内容，以此来分析本课时教学效果的优劣。

三是教学模式提炼，教学模式是在一定的教学理论指导下，在移动互联环境下开展的教学活动中各要素之间的稳定关系和活动进程。教师要梳理本课时不同教学环节中，开展的教学活动所采用的教学策略与教学方法，聚焦研究主题，并精炼地概况总结出来，且绘制图表来表示本课时采用的教学模式。在实际的适应性教学实践中，一般有互动式教学模式、生成性教学模式、探究性教学模式、混合式教学模式、分层次教学模式、展示型教学模式等，不同阶段、不同学科、不同课型的教学内容所采用的教学模式有所不同。

四是师生教与学的显著变化反思。这个层面的教学反思比前面提及的三个层面的反思深度更甚。师生的变化，不再局限于对学业成绩的关注，而是更倾向于教学与学习行为的良性变化、教学与学习情感的良好升华、教学与学习态度的积极变化以及教学与学习精神面貌的焕然一新。教学反思的过程一般包括具体经验、观察分析、重新抽象概况、积极验证四个步骤，教师要结合自己的教学实际选择适应的反思方法和过程，重视教学反思，更有助于提高教学效果。

二、表格式方案撰写

适应性教学设计方案也可以采用工作表格的形式来编写，即把教学设计的关键内容用表格的形式呈现出来，表格式方案的优点是表述方式比较清晰、简明、便于使用，缺点是不够详细、具体，对一些教学手段、环境或步骤的具体内容、方法及要求阐述可能不明确。另外，在这种方案的编写中，表格的形式也不是唯一的，表提供的格式只是一种参考格式。如表 5－6 所示。

表 5－6　表格式基于学习数据的适应性教学设计方案

基本信息			
课题		课型①	
学校		授课教师	
教材		年级	
课时		电子邮箱	

教学分析	
教学目标	
教学评价	
教学内容	
学情分析	

---

① 课型大分类：（讲授型、复习型、练习型、混合型）、（新授课、练习课、讲评课、复习课、欣赏课、综合课、实验课、活动课）。
课型小分类：语文（阅读、习作、口语交际、综合性学习）等课型；数学（概念、公式定理、计算、解决问题）等课型；英语（口语对话、听力、阅读、写作、语法、综合）等课型；道法（讲解、活动）等课型；历史（概念、探究）等课型；生物 & 物理 & 化学（概念规律讲解、实验探究）等课型。

续上表

教学重、难点	
技术应用重、难点	
教学环境与资源	含教学平台、教学工具、课件以及微课等

学习数据的应用及其优势

传统教学困境	学习数据的应用及其优势

教学过程

一、课前以学定教

学习目标	师生活动	技术支持
基于学习数据的课前学情诊断		
二次备课说明		

二、课中精准教学

（一）第一个教学环节

学习目标	师生活动	技术支持

（二）第二个教学环节

学习目标	师生活动	技术支持

（三）第三个教学环节

学习目标	师生活动	技术支持
基于学习数据的课中精准教学分析		

续上表

三、课后个性辅导		
学习目标	师生活动	技术支持
基于学习数据的课后个性辅导分析		

教学反思	
学习数据分析	
教学效果分析	
教学模式提炼	
教学改进方案	

第三节　适应性教学设计的学科案例

一、初中英语适应性教学设计

（一）教学设计方案

表 5－7　教学设计方案（初中英语案例）

教学分析			
课名	《M11 Photos　U3 Language in use》	授课类型	复习课
授课教材	英语外研版九年级上	授课时间	2019 年 12 月 26 日
授课班级	佛山市顺德区容里中学初三（2）班	授课教师	廖丽丹
教学内容	1. 掌握定语从句。 2. 用定语从句描述照片和人。 3. 用定语从句写题为“我最喜爱的照片”的短文		

续上表

学情分析	1. 对定语从句有一定的了解，能够区分 who，which，that 的使用规则。 2. 对复合句不能理解到位，做题时易受干扰。 3. 在特定的语篇语境中不能灵活运用定语从句
教学目标	1.1 学生能理解定语从句的功能与句子结构。 1.2 学生能初步掌握定语从句的具体用法与注意事项。 2.1 学生能够在复杂情境/语境下正确使用定语从句。 2.2 学生会写带定语从句的句子。 2.3 学生能够正确使用定语从句描述照片和人
教学重点	在真实的情境下正确、得体地使用定语从句
教学难点	在写作中正确使用定语从句
教学平台	智能教学高分云平台：高分云老师端 APP（V1.5.7）；高分云学生端 APP（V1.5.6）

教学过程

一、前置学习

学习目标：

1.1 学生能理解定语从句功能与句子结构。

1.2 学生能初步掌握定语从句的具体用法与注意事项

教师活动	学生活动	设计意图	技术支撑
1. 筛选、整合可用的教学资源（关于定语从句的微课、资料及题目）。 2. 发布学习资源和任务。 3. 汇总学生学习数据，分析数据，找出重难点，进行二次备课	1. 观看微课“定语从句的注意事项”，并通过思维导图进行总结。 2. 完成“课前小测”。 3. 在高分云讨论区上传“我最爱的照片”及作文	1. 通过微课，让学生更好地理解定语从句。 2. 根据学生学情反馈数据，了解学生对定语从句的学习情况，调整上课的重点，进行二次备课。 3. 从“我最喜爱的照片”作文中找到学生用定语从句写句子时出现的典型错误	1. 平台在线自主学习功能。 2. 上传学习资料及作业功能。 3. 检测做题情况，统计数据功能

续上表

从学生上传的思维导图得知，学生通过自学微课，已初步掌握定语从句的使用规则。课前小测（1、2 题考查句子结构，3、6、7、8、9、10 题考查关系词，4、5 题考查主谓一致）。

1. I like the second football match ________ was held last week.

   A. what　　B. who　　C. /　　D. that

2. —Now many people smoke and get ill.

   —So we should do something ________ can help stop smoking.

   A. what　　B. who　　C. /　　D. that

3. —Do you know the boy ________ is standing under the tree?

   —Yes, he is my friend, Peter.

   A. what　　B. who　　C. whom　　D. whose

4. Li Lin is the only one of the students who ________ to Kunming.

   A. has gone　　B. have been　　C. that is　　D. had gone

5. The man who ________ smoking over there is looking for what he lost yesterday.

   A. is　　B. are　　C. was　　D. were

6. He talked about the teachers and schools ________ he has visited.
7. There is nothing in the world ________ can frighten him.
8. —Have you found the most useful information about the famous people ________ you can use for the report?

   —Not yet. I'll search some on the Internet.
9. I like the teacher ________ classes are very interesting and creative.
10. The woman ________ I just talked with is Ben's mother.

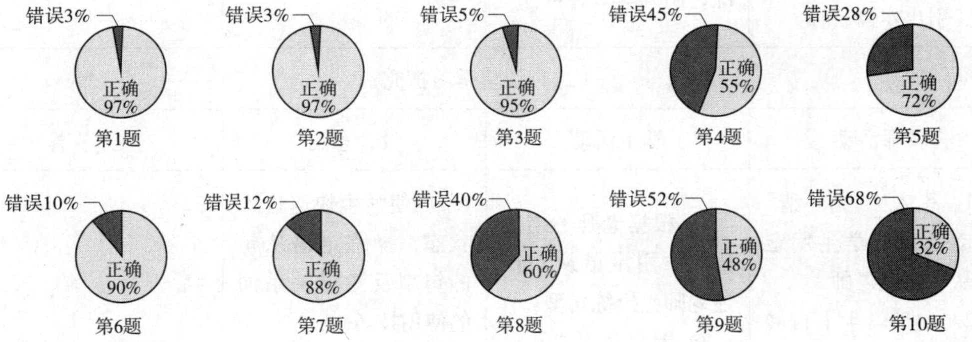

课前小测数据分析：

在单独考查主谓一致和关系词时，学生掌握情况良好（第 1、2、3、6、7 题）；在综合考查句意理解、主谓一致及关系词选择时比较容易用错（第 4、5、8、9、10 题）。因此，本课的教学重点应放在真实的语境下定语从句的正确使用。

续上表

二、课堂学习

学习目标：
2.1 学生能够在复杂情境/语境下正确使用定语从句。
2.2 学生会写带定语从句的句子。
2.3 学生能够正确使用定语从句描述照片和人

（一）前置学习评价

教师活动	学生活动	设计意图	技术支撑
1. 展示部分学生的思维导图，引导学生关注定语从句的意义和功能。 2. 展示错误的思维导图，组织学生小组合作：讨论与修改思维导图中出现的错误。 3. 展示课前小测结果，引导学生讲解难题。 4. 分析课前小测数据，引出本课目标	1. 学习定语从句的意义与功能：更生动、具体地描述人物、地方或事物。 2. 小组合作：讨论思维导图中出现的错误，并直接在平板上改正。 3. 讲解课前小测错题。 4. 了解课前学习情况，明确本节课目标	1. 讲解关于定语从句的思维导图，使学生学习定语从句的意义与功能。 2. 使学生在讨论学习中掌握易错点。 3. 使学生突破难题。 4. 让学生明确学习目标	1. 白板推送、圈画功能。 2. 查看任务统计情况功能。 3. 数据分析功能

（二）课堂学习探究

教师活动	学生活动	设计意图	技术支撑
1. 引入："猜一猜"活动及引导学生用定语从句描述老师。 2. 邀请学生上台展示"我最喜爱的照片"。 3. 引导学生进行小组合作：探讨与改正作文"我最喜爱的照片"，发布白板任务	1. 根据老师的描述猜人，用定语从句描述老师，操练句型。 2. 上台介绍"我最喜爱的照片"。 3. 小组合作：划出使用定语从句的句子，直接在作文上改正，并拍照上传	1. 使学生快速进入状态，操练定语从句的句型及渗透关系词的使用技巧。 2. 设计真实语境训练语法及进行情感态度教育。 3. 通过小组合作探究，巩固定语从句的使用方法	1. 白板推送功能。 2. 拍照上传功能

续上表

（三）课中小测			
教师活动	学生活动	设计意图	技术支撑
1. 布置课中小测。 2. 收卷并根据完成情况布置分层任务：没全对的同学自行观看微课进行纠错；全对的同学做中考链接（课后自己看微课）	1. 做小测。 2. 没全对的同学自行观看微课进行纠错；全对的同学做中考链接（课后自己看微课）	1. 检测所学。 2. 学生自主个性化学习，强化训练语法知识	1. 推小测功能。 2. 统计数据与及时反馈功能。 3. 学生自主学习功能

课中小测：

1. Tony is one of the boys who ________ from England in our school.

   A. are B. is C. comes D. was

2. —There are so many girls over there. Which one is your sister?

   —The one ________ hat is yellow.

   A. who B. whose C. that D. which

3. Most students like someone ________ understands them well.

   A. which B. who C. that D. when

4. —Linda, can you tell me something about Mo Yan?

   —Sure. He is the writer ________ won the Nobel Literature Prize.

   A. which B. whose C. who D. whom

5. The people who ________ working in the fields helped the boy out of danger.

   A. is B. are C. was D. were

中考链接：

1. Li Mei is the student ________ handwriting is the best in our class.

   A. whose B. whom C. who D. that

2. —Where did you go last week?

   —I went to Zhang Aiping's hometown and visited the house ________ he was born in.

   A. that B. there C. who D. whose

3. Confucius was a great thinker ________ words still have a great effect on millions of people around the world today.

   A. who B. who's C. whose D. that

续上表

（四）拓展提升：采访			
教师活动	学生活动	设计意图	技术支撑
1. 有目标地引导学生进行专题采访活动。 2. 发布白板任务。 3. 引导学生用定语从句完成短文并拍照共享。 4. 鼓励学生用定语从句分享采访结果	1. 采访，填写表格。 2. 用定语从句写句子描述采访的人（包括外貌、爱好/工作、性格）。 3. 拍照上传。 4. 分享采访结果，介绍你的新朋友	1. 训练学生的口语、交际能力。 2. 使学生在真实的情境下正确、得体地使用定语从句	1. 白板推任务功能。 2. 拍照上传功能。 3. 倒计时功能
（五）课堂总结			
教师活动	学生活动	设计意图	技术支撑
引导学生从形式、意义和功能/用法方面进行总结，突出正确性，关注得体性	分享本节课的学习收获	回顾所学知识，构建语法知识架构	PPT 展示功能
三、课后作业			
改写作文："我最喜爱的照片"			

（二）教学思路分析

本节课是英语外研版九年级上册 M11 Photos　U3 Language in use，是一节复习课，以照片为主题巩固定语从句的语法知识。本节课目标是：学生能够掌握定语从句的使用规则，并能在复杂情境/语境下正确使用定语从句、会写带定语从句的句子、能够正确使用定语从句描述照片和人。

随着"互联网＋"技术及课堂教学改革的不断推进，本节课在移动学习环境下融合了微课、翻转课堂、思维导图及学校展示型特色教育与小组合作特色教育，根据收集的学习数据进行教学诊断，有针对性地开展适应性教学活动。

一是前置学习。前置学习的学习目标设定为三个：①通过平台在线自主学习功能发布"观看微课"任务，让学生更好地理解定语从句。②通过平台统计数据功能，得到学生学情反馈数据。③在讨论区上传"我最喜爱的照片"及作文，从中找到学生写句子时出现的典型错误。

通过小测数据分析及学生上传的作文，了解到学生能掌握定语从句的使用规则，在单独考查主谓一致和关系词时，学生掌握情况良好。但是，在综合考查句意理解、主谓一致及关系词选择时比较容易用错，在作文中也易出错。根据前置学习的正确率及数据分析，进行二次备课，调整教学目标和教学活动。

二是课堂学习。课堂学习分为五个环节。①开展前置学习评价。分别通过讲解思维导图，强调学生要关注定语从句的使用规则、用法、功能与意义；利用白板推送、圈画功能，使学生在讨论学习中掌握易错点以及通过任务统计情况功能，得出错题，让学生讲解课前小测错题，使学生突破难题来进行评价。②开展课堂学习探究。为了达到课堂目标，教师在课堂学习设计了三个活动。活动一是根据老师的描述猜人，用定语从句描述老师，使学生快速进入状态，操练定语从句的句型及渗透关系词的使用技巧；活动二是利用平板的上传功能，让学生上台介绍"我最喜爱的照片"，设计真实语境训练语法及进行情感态度教育；活动三是利用平板的拍照上传功能，让学生小组合作，划出使用定语从句的句子，直接在作文上改正，并拍照上传，通过小组合作探究，巩固定语从句的使用方法。③课中小测。通过智能平台发布小测任务，及时检测学生的学习效果。通过平台的统计数据、及时反馈功能就可以实现对学生进行更精确的分层，布置任务：没全对的同学自行观看微课进行纠错，全对的同学做中考链接（课后自己看微课），强化训练语法知识。小测后，开展高阶的变式练习。④通过采访的形式，拓展提升学生的能力。通过平板推任务、拍照上传、倒计时功能，让学生进行采访活动，训练学生的口语、交际能力，使学生在真实的情境下正确、得体地使用定语从句。⑤课堂总结，让学生分享本节课的学习收获，回顾所学知识，构建语法知识架构。

三是布置课后作业。布置的课后作业是改写作文："我最喜爱的照片"，使学生在作文中正确使用定语从句。

（三）专家点评

廖老师呈现了一节精彩绝伦的智慧课堂现场展示课。充分把信息技术和学科教学深度融合，在课前把前置作业发到智慧课堂云平台上，教师根据云平台记录的学习数据在课中精准教学，充分照顾到每一位学生，充分节省了课堂时间，使课堂教学走向智能化、数据化管理，注重学生的个体差异，实现个性化教学及过程性教学；同时借助平板的拍照、互评、点名等功能，为课堂注入了新活力。

（华南师范大学未来教育研究中心主任、博士生导师：焦建利教授）

二、初中地理适应性教学设计

（一）教学设计方案

表 5－8　教学设计方案（初中地理案例）

教学分析			
课名	《世界的气候》	课型	复习课
授课教材	湘教版上册	授课时间	2019 年 12 月 26 日
授课班级	佛山市顺德区梁开初级中学 七年级（1）班	授课教师	麦艳娴
教材分析	本节课是湘教版七年级上册第四章《世界的气候》的复习课，从本章知识在整个教材体系的地位来看，本章内容是后面学习分区地理知识以及中国地理知识的基础		
学情分析	本节课的教学对象是初一学生，他们已经学习并基本掌握了世界的气候类型的相关内容。但是对某些气候类型的判断容易混淆，对气候类型的空间分布也不够清晰，缺乏空间思维能力，一旦把气候的主要影响因素与实例相结合就易出错		
教学目标	1. 通过前置学习，能掌握本章的基础知识，构筑知识框架。 2. 能利用气候资料图，描述气候的特征，区分易错的气候类型。 3. 学生能利用世界的气候分布图，说明气候类型的分布特点。 4. 利用实例判断纬度位置、海陆分布、地形地势等因素对气候的影响。 5. 通过练习和活动，掌握解题思路和技巧，培养学生读图、用图能力		
设计理念	本节课是基于学生人手一部平板，有稳定的网络环境下的课堂教学设计，利用丰富的网络资源（包括微课、课件、视频）通过人机互动、生生互动、师生互动等形式组织教学，通过数据分析进行即时反馈，有针对性地进行讲解，提高效率，并通过资源的推送进行个性化地学习，让不同层次的学生都有收获		
创新之处	1. 基于信息技术和资源平台的个性化、开放式的学习方式。 2. 传统教学和现代教学相结合。 3. 通过学情诊断—资源推送—活动设计—多元评价四个方面来设计教学		
教学重、难点	1. 能利用气候资料图，描述气候的特征，区分易混淆的气候类型。 2. 利用实例判断纬度位置、海陆分布、地形地势等因素对气候的影响		

续上表

教学过程			
一、课前前置学习			
教师活动	学生活动	高分云平台	设计意图
1. 监控学生的完成情况，并且根据学生练习的情况进行分析，设定课中内容的教学目标，二次备课。 2. 监控学生的落实情况，根据提交的作品进行筛选，选择具有典型性和全面性的思维导图，以备用	1. 完成高分云平台上的课前练习内容。 2. 完成本章思维导图，并且通过平台上传	1. 练习和反馈。 2. 提交思维导图，提交后相互学习	1. 通过设置课前练习，反馈学情，让教师了解学生的现有掌握情况，可以针对学生的学情进行二次备课。 2. 思维导图可以让学生形成本章的知识网络，建立知识要素之间的关系和解题方法

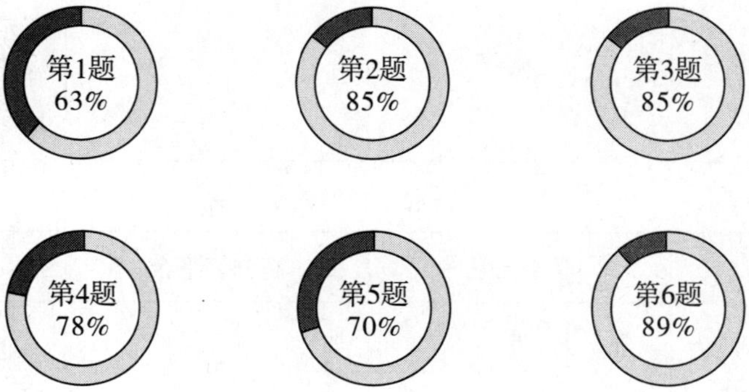

练习情况分析：

1. 第 2、3 题气候类型判断，学生掌握情况良好。
2. 第 4 题气候类型特点的描述，学生掌握情况一般。
3. 第 1、5 题影响气候的主要因素，学生的掌握情况一般，但第 6 题影响气候的主要因素，学生的掌握情况较好，即学生对这个知识点还存在疑惑

续上表

二、课中适应性教学			
（一）课前任务情况总结			
教师活动	学生活动	高分云平台	设计意图
1. 展示思维导图框架，对于缺失的思维导图内容利用平台推送白板，让学生补充思维导图，互批，即时反馈。 2. 课前任务情况展示总结，引出本节课需要解决的知识点	1. 在平板上补充思维导图，上交。互批评分，查看自己错误的地方。 2. 反思自己的课前任务情况，明确本节课的学习目标	1. 白板推送功能，互批互评和即时数据反馈。 2. 课前练习数据展示	1. 通过展示本章思维导图，让学生对自己完成的思维导图有所思考。 2. 通过思维导图的制作，学生已经基本掌握基础知识。通过思维导图信息补充、互批，以及即时反馈，可了解学生对基础知识的掌握程度。 3. 通过课前任务的展示总结，让学生明确本节复习课的学习目标
（二）活动一：何处是家乡			
教师活动	学生活动	高分云平台	设计意图
1. 创设帮助小动物回家的情景。 2. 明确任务内容和要求，关注学生合作完成任务的状态和出现的问题。 3. 适当给予点评。 4. 对易错的知识进行总结。 5. 对做题方法进行点拨	1. 按照任务要求和任务内容，小组合作完成任务，并且拍照上传到高分云平台。 2. 小组展示	拍照上传功能	通过情境设置和活动，让学生在轻松的环境下把气候类型图与分布地区匹配，让学生形成空间思维，对气候的分布有一个形象化的记忆；让学生描述气候类型、区分易错气候类型，形成步骤化的做题流程和解题思路

续上表

（三）活动二："道听途说"			
教师活动	学生活动	高分云平台	设计意图
1. 说明任务要求，观察完成情况、小组合作情况。 2. 适当给予点评。 3. 小结影响气候的主要因素，以及方法点拨	1. 独立完成任务。 2. 小组合作。 3. 小组代表发言	提供视频观看的功能	1. 结合自做的视频，让同学们在情境中理解纬度位置、海陆分布、地形地势对气候的影响，形成感性认识，提高学习兴趣。 2. 帮助学生在生活情境中运用地理知识解释其现象
（四）课中练习			
教师活动	学生活动	高分云平台	设计意图
1. 发布课中任务。 2. 指导学生观看错题微课。 3. 引导学生观看知识拓展的微课	1. 完成课中练习。 2. 根据自己掌握的程度，有错题的可以选择对应的微课进行学习	1. 提供练习功能，即时反馈功能。 2. 分层学习微课的功能。 3. 实现个性化学习	通过课堂已经对判断气候类型、描述气候特点、影响气候的主要因素进行了统一活动讲解，但是针对个别同学的掌握情况可以通过"练习＋讲题微课"的形式，达到个性化学习的功能
（五）课中小结			
（六）知识拓展			
非洲象和亚洲象都是生活在热带，但是外形特征有区别。请思考气候对其外形特征（体型、褶皱、耳朵）的影响			设计意图：引导学生思考气候对动物、人类生活的影响

续上表

本节课的资源包	
教师自主开发的解题微课	课程拓展资源
1. 课前检测：1月平均气温分布。 2. 课前检测：等温线。 3. 课前检测：海拔与气温。 4. 课前检测：降水类型。 5. 课前检测：易错天气符号。 6. 课中测试：乞力马扎罗山。 7. 课中测试：伦敦气候特点。 8. 课中测试：热带雨林气候的判断和特点。 9. 课中测试：4种气候类型的判断。 10. 课中测试：墙壁厚度。 11. 课中测试：海陆位置与年较差。 12. 课中测试：地中海气候判断	1. 活动二视频。 2. 大象的皱纹。 3. 新西兰培育少放屁的山羊。 4. 天山转场

（二）教学思路分析

本节课是湘教版初中地理七年级上册《世界的气候》一章的内容，作为一节复习课，旨在给本章知识进行梳理，解决学生对某些气候类型的判断容易混淆，以及对气候类型的空间分布不够清晰的问题。本节课在移动学习终端环境下融合了翻转课堂、微课、思维导图、情景化学习，结合了小组合作讨论和个性化学习两种主要的课堂形式。

一是课前前置学习。在课前部分，布置了课前练习和思维导图两个任务。通过课前练习暴露学生在学习过程中存在的疑惑；利用思维导图，形成本章的知识联系、补充本章的知识点。根据小测的反馈数据及分析同学们的思维导图结构，二次备课，重新拟定了本节课的重点分别是利用气候资料图，描述气候的特征，区分热带季风气候和热带草原气候、温带大陆性气候和温带海洋性气候；以及利用实例判断纬度位置、海陆分布、地形地势等因素对气候的影响。

二是课中开展混合学习。首先是进行课前学习反馈。该内容通过游戏、思维导图、课前练习的呈现，旨在完善本章基础知识结构，明确本节复习课的学习目标。具体做法如下。

①教师请同学到一体机前玩“地中海气候的特点和分布”小游戏，通过“地中海气候的特点和分布”的一体机小游戏，吸引学生的注意力，让学生在活动中掌握地中海气候的相关知识点。

②教师展示学生思维导图、不完整的思维导图。推送该思维导图，学生补充并互批。使用了平板的白板推送功能，让学生补充思维导图的知识点，以此让学生完善知识框架，落实基础知识。

③教师展示课前任务情况，明确本节课学习目标及其在本章知识框架中的所处位置。利用白板推送和互改功能取代传统课堂中的学生小测及教师改小测过程，其最大的优势是利用平板的即时反馈功能，立刻掌握学生的学习情况，让学习检测更加具有时效性，便于教师根据检测情况进行教学调整。

接着开展两个学习活动。第一个学习活动是“何处是家乡”。本环节通过情境设置和活动，让学生在轻松的环境下，以小组合作学习的形式把气候类型图与分布地区匹配，让学生形成空间思维，对气候的分布有一个形象化的记忆。通过教师总结归纳气候类型的判断方法，以及描述气候资料的方法，此外，让学生描述气候类型、区分易错气候类型，形成步骤化的做题流程和解题思路。第二个学习活动是“道听途说”。结合教师自行制作的视频，明确地让同学们在情境中理解纬度位置、海陆分布、地形地势对气候的影响，形成感性认识，提高学习兴趣。教师在平台上上传视频资源，运用了平台的资源展示功能，由于学生的学习存在一定的个体差异，通过平台拖动视频进行回放，让学生在观看视频的过程中形成形象化记忆，突破本节课的重点和难点知识。

再次是开展检测练习。在课中练习中，教师提前准备了检测练习，根据每一题自己录制了对应的解题视频，并上传到平台，运用了平板练习和即时反馈功能，学生可以即时了解错题情况，对应选择相关解题视频进行观看。利用平板的练习和即时反馈功能、视频播放功能，让错题的讲解更加符合个体的要求，达到学生个性化学习的目的，这是传统课堂难以达到的效果。但在此环节中，在上课讲授的时候推送白板和题目都是统一化的，不能满足个性化的操作。

三是课中进行巩固提升。教师在黑板上补充本节课区分的气候类型，以及影响气候的主要因素。同时，展示两种大象的照片和视频素材，设疑让同学们思考气候对大象特征的影响。

（三）专家点评

麦老师的这节课灵活运用了智能教学设备辅助教学，她恰当地使用了一体机的展示、交互功能，激发学生的学习兴趣；恰如其分地将移动学习终端——平板电脑作为本节课师生即时互动的重要纽带，综合使用了白板推送、互批功能、拍照上传功能、抢答、点名、即时练习和即时反馈功能，提高学生的学习积极性和师生互动的效率，高效地完成本节复习的教学任务。这节课作为复习课，克服了传统课堂复习课中教师要统一步调带着全班学生完成大量练习，并统一讲解，讲解完毕后也无法及时反馈等诸多弊端。在麦老师这节复习课中，学生进行数字化一对一学习，学习检测反馈更加高效，精准的数据分析利于及时掌握学情，并调整教学决策。此外，这节课课堂教学富有个性化，通过个性化错题讲解及知识提升，让每一层次的学生都有所获，这是传统的课堂无法比拟的。因此，这节课作为一堂高效的智慧课堂，生动地体现了课堂数据采集与处理智能化、学习过程评价与反馈即时化、课堂教学交流与互动立体化、课后资源推送与辅导个性化的特点。

（华南师范大学未来教育研究中心主任、博士生导师：焦建利教授）

第六章
适应性教学模式概述

第一节　适应性教学模式的构成要素

新时代呼唤新型信息化教学模式，以助推信息化教学变革。2018 年，教育部颁布了《教育信息化 2.0 行动计划》，指出："教育信息化作为支撑，引领教育现代化发展，推动教育理念更新、模式变革、体系重构"。2019 年 3 月，教育部《关于实施全国中小学教师信息技术应用能力提升 2.0 的意见》强调，"支持有条件的学校主动应用互联网、大数据、虚拟现实、人工智能等现代信息技术，探索跨学科教学、智能化教育等教育教学新模式"。2019 年，中共中央、国务院印发《中国教育现代化 2035》，指出："利用现代教育技术加快推动人才培养模式改革，实现规模化教育与个性化培养的有机结合。"这三项文件都着重强调了我国当前教育体制下教学模式变革的重要性和迫切性。基于此，基于学习数据的适应性教学模式，旨在吸取传统教学模式的优点，同时结合新型信息技术的力量，着力推动课堂教学改革。

一、适应性教学模式的构成要素

任何教学模式都有其内在的结构，教学模式的结构是由教学模式包含的诸多因素有规律地构成的系统。界定教学模式的构成要素，其阐释构成要素的观点分为三要素说、四要素说、五要素说。三要素说：教学结构、教学过程、教学方法；四要素说：教师、学生、教学内容、教学媒体；五要素说：理论基础、目标倾向、实现条件、操作程序、效果评价。

有学者认为，信息化教学模式构成要素包括六个要素，分别是教育思想或理论、教学目标、教学程序、教学方法、教学结构、学习环境，也有学者认为，智慧课堂教学模式构成要素包括六个要素，分别是教学理念、教学目标、教学程序、教学方法、教学评价和学习环境。① 本研究认为，适应性教学模式构成要素包括五个要素。

（一）基于证据的教学理念

教学理念是建立教学模式的理论基础，任何教学模式都是在一定的教学理论或学习理论指导下提出来的。不同的教学理念往往对应不同的教学模式。建构主义学习理论认为，学习是基于一定的情境和学习资料，借助教师和学习伙伴的帮助，通过意义建构的方式而获得。② 情境学习理论认为，情境可以是真实的学习场景，也可以是真实学习环境的“虚拟”替代品，如今互联网和多媒体技术为教育教学提供了更多真实场景的再现，学习者可以在高度仿真的学习环境中开展学习体验，也可以以现实和虚拟的方式与他人进行交流，更好地表达和展示学习收获。③ 联通主义强调，学习不再是一个人的活动，而是一个连接专门节点和信息源的过程，提倡基于技术中介、在与环境的连接中学习。

适应性教学模式是建立在建构主义、情境和联通主义理论基础之上的一种教学模式，是这三种学习理论在智慧教育教学中的一种具体应用。在建构主义、情境学习和联通主义学习理论的指导下开展智慧课堂教学，能准确地把握情境创设、协商对话、信息沟通、联通共享等关键要素，有助于践行“以教师为主体，以学生为中心”的核心思想，从而增强学生的主体地位，激发学生的学习兴趣和动机，促进学生个体深度学习，以及学生群体积极参与对话交流、主动建构知识意义。

（二）指向学科核心素养的教学目标

教学目标是教学活动过程中课程的实施方向和预设的目标达成的结果，既是一切教学活动的起点，也是终点。适应性教学以《中国学生发展核心素养》为引领，有机结合学科教学目标，探索核心素养视域下学科教学目标的制定与实施。从课程标准、教材内容、学生学情多维度综合分析得出具体、准确、适切的教学目标，以准确把握住学科核心素养要求下的教学目标设计与实施。以探究性教学为例，其教学目标是通过科学探究和研究分析，培养解决科学问题的能力。又如，自主式教学的教学目标是基于信息化教学环境，培养学生自我认识、自我实现和自我教育的能力。如此，站在学生立场，围绕学生的真实学习需求，尽可能地在教授学生知识与技能的基础上，培养学生的自主学习能力与创新实践能力。

---

① 刘邦奇，吴晓如. 智慧课堂：新理念　新模式　新实践［M］. 北京：北京师范大学出版社，2019.
② 何克抗. 建构主义——革新传统教学的理论基础［J］. 电化教育研究，1997（3）：3－9.
③ 贾义敏，詹春青. 情境学习：一种新的学习范式［J］. 开放教育研究，2011，17（5）：29－39.

（三）基于富媒体学习资源的教学环境

教学环境是教学模式的条件因素，是指为完成一定的教学目标，从而使教学模式发挥效力的各种条件。教学环境是适应性教学模式不可或缺的要素，借鉴刘邦奇教授关于智能课堂的学习环境构建的经验与实践，本研究认为，适应性教学环境是基于“互联网+”的思维方式和物联网、云计算、大数据、人工智能等新兴信息技术构建的智能服务平台。① 该智能服务平台，基于智能云服务，提供富媒体学习资源管理、在线学习空间等服务；除了智能服务平台，还有配套的智能移动学习终端，含教师智能端、学生智能端、管理智能端和家长智能端。可见，适应性教学搭建了智能化的课堂教学服务环境，提供资源服务、互动服务和教学工具，以满足师生开展移动互联学习的需要。

（四）面向以学定教，精准教学的教学流程

本研究中的适应性教学包括“课前以学定教”“课中精准教学”“课后个性辅导”三个教学环节。这三个教学环节中又分别包括了3+4+3共10个教学步骤，如图6-1所示。即发布任务、学情诊断、二次备课、精准讲解、精准研讨、精准练习、总结提升、推送作业、个性辅导和反思评价十个教学步骤，构成了教与学统一、可持续发展的完整适应性教学过程。这三个环节十个步骤的适应性教学流程，在各个阶段应用上既要分担促进学生智慧发展的总体目标任务，又有各个阶段任务的重点和特色，从而构成智慧课堂的完整教学过程和持续发展体系。

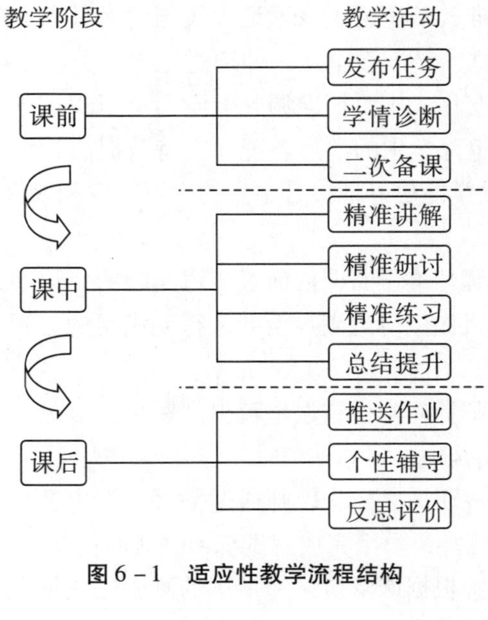

图6-1　适应性教学流程结构

① 刘邦奇．智慧课堂的发展、平台架构与应用设计［J］．现代教育技术，2019（3）：18-24.

1. 课前以学定教

以学定教指依据学情确定教学的起点、方法和策略。“以学”的理解是针对学生的学习基础、学习内容、学习目标和学习评价；“定教”的理解是精准确定教学起点（不过低或过高），在恰当的起点上选择最优的教学方法精当教学，让每一位学生达到自我最优化的发展。以学定教的教学本质是以生为本，关注学习者的需求，尊重学生，教学真正体现为了促进学生主体的发展。以学定教的实施策略是分类指导，分层要求，实施差异化教学。具体过程如下：

（1）学情诊断。教师通过智慧课堂信息化平台提供的学生学习结果和学生特征数据，精准识别学生的学习情况，将学生进行分层，开展分类指导，实施差异化教学。对不善学习的学生，要“扶着走”，教重于学，让其“吃”得了；对被动学习的学生，要“领着走”，教学并行，让其“吃”得好；对主动学习的学生，要“放开走”，学重于教，让其“吃”得饱。

（2）推送练习。教师根据学生分层情况，推送思维导图等认知工具和不同难度的富媒体学习资源，含微课视频、导学案和练习题等，满足不同层次学生的需要，达到个性化训练的目的。教师可以要求双基过关为必做练习、能力提升为选做练习，以实现个性化训练的实效性。

（3）二次备课。教师根据第一次学生课前自主学习练习题的完成率和正确率，以学定教，确定新的教学目标、内容、方法等，优化教学设计，进行二次备课。

2. 课中精准教学

精准教学来源于精准教学理论，该理论由美国学者林斯利根据心理学家斯金纳的操作性条件反射原理创立。精准教学是一种通过记录、分析学习者的学习行为、学习表现等方面的数据及其变化，从而精准调整教学活动以提高学习绩效的教学形式。旨在通过设计测量过程来追踪学生的学习表现和支持数据决策，以便“将科学放在学生和教师的手中”。精准教学能更好地提升学生的学习绩效和成就感。课中精准教学的路径如下：

（1）精准讲解。教师精准诊断课前前置学习问题的错误率，针对大部分学生的学习“痛点”即在学习中最渴望得到满足但并未得到满足的心智节点，重点讲解，答疑解惑。

（2）精准研讨。教师针对学生错误率较少的题目，组织学生采用小组内部研讨解决或者小组之间合作讨论解决。

（3）精准练习。完成研讨之后，教师通过平台对学生进行学习过程评价，检测学习效果，按需推送随堂测验，学生完成测试练习并实时提交，得到即时的评价反馈。

（4）总结提升。教师根据课堂研讨和推送的测验完成情况，精讲、辨析难点，补充、巩固弱点，拓展、提升重点，进一步深化师生互动交流，培养学生创新思维和能力，促进学生意义建构。

3. 课后个性辅导

（1）推送作业。教师通过信息平台第三次按需推送个性化的课后作业，学生完成课后作业并及时提交，得到客观即时反馈。

（2）个性辅导。教师根据学生课堂学习情况，结合批改作业情况，分别为薄弱学生开展精细滴灌式补偿教学；为资优学生推送针对性的高阶思维培养的学习服务和支持，进行个性化辅导。

（3）反思评价。教师根据批改学生作业的情况和学生提出的个别化辅导需求进行总结反思，可以通过平台及时反馈到自己的下次课程备课中，以利于及时改进和实施针对性教学。

（五）基于多维度的教学评价

课堂教学评价是促进学生成长、教师专业发展和提高教学质量的重要手段。适应性教学智能平台生成的大数据为课前前置学习的诊断性评价、课中精准教学的形成性评价、课后困难学生的补偿性评价、阶段教学成效的终结性评价、课堂教学质量的整体性评价以及学生综合素质的综合性评价提供了便捷高效的手段，有利于构建全过程动态学习评价模式。

通过以上对适应性教学10个教学流程的分析，以及基于证据的教学理念的分析，本研究提炼了基于学习数据的适应性教学模式（见图6－2），旨在以总模式为引领和参考，带动各不同学校，根据校情，结合不同学科的学科内容，进行针对性的二次提炼和完善。

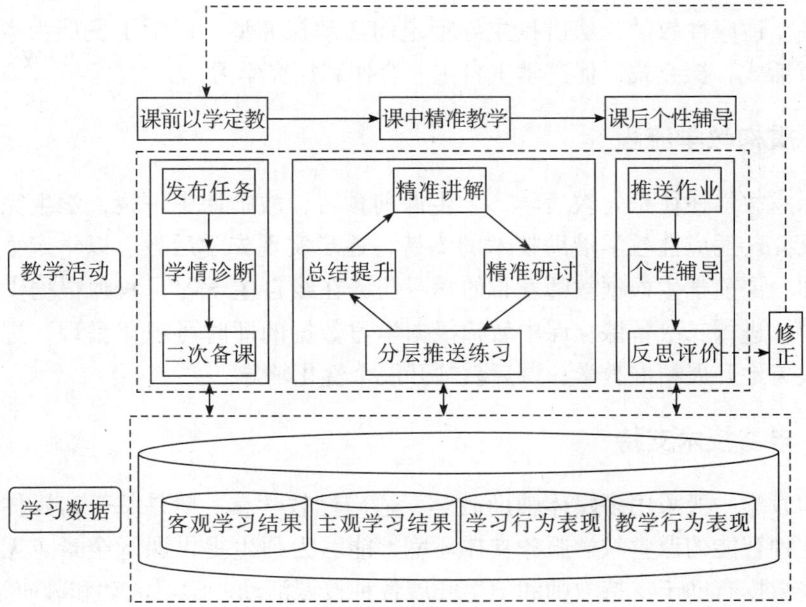

图6－2　适应性教学模式

二、适应性教学模式与传统课堂教学模式的比较分析

（一）重塑教学理念

传统课堂教学一般遵循三中心，即“以教材为中心”“以课堂为中心”和“以教师为中心”的教学理念。因此对学习者的关注不够，针对学习者的需求创设情境、组织资源和活动也尚且不足，适应性教学打破了这一传统教学理念，倡导以学习者为中心，注重利用技术为学习者提供学习支持服务，如智能教学平台和极简教学工具的使用，为学习者创设更多的学习情境，提供更多适合的学习资源，设计更多适切的学习活动，逐步从经验模仿教学过渡到基于数据的精准教学。

（二）提升教学目标

传统课堂教学一般遵循三维目标，即达成知识目标、技能目标和情感态度价值观目标。学科核心素养是知识与技能、过程与方法、情感态度价值观三维目标的整合与提升，是学科育人目标的认知升级。适应性教学深化基于核心素养标准的课堂教学改革，把握现代课堂教学的走向和趋势，在一定程度上提升了传统教学目标，致力于促进学生智慧发展。

（三）丰富教学内容

传统课堂教学内容一般以知识的讲解传授为主，容易出现教师一言堂、满堂灌的现象与弊端。适应性教学，从讲授主导型走向活动探究型，以学生发展为本，将讲授式转变为对话式、探究式，促进学生自主、合作和探究学习。

（四）重构教学流程

传统课堂教学往往是先教后学，学生课前预习，教师课中讲授，学生完成课后复习，循环反复。适应性教学借助技术的支持，逐步实现先学后教、以学定教、重构教学流程。即：课前学生根据教师发布的学习任务在线自主学习，教师根据学习数据精准诊断学情，进行二次备课；课中教师根据学习数据的即时可视化呈现，进行教学决策，有的放矢地开展精准教学；课后教师开展个性化辅导。

（五）丰富技术支持

常规的教学一般采用多媒体辅助教学。适应性教学，一般是基于富媒体资源的学习环境。这种智能的课堂教学服务支撑环境，能够为师生提供课堂全景、无感的数据采集，这些数据有助于支持教师和学生开展各种授课活动、学习活动和教研活动。

适应性教学模式与传统课堂教学模式的比较如表 6－1 所示。

表 6－1 适应性教学与传统课堂教学的比较

类别	传统课堂教学	适应性教学
教学理念	以教材为中心 以课堂为中心 以教师为中心	从“经验模仿教学”转向“数据驱动教学”
教学目标	知识目标 技能目标 情感态度价值观目标	培养核心素养和关键能力；实现学生智慧发展
教学内容	知识的讲解传授	知识的讲解传授； 活动的互动探究
教学方式	实体课堂教学	混合教学：课前和课后线上自主学习；课中线下实体课堂教学
教学流程结构	先教后学	先学后教，以学定教
技术支持	多媒体教学	基于学习数据的、富媒体学习资源的学习环境

第二节 适应性教学模式的教学应用

为顺应新时代新形势的发展要求，佛山市顺德容里初级中学已经在课程改革方面做了十几年的探索，形成了小组合作学习及讲学稿三步教学模式。并于 2016 年 9 月创办了两个“智能课堂”班，两个班的学生人手一部 Pad（平板电脑），通过 Pad 与教师进行课前、课中的即时沟通，实现了基于学习数据的“人机互动、师生互动、生生互动”的适应性教学。本研究对初中历史适应性教学模式应用进行了实践探索。

一、初中历史《几种常见的历史时间计算方法》适应性教学实践

本节课内容不是教材安排内容，却是初中学生要掌握的基本能力和历史时空观学科核心素养中的重要内容。所以，本研究专门引入了《几种常见的历史时间计算方法》这一课题进行深入的教学。由于适应性课堂教学可以让学生在线上重复学习、随时练习、反复试错。课堂可以生生合作互助，教师进行针对性辅导。所以两个智能班 86 位同学对历史时间的计算方法掌握情况良好，教学班级的出错率大大降低。根据掌握学习理论，教学过程要使大多数学生达到课程目标的掌握标准。从这个角度来说，适应性教学的实施效果是比较令人满意的。

（一）实施适应性教学的前提条件

1．学校构建智慧教学环境

适应性教学的实施不可能仅是教师个体的行为，而是一个需要整个学校全局设计、构建平台的系统工程。除了硬件设备的投入，还需要小组合作学习模式、习惯等条件支撑。

2．教师需要具备丰富的教学经验和较高的学科素养

新课改下，《基础教育课程改革纲要》以及教育部关于中国学生发展核心素养的相关文件，明确提出教师在教学过程中应与学生积极互动、处理好传授知识与培养能力的关系，注重培养学生的独立性和自主性，让学生在实践中学习，促进学生在教师指导下主动地、富有个性地学习，并培养学生的学科核心素养。教师应尊重学生的人格，关注个体差异，满足不同学生的学习需要，创设能引导学生主动参与的教育环境和情境，激发学生的学习积极性，培养学生掌握和运用知识的态度和能力，使每个学生都能得到充分的发展。

从以上表述中可以发现，新课改下的教学需要教师转变教学观念、转换教学角色、改变培养目标。在此背景下适应性教学的实施，教师必须要有一定的教学经验，熟悉新课程改革的理念和学生的核心素养的培养能力要求。能在适应性教学中巧妙而有效地渗透学科素养要求和学生发展能力培养要求。否则，适应性教学会让我们的教学适得其反、“误入歧途”。

3．师生具备良好信息素养

适应性教学的顺利开展，学生和教师必须要有熟练掌握和运用信息技术的条件和能力。首先，教师要熟练掌握制作微课和视频的能力。虽然教师可以充分利用信息化平台的优势，用合理合法的方式借鉴和使用其他教师的优秀微课成果。但要实现真正的以学定教，教师只有自己量身定做才能取得最好的效果。其次，学生要具备良好的信息环境和条件，适应性教学才能得以开展。为此，学校智能课堂班的在校学生人手一部 Pad。在课前对学生和教师进行了系统的培训，并在整个实践过程中进行技术的跟踪指导。

除此之外，教研专家定期指导也是适应性教学实施并不断提高实效性的重要条件。只有学校、教师、学生、专家各方面形成最大的合力，适应性教学才能顺利、深入地开展。

（二）适应性教学模式的实践过程

在本次适应性教学模式中，把学习和教学过程分为课前前置学习、课中精准教学、课后个性辅导三个阶段。

课前：前置学习，就是教师把要讲授的内容通过教学信息平台推送给学生，学生

通过观看教师制作的微课，自行查询资料，做课前练习等，初步在信息平台完成课前自学任务，并可以提出自己的疑惑。教师再根据学生前置自学的情况和效果进行有针对性的二次备课。

在教授《几种常见的历史时间计算方法》这一课题之前，教师制作了微课并通过学习平台推送给学生，进行课前自学和简单的选择题检测。通过微课学习，学生对世纪年代的简单计算和民国纪年法基本没有问题，而对公元前和公元后世纪的早期晚期之分很混乱。于是简单的计算不在课堂展开，把公元前、后早晚期的判断作为课堂探究的重点。

课中：第一环节是课堂探究。教师在课中要求各小组根据自己的自学情况，找到公元前后时间计算的规律。之后以学习小组为单位进行小组讨论并展示讨论结果。在展示的过程中，有的小组用最直接的记忆法——公元前时间越小越晚，公元后时间越小越早。有的小组用画时间轴的办法找到了规律。还有个别依然有问题的小组，通过教师的个别指导和其他小组的展示也基本掌握了该知识点。

课中：第二环节课堂练习，就是针对本节课内容进行限时训练。在该课题中选择了 5 个相关的练习题推送给学生限时完成。之后根据平台统计的学生答题情况进行反馈。发现 1 班 43 人中，做错两个题以上有 3 人。2 班 43 人中，做错两个题以上有 4 人。全对率接近 92%。虽然没有达到 100% 的理想效果，但在这样的农村学校来说，与之前的教学班级和同级其他非智能课堂班级相比，效果非常明显。

课中：最后一个环节是课堂检测与评价。这个部分就是根据每一节课的教学内容设置一些针对性较强的检测题。检测题题量和难度都有精心的考虑和设计。不同层次的题目适合不同层次的学生学习，充分尊重学生的个体差异。检测的形式也比较多样，可以以个人也可以以学习小组为单位。教师根据学生的检测情况进行反馈、评价和个别指导。在《几种常见的历史时间计算方法》这一课题的检测过程中，推送了更具挑战性的 4 分的中考选择题和 6 分的较简单的高考问答题。两个班的平均分都达到了 9 分以上。

课后：是对课前和课中学习的必要补充，主要是针对课堂检测中没有完全掌握的学生进行个性化辅导和跟踪。

（三）实施适应性教学的教学效果

1. 学生学习积极性提高和信心大增

首先，适应性教学过程中，实现了学生和教师之间角色的转换，把学习的主动权还给了学生，学生不再是被动的接收者，不再是容器，而是真正的主人。从而调动了学生的自主性、积极性。不管是课前的前置自学还是课堂探究展示都是由学生主导，教师仅仅是引导者、点拨者。同时，在适应性教学的实践过程中发现，及时的反馈和大数据的统计结果，符合初中学生争强好胜的心理特点，能够充分调动学生学习的积极性。

其次，适应性教学中学生获得了极大的成就感，增强了学习自信心。课前自主学习能获得自己解决问题的成就感。在课堂探究中解决难题，使学生豁然开朗。特别是课堂练习和检测中引入了中考题及较简单的高考题，使他们觉得历史的学习“so easy”，征服中考、高考题的成就感让他们信心倍增。

2. 适应性教学能够实施分层教学、精准把握学情

在适应性教学前置学习阶段和课中探究环节都可以进行分层，充分考虑不同学生之间的差异和不同学生的学习水平。满足各个层次学生学习的需要，让每一位学生每一堂课都学有所获。在本课题的学习中分层不是那么明显，但在课前的前置学习、课堂探究小组互动、教师个别点拨和课中检测环节有一定的体现。同时，适应性教学的大数据优势，可以使教师清晰了解学生课前自学情况、精准掌握学情，实现对每一个学生学习效果的关注，克服了教师在传统教学中由于时间紧、人数多而对学情把握不够精准的弊端。

3. 适应性教学可以极大地提高课堂教学效率，减轻教师负担

适应性教学在统计学生的检测分数、正确率、完成情况等方面具有得天独厚的优势和便利，大大减轻了教师的批改和统计的烦琐负担。而且在课程安排中把简单的内容安排在前置学习中，让学生自行学习掌握，节省了课堂时间。可以在课堂进行更难、更具挑战性的任务学习，极大地提高了课堂效率。

除此之外，适应性教学还可以大大拓宽历史学科的课堂教学内容。让学生在个性化的预习和自学中可以选择不同的学习渠道和内容，如查阅资料、阅读历史书籍等，既开阔了视野，又扩展了思维的宽度和深度。

二、初中历史《几种常见的历史时间计算方法》适应性教学的问题与反思

（一）实施适应性教学存在的问题

1. 优质数字化教学资源较为匮乏，需要教师独立开发的工作量较大

由于历史学科适应性教学研究得还不够深入，优质的教学资源很少。教师独立开发微课、优质的练习题等教学资源的任务非常繁重。教师既要考虑落实新课标的要求和核心素养的培养目标，又要体现内容的灵活多样，还要考虑量身定做的分层学习内容，工作量非常大。

2. 并非每节课的教学内容都适合开展适应性教学

这是因为历史学科有很强的专业特点，有很多的专有名词、有些教学内容理论性强、时间跨度较大、离学生的实际生活遥远，学生在前置学习中无法完成自学。这种

情况下不适合开展适应性教学，所以教师必须具备一定的教学智慧，进行可行性选择取舍。

3. 课程前置学习的时间有时难以保证

初中科目众多，历史学科只是学生学习的其中一个相对“不太引人关注”的科目，内容又很繁杂。学生前置自学内容有时难以按时按质按量完成，会影响后续整个课中教学过程。

（二）实施适应性教学引发的反思

1. 如何更好地发挥历史学科的人文育人功能，引导学生形成正确的世界观、人生观、价值观是师生共同面临的难题

信息时代的信息来源多样，获取便利，为适应性教学提供了丰富的资源。但网络上也存在着许多不严谨或者没有经过严格考证的历史观点。教师很难在有限的课堂教学中完全地进行点拨和引导。知识和思维能力还不完善的中学生如何在浩瀚如烟的信息中去伪存真，形成正确的三观，这是师生面临的共同挑战。

2. 实现多方协同合作，构建丰富、适用的优质数字化教学资源迫在眉睫

如上所述，在适应性教学中教师的备课任务繁重。如果能多方合作，构建丰富、适用的优质教学资源，将能大大减轻教师的负担。使我们的历史适应性教学能够更加向内涵发展。

第三节　适应性教学模式的学校实践——疫情期间线上线下融合教育实践探索

OMO（Online-Merge-Offline）线上线下融合教育，是随着互联网 + 教育的普及，信息技术与教育教学、教育管理深度融合，而逐渐形成和应用的一种为师生和家长提供更优质服务的新型教育实践。东沙小学立足学校发展现状，克服疫情期间开展线上教学的困难与挑战，积极开展线上线下融合教育探索。一是观念的融合，从先教后学到以学定教；二是管理的融合，从学校管理转向学校治理；三是家校融合，强化家校一体化共育；四是线上线下教学融合，精准教研与精准教学双管齐下。以此为学生提供更优质而个性化的教学，为教师提供更适切的精准教学和网络研修，为家长提供更紧密而温馨的家校共育方式。

一、线上线下融合教育概述

2019 年，中共中央、国务院颁布的《中国教育现代化 2035》将“加快信息化时

代教育变革”确定为面向教育现代化的十大战略任务之一。[①] 随着互联网 + 教育不断深刻影响教育教学的各个方面，开展混合教学提升教育教学效率、开展网络研修促进教师教研方式转型、开展网络家校共育变革教育服务方式，将逐渐成为学校主动创建现代化学校、主动迈向教育现代化征程的一种可行的学校变革方式与途径。

1．从传统教学到混合教学

随着“互联网 +”的普及，MOOC、SPOC 等在线网络课程以及翻转课堂、智慧课堂等新型教学模式不断涌现，教育信息技术与课堂教学深度融合，使得教学流程再造，教学模式创新的教育教学变革越来越真实地发生在我们的课堂，传统课堂也逐步走向混合教学。源于混合教学的诸多优势，混合教学（Blending Learning）越来越常态化地在中小学校得以开展。一是混合教学结合了传统实体课堂教学和线上教学的优势，实现优势互补。何克抗认为混合教学就是将在线学习和传统学习的优势相结合，体现教师主导作用的同时体现学生学习的主动性。只有将这二者结合起来使二者优势互补，才能获得最佳的学习效果。[②] 二是混合教学整合了传统课室教学和线上教学学习环境的优势，支持在线学习资源共建共享。田富鹏等人认为，混合教学是学习环境的混合，混合教学构建的教学环境充分整合了线上教学与传统教学的优势，不再局限于原有的学习环境。[③] 可见，混合教学一方面结合了传统教学和线上教学的优势，发挥了教师与学生教与学的积极性；另一方面，丰富了传统教学环境，有效整合了物理教学空间、教学资源空间和师生社交空间。混合教学的优势为疫情期间开展线上同步教学或异步教学提供了便利，创造了师生物理隔离，在线分享教学资源的条件。

2．从线上线下混合教学到线上线下融合教育

疫情期间，学校管理是一项系统工程，既包括面向学生学习的日常教学，又包括面向教师教学的定期教研，还包括如何为广大师生提供更好的心理咨询和服务等不定期的教育管理等，除了更大发挥线上线下混合教学的优势，持续满足疫情期间以及后疫情时代对创新人才培养的需求之外，充分发挥互联网 + 教育的优势，把互联网的创新成果与学校教育事业深度融合，面向学与教主体，重塑教学模式，重构教育管理模式，变革家园共育教育服务方式，构成线上线下融合教育的全新教育形态，显得迫在眉睫。

---

① 马婧，周倩．国际混合学习领域热点主题与前沿趋势研究——基于科学知识图谱方法的实证分析［J］．华东师范大学学报（教育科学版），2019，37（4）：116 - 128.

② 何克抗．从 Blending Learning 看教育技术理论的新发展（上）［J］．中国电化教育，2004（3）：5 - 10.

③ 田富鹏，焦道利．信息化环境下高校混合教学模式的实践探索［J］．电化教育研究，2005（4）：63 - 65.

二、线上教学面临的问题与挑战

疫情期间的线上教学是学校教育的生命线，更是培养学生成长与成才的关键。然而，当前的线上教学效果却不容乐观，线上教学的学习效率较低、教学模式在求稳与求变的路途上步履蹒跚，线上教学发展之路任重而道远。

（一）教师在线教学模式在求稳与求变的路途上步履蹒跚

在线教学是疫情之下不得已而作为的应急做法，尽管大部分教师有过上网课的经验，但仅仅限于实体课堂授课，如今通过只有一条电线两个屏幕来链接教与学，开展云课堂教学学习，大部分教师做到的是将线下课堂搬家到线上课堂。如何开展适应学生有效学习的在线教学模式，依然处于探索过程中。

（二）学生在线学习主动性在自律与他律的过程中左右摇摆

疫情下，开启了“云”课堂线上学习模式，学生只能是隔屏与教师相见，听、看教师课堂，且每天面对屏幕的时间较长，学生容易分神，集中注意力不够；不仅学习效果不佳，而且生活习惯也不太良好。另外，教师线上教学不仅要在20分钟内讲清楚知识要点和难点，还得隔空思想教育，不断强调课堂纪律和想尽一切办法调动学生的学习积极性、参与度。如何处理好学生的自律与他律的问题值得我们教师深入探究。

（三）家长在线督学在复工复产与督促学习中左右为难

面对疫情逐渐向好的态势，许多家长加入各行各业的复工复产的工作中。但家中的孩子又还需要在线学习，尤其是小学生的线上学习成效就显得非常吃力和特殊了。他们因年龄较小，好奇心重、自律性较差，对电子产品又特别感兴趣，他们需要在家线上学习，手中持有手机、电脑，家中开着网络，如何保证这些孩子的居家学习效果，以及生活和生命安全？如何发挥家长们的监督和管理的督学作用，又不影响家长们的复工复产？现阶段还是值得我们深入探讨的问题。

三、线上线下融合教育的实践路径

（一）观念融合：从先教后学到以学定教

鉴于疫情期间线上教学时长不超过20分钟，要完成既定的教学任务，开展线上线下融合教育，首当其冲的是教育观念的融合、教学理念的革新。2018年，教育部印发的《教育信息化2.0行动计划》提出，“在教育信息化2.0时代，教育信息化将作为教育系统性革新的内生变量，支撑引领教育现代化开展，推进教育理念更新、形式革新、系统重构”。此次疫情的发生，作为教育理念的更新与实践的检验，在一定程度上迫使教学理念的更新要真正落地，即要融合先教后学的传统理念和以学定教的现代理念。以学定教，指依据学情确定教学的起点、方法和策略。“以学”是针对学生的学习基础、学习目标、学习内容和学习评价；“定教”是精准确定教学的起点，在恰当的起点选择最优的教学方法进行精准教学，让每一位学生达到自我最优化的发展。东沙小学实施线上线下融合教育的做法是课前开展前置学习，精准诊断学情；课中精准讲解，精准教学；如此，以将先教后学与以学定教的观念相融合，以生为本，关注学生的需求，尊重学生，促进学生全面而个性化发展。

（二）管理融合：从学校管理转向学校治理

党的十八届三中全会提出要“推进国家治理体系和治理能力现代化”，教育治理现代化是国家治理现代化的重要内容，是实现教育强国的必由之路。中共中央、国务院发布的《中国教育现代化 2035》提出“优先发展教育，大力推进教育理念、体系、制度、内容、方法、治理现代化”。学校作为教育系统的重要组成部分，学校教育治理现代化也逐步得到重视和关注。治理是相对管理而言的，治理理论是指构建多元治理主体，通过政府、社会组织、利益群体和公民个体，通过一定的制度安排进行合作与互动，共同管理公共事务的过程。疫情期间的在线教学是一场学校管理的变革，同时也是学校治理的挑战。为了有效应对这个挑战，全国各地中小学校出现了一地一策、一校一策、一家一策、一人一策的丰富样态。① 东沙小学结合校情，进行顶层设计、统筹安排，本着“一校一策”原则，于 2020 年 2 月 10 日出台了《东沙小学“1 + n 塔式问题型教学模式”之“线上课堂”教学方案、学科指南、结构化要求》。具体做法如下。

1. 构建多元教育治理主体，学校、社会、家庭多方联动，协同合作

开展在线教学，首先要面临的是在线教育资源是否充分、是否优质的问题。如何获取优质在线教学资源，寻求更为广阔的国内与国际教学资源，怎样与更多的有资格的教育机构、社区开展合作，促进社会、学校、家庭的合力发展？东沙小学作为 PDC（Project 项目—Driven 驱动—Creation 生成）国际教育联盟实验学校，借助 PDC 国际教育的先进教育理念，疫情期间及时为学校教师和家长推送 PDC 教育平台优质教育教学资源，由 PDC 国际教育集团研究团队金牌导师提供 PDC 教育在线培训，培训内容涉及跨学科综合学习、亲子教育等，同时提供在线研讨，学习者就研讨内容各抒己见。如此，使教师、学生和家长在防疫期间获得更多的综合知识和动手技能，亲子关系更为融洽。

---

① 腾讯网．叶翠薇．疫情下的冷思考：寻找更有意义的教育［EB/OL］．［2020 - 10 - 25］．https://new.qq.com/omn/20200421/20200421A0SQYY00.html.

2．建立三级纵横向学校治理模式，探索建立在线教学质量评价机制

一是学校建立了三级纵横向的治理模式，以校长、副校长及中层干部深入到各班级群，亲自巡课听评议课，督导抽查线上教学。深入各个年级班级，提醒、督促，及时解决当天教学出现的问题。当天巡值结束后，行政详细填写《线上直播工作日志》，以统一打包交回行政群，校长逐一审阅，副校长每周进行一总结，记录在册，出现的问题及时沟通解决。

二是学校探索建立在线教学质量评价机制。有效的综合评价系统及合理的应用方式既是线上教学内容的一部分，更是提升评价质量的主要方法。建立线上教学的有效性综合评价能够弥补主观和随机性的教学质量评价方法的不足，它避免了教学中的主观性和单边主义评价，提升了教学质量评价的可靠性和准确性，学校建立线上学习评价跟进表，所有年级各学科还利用群视频会议或借助家长监考，开展了线上各科测试共160余次。关注学生在各个时期的发展状况，跟进学生学习情况，肯定其潜在能力，提出其存在问题，不仅有益于提高他们的基础知识，更有益于他们的全面协调发展，从而发展学生必备的核心素养。

（三）家校融合：强化家校一体化共育

家校融合是指以促进学生发展为目的，家庭和学校两种力量相互配合、互相支持、互相协调的教育互动与合作活动。① 家庭和学校是学生生活和学习的重要教育场域，教育行政部门也倡导要家校共育。《国家中长期教育改革和发展纲要（2010—2020）》提出，“家长要树立正确的教育观念，掌握科学的教育方法，尊重子女的健康情趣，培养子女的良好习惯，加强与学校的沟通配合”。② 与以往实体学校教育中所需的家校互动相比，疫情期间开展的在线教学，更需要家长比以往更深入和广泛地参与到家校融合中，甚至是担负起开展居家教育教学的主要责任，帮助学生更好地参与疫情期间开展的在线学习。③ 东沙小学积极推动家校融合，具体做法如下。

1．聘请线下教师，强化家校联系

针对上课时，学生学习自律性不强的问题，东沙小学积极召开各班级家长会，向家长们说明线下教师的意义和目的，及时向每户家庭征集“线下教师”名单、联系方式等，并明确家长在线上、线下教育教学中的角色与职责。线下教师的工作职责分别是：①大力支持与配合学校的教育教学工作；②配合学科教师督促孩子开展线上和线下学习，确保完成学习任务；③如果孩子出现学习不佳情况，能与教师密切联系，共

---

① 刘衍玲，臧原．家校合作研究述评［J］．心理科学，2007（2）：400－402.

② 国务院办公厅．国家中长期人才发展规划纲要（2010—2020年）发布［EB/OL］．［2020－05－10］．http://www.gov.cn/jrzg/2010－06/06/content_1621777.htm,2010－06－06.

③ 郑旭东，万昆．规模化K12在线教学中家校合作的实施逻辑、内容与建议［J］．中国电化教育，2020（4）：1－6.

同配合，促进孩子进步；④对照《荔湾区东沙小学居家在线学习评价表》（见表6－2），鼓励孩子争取成为“闪光少年”。

表6－2　东沙小学居家在线学习评价表

评价维度	评价项目	评价内容
乐学习	课堂学习	①准时上课，不早退不旷课；②认真做好课堂笔记；③积极参与课堂互动
	作业情况	当天的作业能按时完成，并能做到及时订正
	课外阅读	博览群书，每天阅读不少于1小时
	关注时事	关心国家大事，特别关注疫情防控信息
勤运动	体育锻炼	在生活中勇于面对和挑战困难，积极参加体育锻炼，增强体质，预防疾病
	眼保健操	能保证每天做眼保健操，并能做到动作标准
爱劳动	家务劳动	感恩父母，做力所能及的家务事，整理个人物品
重安全	饮食健康	注意均衡饮食，有良好的作息习惯
	安全意识	参加安全教育学习，增强自我保护意识

通过这一行动策略，以学校名义为线下教师颁发聘书，请家庭线下教师对照评价表，督促、规范孩子每天的学习安排以培养良好习惯，确保孩子较好地掌握线上教育内容、完成学习任务。

2. 举办特色家长会，共同解决教学问题

各科任教师与不同类别的学生家长召开特色家长会，总结孩子在学习中存在的问题，明确线上学习的重要性，争取家长的大力支持。特别采取了学科教师点对点与学生和家长交谈，级组面对面地召开部分家长会与家长取得联系，令其监督孩子观看回放再学习。这些举措都很好地起到了解决教师、学生和家长三者之间的矛盾，达到家校共育的效果。

（四）线上线下教学融合：精准教研与精准教学双管齐下

1. 精准教研

教而不研则浅，研而不教则空。东沙小学通过组织学习专家讲座，以及开展校本教研的方式，力争做到精准教研，切实提高教研质量。

一是发挥专家示范引领作用，教师广泛开展理论学习。为保证云课堂有效实施，针对线上教学直播中的技术、师资、设施设备等问题，切实提高教师在线教学的实效，东沙小学结合教师教研需求，积极组织专题式网络培训。这些培训专家均来自教育领域比较知名的学者，主要开展与在线教学相关的学科教学技能、方法与策略；破解疫情期间师生可能出现的“心”问题，以及中小学劳动教育的方法指引等方面的讲座培训。

此外，学校组织教师围绕部编版教材解析、语文主题学习背景下的单元备课等话题聆听了专家讲座，观摩了“低中高三个学段”示范课展示及名师备课分享共13场。又组织全校教师参加了外研版基础教材线上培训共9场，内容涉及停课不停学、新混合式教学途径、教材整体性研究、基于语篇解读前置性作业的探索等话题。

二是发挥名师的示范辐射引领作用，认真开展线上教研活动。围绕教材解析，充分发挥集体备课优势，针对教学内容及播课过程中出现的问题，学校定期组织教师们线上教研，深度研读课标、课本、教参、教辅，在教研活动中提高教学水平。同时，根据教学实际定主题线上教研，解决网络授课中遇到的问题，促进资源共享，提升了教师研讨意愿，促进教师精准把握教材重难点。学校还定时开展了线上班主任经验交流会，提升班主任教师网络课堂管理水平。同时，学校采用腾讯会议的方式以团队形式从课堂教学、团队教研、年度抽测年级质量角度，举行了多场不同层次的教学经验分享沙龙会。学校教导处更是结合目前线上教学情况，站在更高的层面提出本学期教育教学工作目标与措施，为线上教学指明了方向。

通过以上举措，教师们在研讨中，积极交流、聚焦问题、分享方法、总结收获、提出建议，在思维的碰撞中探寻着线上教学的新方法，提高了教研精准性，提升了教研实效性。

2. 精准教学

在线上教学的过程中，教师们一如既往地关注学生学习能力的培养。课前教师们普遍采用逆向教学设计的方法，以教学评价为导向，用心设计开发评价工具单，想方设法处理好教学的重难点，目前东沙小学总结出比较有效、实用的精准教学方式分别是：①布置课前结构化预习。结构化预习从高年级延伸至低年级，一年级教师结合学生年龄特点，设计结构预习要求，孩子在家长的辅助下，也能够做到课前预习。②学生担任“小先生”，与教师共同授课。在结构化预习基础上，学生生成课前问题，带着课前生成的问题与思考，参与课中学习，教师使用直播间教学，和学生讲解学习内容，重点地方要求学生圈一圈、画一画。此外，有效借鉴上海市建平西校“小先生制”的做法①，教师主动让位于学生，由学生讲解解题思路、梳理知识点、提出对知识点的疑惑，学生能积极回应同学或教师提的问题，师生互动明显，课堂气氛活跃，孩子逐渐成了线上学习的主人。③增强师生、生生互动，促进精准学习。每个班级建立学习小组合作团队，开展合作学习，相互督促、检查作业、交流困惑，甚至组织新知识小测，充分发挥了互帮互助的作用。小组内的合作互帮共进，既减轻了教师工作

---

① 田爱丽.“小先生制”提升教学质量的原理与机制——上海市建平西校“小先生制”实施探析[J]. 上海教育，2018（31）.

负担，又确保了学习质量，更提高了同学们组织、管理能力。

四、线上线下融合教育的未来展望

（一）面向技术赋能的未来学习

疫情下，让我们清晰地看到在新技术支持下，未来学习中服务与支撑学习更加个性化、多样化、主体化的就是技术。面向技术赋能的未来学习，构建完善的更具生命力的新技术学习生态系统学校已十分重要，未来学校将是发现与支持不一样的学习者。所以要从教育信息化重构学习环境、再造教学流程、变革教育供给、变革评价方式以及变革教育治理以支持和形成学生面向未来的学习方式和学习能力。

（二）面向重塑教学的未来教育

重塑教学是网络学习空间覆盖的行动、数字画像普及的行动、数字资源应用创新的行动。未来教育的建设，不只是孤立地谈技术，也不是单纯地配装备，而是将学校文化、课程、空间有机融合，实现学习方式的变革。未来教育将扩展人与空间的连接，将技术与学习生活融合起来，建设沉浸式信息化环境，让师生从更多的重复劳动中解放出来。因此，在我们未来生活中，越来越多地产生出更加能与人类协同成长和发展的可能性，所以未来学校的智能学习空间建设，也将让每一个在学校的学生成长数据和行为数据与学校空间产生更多的互动空间。

未来教育的赋能场是“生产”智慧场所，是一个生命场、生长场，更是一个学习者社群。未来教育将是立足于新技术的进步创新，将互联网、大数据等技术融入学校管理的空间再造和流程重构系统，以支持学生愿意主动学习、持续学习和终身学习；同时，引导学生知道怎样学习和怎样管理自己的学习。未来学校的学习环境将更友好，学习诊断更准确，学习过程更有趣，学习管理更便捷，让学习主动、深度、持续发生，以及教与学方式的不断变革和创新，使之从有形的建设出发，形成无形的能量场，使其不断提升能量源，为每个人的成长赋予所需的能量和力量。

第七章
适应性教学模式在薄弱学校的应用

本研究的落脚点是适应性教学模式在薄弱学校的应用，项目组团结了一批致力于信息化实践促进自身发展的薄弱学校，以高校专家为学术引领，一起开展扎实的研究与实践。本研究将从中选取五所学校，含三所初中和两所小学，总结这五所学校的实践经验，希冀对其他学校有一定的启发作用。

第一节 适应性教学模式在薄弱学校的应用概述

一、项目带动

广东省基础教育信息化融合创新示范培育推广项目在全省 15 所项目学校开展教学实践。项目立足广东省省域的薄弱学校，面向全省，辐射粤东、粤西和粤北的农村薄弱学校，通过不断检验、验证适应性教学模式的效果和成效，打造广东省基础教育信息化融合创新高地。

（一）项目背景

广东省教育厅坚持“四轮驱动”，深化路径设计，推进基础教育信息化创新发展。[①] 其中，应用驱动是指部署“两提质”和“两标杆”项目，推进“课堂革命”。融合创新示范培育推广项目就是“两标杆”项目中的其中一个项目。2019 年 3 月，广东省教育厅发布了《广东省教育厅关于报送 2019 年基础教育信息化融合创新示范培育

① “两提质”指数字教材规模化应用全覆盖项目和“爱种子”教学改革项目。“两标杆”指信息化中心学校建设项目和融合创新示范培育推广项目。

推广项目的通知》（粤教基〔2019〕37号），计划在全省遴选100个项目，这些项目包括课程改革、教学改革、教师发展、学生发展和教育治理等五个类别，广东省教育研究院成功申报的《基于学习数据的适应性教学模式在薄弱学校的应用研究》是其中一个教学改革项目，项目资助资金为20万元，研究时限为2年。

（二）项目目标

（1）形成比较稳定的、支持信息技术与课堂教学深度融合的适应性教学模式总模式，以及适合于不同学科教学需要的若干个子教学模式。

（2）建构支持开展信息化教学的移动互联教学环境，包括支持分层教学和个性化学习的资源和平台。

（3）推进不同教学模式在薄弱学校的应用，形成适合于不同类型薄弱学校差异化发展的多种路径。

（三）项目单位

1. 参与单位

参与单位为广东省教育研究院和若干个教育信息科技有限公司。广东省教育研究院的职责是为项目学校提供相关专家指导与教学服务支持，定期开展项目研讨会、专家咨询会等项目活动；指导与协助项目学校承办相关学科教学交流展示活动；指导与协助项目学校工作成果在本校以及所在区域的实践、应用与推广。教育信息科技有限公司的职责是为项目学校提供平台和资源支撑，并按需进行二次开发和技术维护。同时，为项目学校师生提供技术培训和驻点教研支持。

2. 项目学校

项目学校来自广东省省域内城镇的、乡村的15所中小学校，包括7所小学和8所初中。这些项目学校具有以下三个方面的特征。

（1）具有较强的内在发展需求。尽管这些学校的发展初期具有师资水平较差和生源质量不高的表征，但其又有强烈的积极向上发展的内在动力与社会对优质教育资源追求的外部动力的支持，因此这些学校的发展需求是提高课堂教学的质量，他们迫切希望可以通过高校专家的指导、教科研机构的教研支持以及信息技术公司的驻点技术服务，可以有效地提高学生的学习成绩，破解教师信息化教学能力不高的问题，以促进教师专业发展，激发学生学习的内驱力；破解学生信息化学习能力不足，以提高学生信息素养，进而提高学生学业成绩。

（2）具有支撑信息化教学的设施设备硬件。这些项目学校要开展项目实践，均应拥有标配的网络教室、教学计算机、网络出口带宽，可为各科目基于教学平台开展适应性教学模式应用提供条件保障，为项目薄弱学校探索应用适应性教学模式的路径提供技术支撑。

（3）具有较好的项目研究保障条件。学校应采取多种措施推广教学模式在不同学科的应用，同时加强对教学模式有效实施的动态跟踪和改进反馈。通过建立项目实施的顶层设计，完善经费投入、教师培训、教师获奖等方面的激励机制，调动各方面的积极性和主动性。

（四）项目内容

项目的主要内容是构建适应性教学模式 + 数字化教学资源库 + 课题研究 + 教学教研比赛。具体如下。

（1）提炼有效应用与不同学科适应的若干种教学模式。项目组围绕不同学科，按照“学科教师个人设计—专家、学科教研组协同互评修改—教师 + 同伴 + 专家 + 公司多方实践反思”的流程，进行学科教师个人钻研、同伴互助、专业引领的教学研究模式，共同提炼有效的应用于学科教学的适应性教学模式。

（2）开发支持分层教学和个性化学习的资源和平台。项目组的教育信息技术公司根据学校实际需求，开发能够支持分层教学和个性化学习的数字化教学资源和平台。

（3）开展促进教师专业发展的若干项专项课题研究。项目组围绕不同学科，按照“问题—课题—主题—选题”4 个环节，根据“分析教学经验—寻找具体知识点问题—形成研究小组—申报专项课题—可视化研究过程与成果—开展主题研究—总结发表课题研究成果”7 个环节进行课题研究。

（4）踊跃参与各级各类教学教研比赛活动。通过课题带动，鼓励、指导学科教师积极参与区级、市级以及国家级各项教学、科研比赛。

（五）技术路线

（1）定人员。选定实验学校 15 所，确定实验学科 10 个、学科教师 10 人、专家队伍若干人、技术支持若干人，协同开展项目。

（2）定计划。在为期 2 年里，计划开展线上活动 2 次，线下活动 14 次，部署工作，推进项目。此外，项目组常态活动，即逢每周二或周三，由项目学校的学科教师开展智慧教学展示，由专家团队评课研讨，共同总结、提炼教学模式。

（3）定课题。以广东省教育研究院专项课题为引领，任务驱动，争取在省级杂志发表一组到两组稿件，激励和督促教师以教促研，以研促改。

（六）进度安排

（1）前往项目学校调研。2019 年 4—8 月，到项目学校调研，诊断学校发展存在的问题与困难，协助学校制订发展方案。

（2）召开项目开题活动。2019 年 9 月中旬，组织项目开题活动，进行项目分工安排。

（3）开展成果展示交流活动。2019 年 12 月、2020 年 12 月，分别召开两次成果展示交流活动。

（4）结对开展项目推广活动。项目学校与粤东、粤西和粤北薄弱学校结成帮扶对子，进行互访交流活动。

（5）不定期邀请高校专家、教研员、名校长、名教师到项目学校实地指导。

（6）召开项目总结会。2020 年 6 月和 2021 年 3 月分别召开中期、结项总结，完成项目中期和终期成果梳理。

（七）项目整体数据

（1）实验学校：15 所。

（2）学科数量：10 个。

（3）学科公开课授课教师：10 名。

（4）教学模式：含总模式 1 个、子模式 10 个。

（5）教学平台：若干个。

（6）学科交流展示活动：2 次。

（7）研究成果（理论、案例）：1 ~2 册。

（8）公开发表学术论文：3 篇以上。

（9）教师微课/优课/教学设计/论文等获区级以上奖励：5 人次以上。

（10）学生获得区级以上奖励：10 人次以上。

二、多方协同实施

本项目多方联动，构建以教育行政部门为行动主导、高校和教育科研部门为智力依托，以教育信息化企业为技术支持，以薄弱学校为扶贫对象开展“政府 + 高校 + 教育科研部门 + 企业 + 薄弱学校”多方联动的教育精准扶贫互动系统，做好顶层设计。

具体操作如下：由项目主持人领衔，负责统筹整个项目的组织、开展，联系项目学校，组织专家论证和组织区域研讨活动等；项目组由若干位核心成员组成，负责指导项目学校的教学改革，以及教学模式提炼等；同时，项目指导专家，对项目的顶层设计和具体实践研究提出宝贵建设性意见和建议，并指导教学模式提炼与推广运用。项目由若干所项目学校组成，分别分布在省域的不同区/镇，具有一定的代表性和实践价值。项目合作企业，作为项目学校的技术支持，为项目学校提供技术指导，共同完成智慧教学工作。项目多方协同共同推进项目如期顺利开展。项目成员总体框架如图 7 –1 所示。

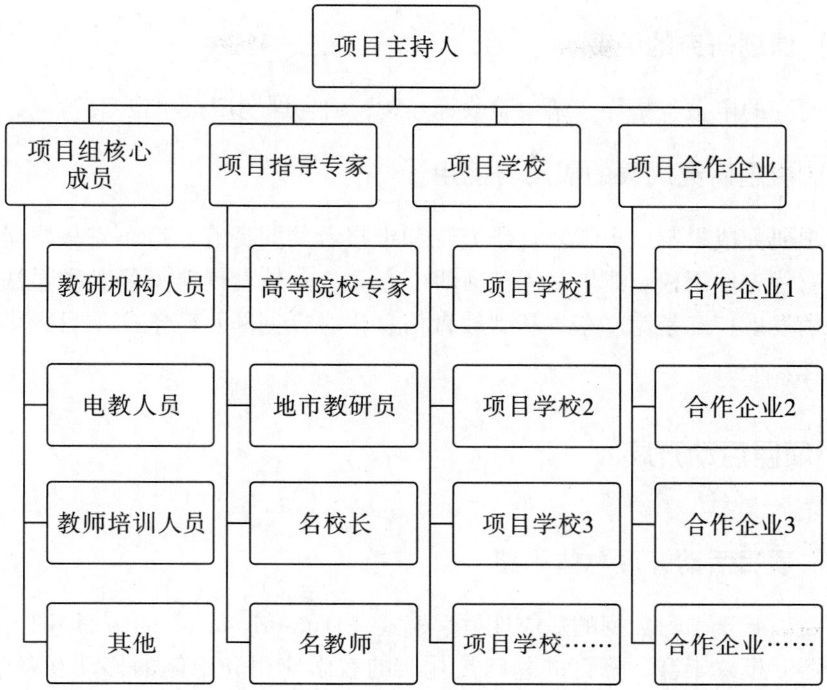

图 7－1　项目成员总体框架

三、专项课题引领

根据总项目组的研究任务，以及开展应用推广的需要，组织开展专项课题研究工作，特制定了以下专项课题申报方案。

（一）课题申报与管理

专项课题申报面向广州市白云区、广州市花都区、珠海市金湾区、梅州市丰顺县、中山市南头镇、佛山市顺德区、湛江市廉江市、东莞市石步镇等八个地区的农村薄弱学校，拟遴选 15 所学校开展研究，研究时间为 1 年。研究内容可以围绕以下五个主题进行：①移动互联环境下的小组合作；②移动互联环境下的分层教学；③移动互联环境下的学科信息化教学模式建构；④移动互联环境下的资源建设与共享；⑤移动互联环境下的教学改进路径。学校可从中选择 1 个或多个主题，也可自行确立其他有关主题。课题纳入广东省教育研究院专项研究管理。

（二）课题研究的组织实施

由广东省教育研究院基础教育研究室统筹，包括组织专家遴选、颁发立项证书、立项结项、研究指导、成果提炼、宣传推广等工作，按照规定程序申报审批。

（三）课题研究的经费

课题研究的申报、指导、结项验收等经费，由各课题申报单位自筹。

（四）课题研究成果的权属与使用

本专项研究成果归广东省教育研究院和申报者共同拥有，广东省教育研究院对研究成果享有优先使用权。成果使用包括两个方面：一是发现典型经验和做法，促进基础教育均衡发展；二是为广东省基础教育信息化融合创新示范推广项目提供良好的实践案例支撑。

四、项目活动开展

（一）项目活动开展总体思路

本项目以基于学习数据的适应性教学模式（Data-driven Adaptive Model，DAM）的建构为核心。模式丰富、修订的基础是扎实的教学应用和稳健的移动互联学习环境。针对不同薄弱学校类型，形成不同的发展路径。项目活动开展的总体思路如图 7－2 所示。

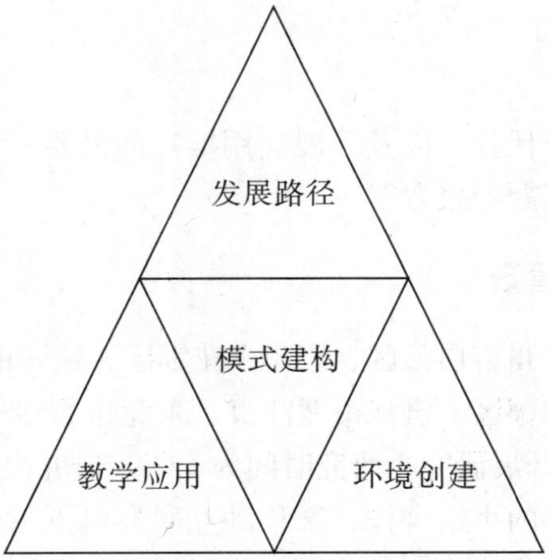

图 7－2　项目活动开展总体思路图

1．环境创建

涵盖课前自主学习系统和课中师生交互系统，能够为师生提供电子资源，能够实现作业、测试自动批改、同伴互批和应答情况统计，能够根据应答情况分层并能分层推送相应资源。

2. 教学应用

数据导向的教学应用是完善模式建构，也是提升薄弱学校教师专业成长的手段。因此，我们采用以下教学应用模式：每个相同的教学内容，先在普通班进行首次教学，然后在平板1班进行再次教学，接着在平板2班进行第三次教学。每次教学由教研专家主持课堂观察和讨论，并提出修改意见。主讲教师每次课后收集后测数据，并结合教研组意见改进教学。如此往复三轮以上，最后形成课例研究论文。

3. 发展路径

语文、数学、英语等学科均开展适应性教学的学校重点形成不同学科的子模式，特色发展的学校重点关注素养科目，并将其中活动参与和反思改进的内核贯通到学科教学。

（二）项目活动开展路径与策略

自2019年成功申报项目以来，项目组积极推动项目进展，切实按照顶层设计方案，稳步推进项目有序开展。项目活动的开展紧紧围绕DAM教学模式的提炼、应用、推广而展开。

1. 总结提炼DAM教学模式

2019年，项目开题 + 学校调研 + 开展DAM课堂，明晰项目发展方向，探索开展DAM课堂。严格按照项目推动的思路和进程，先后组织了项目组核心成员的研讨会、前往项目学校开展实地调研，听课评课，召开项目组开题活动，以及召开专项课题开题活动等。

一是加强理论学习，了解智慧教育最新动态。2019年11月，项目组成员分别赴北京和上海参加全国基础教育教学研究与实践大会（明德论坛）和人工智能的教育应用，了解智慧教育最新动态。

二是加强教研指导，打造优秀DAM公开课。2019年10月至2019年12月下旬，项目组实地考察，充分调研，从项目学校择优选取初中英语、地理教师各1名，邀请省市两级教研员及华南师范大学马秀芳博士，多次深入课堂指导，为交流展示活动打造了2节优秀的DAM公开课。

三是举办课例评审活动，提升教学设计和课堂教学能力。2019年12月，为了鼓励项目学校积极开展DAM模式在课堂的应用，项目组举办智慧课堂优秀课例评审活动，为优秀课例颁发荣誉证书。

据不完全统计，2019年一共开展了14次线下活动和1次线上活动，详见工作进度一览表（表7－1）。

表7-1　2019年项目工作进度一览表

序号	时间/地点	项目组活动	项目任务
1	2019.4.22 第1次线下活动 广东省教育研究院	讨论项目开展计划	拟定项目开展计划
2	2019.4.28 第2次线下活动 顺德四基中学、红旗中学	听课、评课	调研项目学校前期研究基础
3	2019.5.21 第3次线下活动 顺德四基中学	听课、评课	调研项目学校前期研究基础
4	2019.5.27 第4次线下活动 湛江雷州市实验小学	座谈	调研项目学校前期研究基础
5	2019.5.28 第5次线下活动 珠海三灶镇中心小学	听课、评课	调研项目学校前期研究基础
6	2019.5.29 第6次线下活动 顺德区梁开初级中学	听课、评课	调研项目学校前期研究基础
7	2019.6.5 第7次线下活动 广州陈嘉庚纪念中学	听课、评课	调研、学习智慧课堂开展情况
8	2019.6.10 第8次线下活动 中山市南头镇民安小学	听课、评课	调研项目学校前期研究基础
9	2019.7.2 第9次线下活动 东莞市石步小学	听课、评课	调研项目学校前期研究基础
10	2019.7.10 第10次线下活动 梅州市丰顺县实验小学	听课、评课	调研项目学校前期研究基础

续上表

序号	时间/地点	项目组活动	项目任务
11	2019. 7—2019. 8 第 1 次线上活动 暑期期间	提交专项课题申报书	撰写专项课题申报书
12	2019. 10. 8 第 11 次线下活动 广东省教育研究院	总项目开题	开题、研讨 签订合作协议
13	2019. 11. 6 第 12 次线下活动 中山市南头镇民安小学	专项课题集中开题	专项课题研讨
14	2019. 11—2019. 12 第 13 次线下活动 顺德容里中学 顺德区梁开初级中学	先后请专家、教研员、骨干教师到项目学校专题研讨，指导项目开展	指导教学设计 提炼阶段性成果展示内容
15	2019. 12. 25—26 第 14 次线下活动 顺德区梁开初级中学	开展全省中小学首次智慧课堂暨学科交流展示活动	现场展示课或光盘展示课

2. 应用推广 DAM 教学模式

2020 年，新冠病毒肺炎疫情暴发，在这不同寻常的一年，中小学的正常教学受到较大影响。项目组适应抗疫需要，开展线上 DAM 教研。

一是跨地域联动，创新线上教研方式。2020 年 3 月，项目组组织网络研讨，了解疫情期间项目学校进展与困难。项目主持人姚轶洁主持研讨，给予针对性建议，并部署搭建了适应性的跨区域研修平台。项目组知行合一，充分挖掘一线教师做课例、写论文的“学习数据”，聚焦问题、邀请专家，充分利用网络环境的“适应性”，建立北京、南京、广州、佛山、珠海、中山、梅州跨地域联动的教研平台。

二是组建共同体，开展线上 DAM 教研。2020 年 4 月 17 日，邀请清华大学《现代教育技术》杂志社编辑部主任焦丽珍举办《一线教师做研究解码》线上培训。项目组从项目学校教师提交的 24 篇论文中筛选出 5 篇，供焦主任在线讲评。2020 年 4 月 29 日，针对教学案例出现的问题，项目组除自身提供培训辅导外，也邀请南京市教师发展中心主任丁玉祥在线主讲《基于数据诊断的精准教学与教学改进的行动实践》。

三是创新教研工作机制，协同推进项目进展。项目主持人专门召开项目学校负责人工作推动会，引导项目学校学习疫情期间线上线下融合教育的先进教学理念，建立“同心圆”教研工作机制，协同学校当地教研专家、高校教育技术领域专家以及教育信息化企业，团结一致，推动项目进展。2020 年上半年项目工作进度见表 7－2。

表 7－2　2020 年上半年项目工作进度一览表

序号	时间/地点	项目组活动	项目任务
1	2020. 3. 31 第 1 次线上活动 腾讯会议 APP	汇报课题进展	各项目学校汇报课题进展，项目主持人提出建议
2	2020. 3. 1—4. 14 第 1 次线下活动 （项目学校分散进行）	学术论文写作	项目组收取研究论文 25 篇，并提出修改意见，反馈给学校
3	2020. 4. 15 第 2 次线上活动 腾讯会议 APP	教学案例写作指导	指导教学案例撰写方法；分享在线教学新思考，并提出中期总结工作要求
4	2020. 4. 16 第 3 次线上活动 腾讯会议 APP	学术论文写作培训	参与《现代教育技术》杂志编辑部主任焦丽珍做的《一线教师做研究解码》培训
5	2020. 4. 29 第 4 次线上活动 腾讯会议 APP	精准教学方法培训	丁玉祥做《基于数据诊断的精准教学与教学改进的行动实践》报告
6	2020. 5. 8 第 2 次线下活动 （项目组）	学科教研	邀请省级教研机构英语学科教研员指导教学案例写作
7	2020. 5. 10 第 3 次线下活动 （项目组）	研讨中期、终期总结事宜	研讨中期、终期总结事宜
8	2020. 5. 5—5. 31 第 4 次线下活动 （项目组）	教学案例评审	收取教学案例 80 多篇，筛选出 40 多篇，并简要反馈修改意见
9	2020. 6. 2 第 5 次线下活动 （项目组）	与出版社沟通出版事宜	提交出版选题论证表
10	2020. 6. 3 第 5 次线上活动 腾讯会议 APP	教学案例修改完善	教学案例修改辅导报告（小学组）

续上表

序号	时间/地点	项目组活动	项目任务
11	2020. 6. 4 第 6 次线上活动 腾讯会议 APP	教学案例修改完善	教学案例修改辅导报告（中学组）
12	2020. 7. 24 第 7 次线上活动 腾讯会议 APP	专项课题中期汇报	专项课题中期汇报
13	2020. 10. 14 第 8 次线上活动 东莞香市第一小学	听课、评课	调研、了解智慧课堂开展情况

第二节　互联网 + 自主合作学习模式在薄弱公办中学的应用

一、教学模式改革的背景与缘由

A 初级中学地处城乡接合部，创办于 1995 年，是一所公办初中。现有教学班 30 个，学生 1 400 多人，教职工 105 人，教职工平均年龄接近 46 岁。在长期的教育教学改革实践中，A 中学认识到立足课堂，提高课堂效率、提升课堂教学质量，是人才培养最重要、最有效的途径。A 中学于 2012 年开始谋划课程改革，为了向课堂教学要质量、要效益，A 中学创新课堂教学实践，掀起了一场“互联网 +”智慧课堂教学改革。

二、教学模式改革的总体思路

学校从教学实践过程中发现的现实问题入手，如大部分学生不擅长自主学习，不懂得小组合作学习等。学校跟踪教育信息化发展政策要求和理论趋势，落实学校办学思想，制定互联网视域下学生自主合作学习模式研究与实践的总体方案。2016 年初为方案设计阶段，2017—2018 年为方案执行阶段，学校分步推进教学改革，先是探索开展自主合作学习模式，破解学生学习积极性不高，教师批阅导学案工作量大的问题；继而，引入智能教学平台和移动学习终端，协同高校专家和教科研人员以及教育信息技术公司的力量，探索开展翻转课堂，先从课前预习这个环节进行突破，以此逐个突破其他的教学问题，如师生互动不足，学习数据分析与应用不足等，深入开展翻转课堂。2018 年至今，则以课题为抓手，深度开展互联网 + 自主合作学习模式，这是一个螺旋上升的实践研究过程，学校本着改革创新的决心，一步一个脚印，扎实推进。

三、教学模式改革的主要阶段

学校教学改革按照改革的内容分为四个阶段，先是探索自主合作学习模式；继而，探索开展翻转课堂；在翻转课堂的基础上深度开展互联网 + 自主合作学习模式实践研究。教学改革的主要阶段表 7 – 3 所示。

表 7 – 3　教学改革的主要阶段

起止时间	阶段名称	主要工作
2016 年 1—8 月	探索自主合作学习模式	发现学生存在学习积极性不高，教师批阅导学案工作量大的问题，探索自主合作学习模式
2016 年 9—12 月	探索开展翻转课堂	引入智能教学平台和移动学习终端，开设两个实验班，解决课前预习问题
2017 年 1 月—2018 年 1 月	深入开展翻转课堂	科学诊断前期试验问题，及时改进，如课堂上增强师生互动，及时开展基于数据的诊断进行教学改进，提高课堂教学效率
2018 年 1 月至今	深度开展互联网 + 自主合作学习模式实践	在已有翻转课堂基础上，以课题为抓手，深度开展互联网 + 自主合作学习模式，建立体制机制，加强技能培训；立足学情，以学定教；互教互学，合作探究

四、教学模式改革主要过程与方法

A 中学在教学改革过程中，一方面采用文献研究、统计分析、综合调查、量化研究、构建模型、行动研究等课题常用研究方法；另一方面结合课题研究需要，采取了多种针对性的改革措施与方法，着力解决课堂教学中的实际问题，改革的主要过程与方法如下。

（一）做好教学改革顶层设计，培养移动学习环境下学生自主合作学习能力

1．正视客观问题，开展自主合作学习模式教学实践

2016 年初，学校开始探索自主合作学习模式。其要点在于：课前用导学案，课中做小组合作。在推行的过程中，学校发现了一些现实的困难：学生课前没有认真完成导学案。导学案是该课堂模式的前置条件，学生的导学案完成情况，直接决定课堂是

否能正常开展。所以，导学案的检查和批改，成为推进课堂的必需环节和关键环节。如果单靠教师一份一份地批阅，耗时耗力，很难做到及时高效。针对这个问题，2016年9月，学校率先在课前的预习环节，引入了智能教学平台（高分云平台）。教师通过在线推送预习任务，学生自主完成后，平台自动批改、生成数据图表，实现了学生学情的精准高效反馈。

学校先开2个实验班，俗称网校班，用智能教学平台解决课前预习问题。以课前预习为突破口开展实验主要是聚焦教学环节中的突出问题；同时，从具体执行层面考虑教师技术运用和课堂把控的压力，采取稳扎稳打的策略。回顾2016年开展智慧课堂的情况，虽然全国范围内已经出现了一些成功案例，但是本区域的学校做智慧课堂没有足够经验可供借鉴。因此，采取先试点攻关课前预习，再考虑课中精准教学的策略。

2. 引入移动终端，开展翻转课堂教学实践

为了更好地运用智能教学平台，学校进一步与高分云教学平台的技术人员以及教研人员沟通教师真实的教学实践需求，参与了一系列的平台使用技术培训，以及使用平台开展翻转课堂。教师接受了技术培训与教学培训，学校将平板电脑作为移动终端配备给2017级新初一四个班的科任教师和学生，自此正式推行智慧课堂1.0版，即翻转课堂。翻转课堂教学模式如表7-4所示。

表7-4 翻转课堂教学模式

教学过程	学习活动	智能教学平台	教学活动
课前	自主学习	上传发布	发布学习指南
	在线学习		提供学习资源
	在线答题	学情反馈	二次备课
课中	小组合作	展示/抢答/奖励	答疑解惑
	展示交流	拍照上传	引导提升
	知识内化	涂鸦互批等	

经过近一年的使用、适应与改善，师生反响良好。一方面，学生可以更充分地利用课堂和在校的时间，解决了时间冲突问题。另一方面，学生自习时间就可以做预习任务，相对于回家之后做任务，完成率更有保障；最重要的是，课堂上可以增加师生互动，也可以及时开展基于数据的诊断进行教学改进，提高了课堂教学效率。

3. 课题引领，深度开展互联网+自主合作学习模式实践

尽管拥有更先进的技术条件，但还是存在课前预习反馈不到位，学生自主学习主动性不足，小组合作学习有效性不高等问题。为了有效地解决这些问题，2017年，A中学成功申报了区教育科学规划课题。一方面为了更好地解决智慧课堂1.0版现存问题，另一方面为了更好地推进课题，学校聘请了高校教育技术领域的专家协同智能教学平台教研顾问，建构了以学定教和互助互学为核心的互联网+自主合作学习模式，

如图 7－3 所示。此时智慧课堂进入 2.0 版时代。

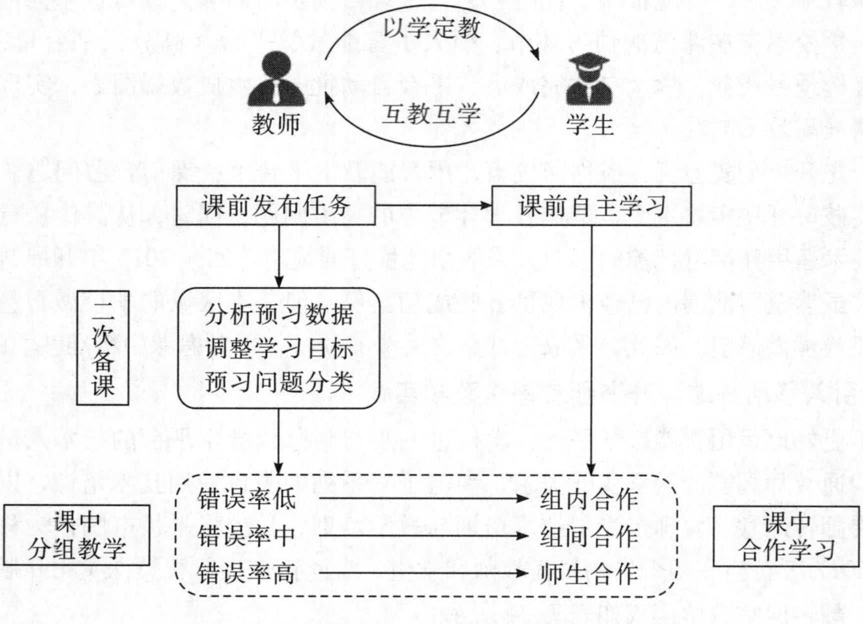

图 7－3　互联网＋自主合作学习模式（2.0 版）

该模式以教师为主导，通过课前发布任务进行导学，通过课前二次备课来定教，重点分析预习数据，评价预习成果，对预习问题进行分类，并据此调整教学目标和教学策略。同时，该模式强调学生学习的主体地位，以教材与移动终端相结合的方式独立完成课前自主学习，在课堂上则通过组内合作、组间合作、师生合作等合作学习解决学习重点、难点、疑点问题，完成学习任务，达成学习目标。

（二）师生合作，深入开展互联网＋自主合作学习教学模式实践

1．立足学情，以学定教，转变教师职能

顾泠沅教授在《上海教育》撰文《以学定教的课堂转型》指出，“未来的课堂教学，无论是在教育观念上，还是在教学结构上，都将朝着以学生的学习中心这一核心内容发生转型，也就是‘以学定教’”。“以学定教”指既要根据学生的基础和接受能力，又要根据所讲授内容的难易确定教学方法。以学定教尊重学生，以生为本，真正体现教学是为了学生主体的发展。“转变教师职能”指改变以往课堂教学中，以教师讲解为主的教学模式，教师的主讲转变为教师导学、促学等。A 中学的做法如下：

一是教师要转变思想观点，改变“满堂灌”的思想和行为，设计和组织更多的学习活动，让学生通过讨论、互动、合作的方式，进行探究性学习、项目式学习。

二是教师要为学生量身定制教学设计。利用智能教学平台的功能，发布提前录制好的微课以及导学案等前置学习材料，帮助学生课前摄入预习知识。同时，在正式上

课前，教师及时根据学生的预习情况进行反馈，并重新确定本课时的教学重难点，进行二次备课。

三是教师要运用各种方法引导、促进学生学习。因为教师把更多的学习主动权交给学生，教师作为学生的引导者想方设法促进学生有效、高效学习。可以是现时促学，即规定具体时间，要求学生完成一定的学习任务，提高学习效率；也可以是目标促学，即规定具体学习目标，引导学生积极思考，认真完成。还可以是榜样促学，即树立学习榜样，促进学生有效效仿。

2. 互教互学，合作探究，师生合作相得益彰

小组合作学习是指有指导地使用小组教学，让学生们在一起学习，使得所有学生的学习效果最大化。斯莱文认为，合作学习的基本要素包括小组目标、个人责任和成功的均等机会。个人责任是指小组的成功取决于所有组员个人的学习，这就需要小组成员互教，以保证所有的组员都能学会。A 中学的小组合作一般是以四人小组为单位，在分组过程中坚持“组内异质分组、组间同质竞争”的原则，按照学生的学习能力、学习基础、兴趣爱好等方面科学合理地分编小组。小组内四人有优等生、中等生、后进生三个层次。互教互学、合作探究，师生合作的具体做法如下。

一是课前，学生通过智能教学平台自学教师发布的学习资源。

二是教师根据平台反馈的学情，将课中讲授的问题进行分类。错误率低的问题，教师组织学生组内合作解决，一般是优等生负责讲解、中等生负责记录、后进生负责发言展示；错误率中等的问题，教师组织学生组间合作。组间合作交流，要建立在和谐的基础上，两个组之间，组长与组长进行跨组交流，剩下的组员进行互教，组长把讨论结果告诉组员，组长不断修正组员的认识，组员则反馈补充组长的观点，最后形成结论，由后进生进行展示；错误率高的问题，组织师生合作解决，此时教师进行重点讲解，点拨释疑。教师先把问题暴露出来，再把复杂、难度较大的内容分解成若干个易操作、能迁移的子问题，让学生由易到难分步完成教学目标。

经过长期的教学实践，A 中学还制定了小组评价方案，明确小组合作学习中的成员分工，并开展了小组组长和组员培训以进一步提高学生互教互学的学习效率和学习效果。

五、教学模式应用取得的主要成果

学校推进互联网 + 自主合作学习模式是基于学校教育教学的总体筹划而采取的行动举措，在改革成果方面具有综合性和完整性。该教学模式经过多年的探索与实践检验，取得了较为显著的成果。

（一）开发了小组合作指南

该指南作为师生合作的行动指南，指引师生有效开展自主学习和合作学习。包括

小组合作学习中成员分工、小组评价方案、小组合作组长培训以及组员责任心培养四大行动指南。下面简要介绍A中学小组评价方案。该评价方案的原则是以学习小组为单位，实行学习小组捆绑式整体评价。评价包括日常行为规范、学科学业学习、先进个人/集体的评定三个一级指标，其对应的二级/三级指标如表7-5所示。

表7-5　学校小组评价指标体系

一级指标	二级指标	三级指标
A 日常行为规范	A1 出勤 A2 清洁 A3 仪容仪表 A4 纪律	略
B 学科学业学习	B1 课堂表现 B2 考试成绩	B1-1 自主预习 B1-2 互助合作 B1-3 展示反馈 B1-4 巩固提升 B2-1 大型考试 B2-2 周测、单元测试
C 先进个人/集体的评定	C1 优秀合作小组 C2 优秀学习小组长的评选 C3 优秀小老师的评选 C4 优秀辅导对象的评选	略

从小组合作学习评价方案的指标来看，课堂表现的评价非常具体，包括自主预习、互助合作、展示反馈以及巩固提升。评价的细则也较多，如三级指标“自主预习”的评价细则如下：独立自主，学习专注，高质量完成《讲学稿》，加1分（科任教师每天要批改《讲学稿》，以此掌握学生的作业情况，由科任教师进行评价）；没有完成《讲学稿》的，一人次扣1分；《讲学稿》完成不理想，态度不端正，一人次扣1分；小组长不组织、不督促、不规劝的扣1分。经过一学年的实践，通过课堂表现评比的方式在一定程度上也能够较大地促进学生自主养成合作学习的习惯和行为。

（二）教学成绩取得明显进步

学校通过对2017级做一个长时段的跟踪分析，对传统教学（平衡班）和实验教学（网校班）教学效果进行了对比研究。通过对比，发现网校班对于平衡班的优势在逐渐凸显。以2017—2018学年语文成绩为例。2017—2018学年网校班的语文及格率均达100%。平衡班及格率由2017学年的62%下降至2018学年的40%。网校班语文成绩比较稳定，在“互联网+”教学模式下，平衡班与网校班的差距逐渐增大。

从 2017 学年语文的平均分成绩来看，网校班的成绩进步显然比平衡班要大，从初一上学期的期中考平均分 79. 16 分，提升到初二下学期期中考平均分 101. 13 分。平衡班平均分提升则较为缓慢，从初一上学期期中考平均分 61. 34 分提高到初二下学期期中考平均分 63. 1 分。

网校班语文平均成绩在逐渐提升，可知“互联网 +”的教学模式对学生学习能力的培养效果在逐渐显现。从以上数据可见，随着语文科目难度的增大，网校班的及格率保持相对稳定的状态，但平衡班的成绩有所下滑。借由此，在“互联网 +”教学模式的引领下，学生的学习能力正在逐渐提高，两种教学环境下的差距也在凸显，网校班的课堂教学质量取得较为显著的提高。

（三）教研能力逐步提高

网校班教师除了刻苦钻研，还通过“请进来和走出去”的方式，与东莞市多所学校建立了良好的互动关系，提升自身的教研水平和学校的影响力。课题在研期间，教师公开发表论文若干篇，教师开发的课堂教学课例荣获各级各类奖励若干次。同时，依托本课题研究，进一步拓展深入开展《“互联网 +”平板电脑辅助教学的实施与研究》并申报市教育科学规划课题。学校也被教育部委托课题《信息技术在中小学英语教学中应用》确定为重点实验学校。

六、教学模式应用需要进一步探索的问题

A 中学开始翻转课堂教学模式的探索与实践，尝试将互联网 + 教育的思维和行动方法带入学校课堂，变革课堂教学。经过多年的实践，虽然取得了较好成果，但还存在一些问题和不足之外需要进一步探索。例如，很多操作性技术的问题：对学生近期、中期和远期学习效果的统计、反馈和分析尚未做到精准无误；对学生的个性化差异和选择性学习需求，如何更深入探索分层教学、分组教学，适应新课改、适应学科核心素养对人才培养的要求；如何利用智能平台形成的学习数据，进行数据挖掘、统计分析，促进教育教学的智能教学与管理，等等。这些问题既是新课程改革不断深化发展的新要求，也是现代科技与课堂教学融合创新的必然趋势。需要着眼于长远，把握本质，不断探索，持续推进基于学习数据的适应性教学在课堂改革的应用。

第三节 互联网+个性化自主学习模式在薄弱公办中学的应用

一、教学模式改革背景和问题提出

1. 教学模式改革背景

B中学地处城乡接合部，是一所公办薄弱初级中学。大部分学生学业基础薄弱，个体发展差异较大。学校调皮学生较多，起码有一半的学生课堂状态不佳，还有个别学生的学业水平与小学四年级学生差不多。如何走出学校发展困境，为每个学生提供适合的教育？这需要校领导改革创新，需要教师更新教学理念，需要较有力的科学策略。恰逢教育部发布《教育信息化“十三五”规划》，文件明确提出“教育信息化工作坚持信息技术与教育教学深度融合的核心理念，促进教育信息化全面深入应用，使教学更加个性化、管理更加精细化、决策更加科学化”。直面问题，从本校实际出发，学校统一思想认识，提出要改革创新，改革的策略是开展互联网+个性化自主学习。

2. 教学模式改革的主要问题

教学模式改革的主要问题有以下两个方面。一是如何通过“互联网+”的思维和技术支持，提升学生个性化自主学习能力？二是如何通过教学改革促进学校的交流合作，扩大教育发展格局？

二、教学模式改革的主要阶段划分（见表7-6）

表7-6 教学模式改革的主要阶段划分

起止时间	阶段名称	主要工作
2016年1月—2017年2月	准备阶段	组建教研队伍、组织教师培训、确定实验班方案、召开学生动员会和家长说明会、对学生进行前测、建立学生个人数据库、进行智能教学平台试用等
2017年3—12月	实施阶段	制定实验方案和具体开展计划。深入英语课堂听课评课，适时开展教师培训与研讨等学术活动，并根据实际情况做适当的调整

续上表

起止时间	阶段名称	主要工作
2019 年 1—3 月	中期总结阶段	总结提炼英语互联网 + 分层教学的成功经验和不足，为其他学科应用提供借鉴和参考
2018 年 5 月—2019 年 1 月	研究推广阶段	深入推进互联网 + 英语分层教学，推广语文和数学等学科信息化教学
2019 年 2 月—2020 年 1 月	深度总结阶段	整体上深度总结实验教学的经验与做法，梳理研究成果，总结不足

三、教学模式改革的主要过程与方法

（一）统一认识，进行教学模式改革与创新

学校采取“互联网 +”教学模式改革，既是推进教育信息化和教育改革发展的现实需要，又是一项主动迎接人工智能发展、大数据教育应用新阶段的前瞻性要求。为此，学校加强对教师的统一培训，从思想上统一认识，开展“互联网 +”教学模式改革势在必行。当然，改革创新坚持校本性和生本性。校本性指从本校实际出发，做适合学校发展的改革；生本性指从学生实际出发，尊重学生，积极创建适合每个学生发展需求的学校教育。

（二）组建团队，建立教学模式改革创新共同体

研究共同体的建立不是靠行政命令，而是靠成员围绕共同的改革目标而开展工作的责任与担当。为做好教学模式改革，学校专门成立了领导层面的研究团队，由校长领衔，做好顶层设计；副校长具体执行，做好过程跟踪指导；教研主任统筹协调各参与教学改革的若干位学科教师。

（三）采取措施，科学实施教学模式改革创新策略

1．科学编排实验班级

学校结合学生的实际，对学生开展前期测试，建立学生个人数据库。同时召开学生动员大会和家长说明会，提前告知此次教学改革。经综合考虑，编排了四种类型实验班级。具体见表 7 – 7。

表 7－7　编排的实验班级类型

类别	学生样本选取情况	教学改革内容
1	偏重英语特长的自然班 28 名学生（2015 级初一 4 班）	互联网＋数学教学模式改革
2	具有一定英语基础的 30 名学生（2015 级初一 4 班、5 班和 6 班各 10 名）	互联网＋英语教学模式改革
3	偏重英语特长的自然班 19 名学生（2016 级初一 3 班）	互联网＋英语教学模式改革
4	英语基础最薄弱的 15 名学生（2014 级初二英语分层教学 E 班）	互联网＋英语教学模式改革

2．科学安排实验课时

学校制定教师教学安排计划，所有参与教学模式改革的教师都是本校相应学科和班级的班主任或者英语、数学科任教师，参与教学改革的教师达 10 多人，均是在完成国家课程教学计划基础上开展教学实验。比如，2015 级初一 4 班的互联网＋数学教学模式改革课程学习，实验课时是三个学期；2015 级初一 4、5、6 混合班，每个学期实验课时累计八到十一周。其他班级也有相应的课时计划。

（四）努力践行，科学构建互联网＋个性化自主学习模式

互联网＋个性化自主学习模式，大致分为课前发布学习任务，做好学情分析；课中开展线上线下混合学习两个阶段。

1．课前阶段，发布学习任务，做好学情分析

这个阶段是实现学生个性化学习的起点和关键环节。教师需要根据每个学生线上线下学习任务单和家庭作业的完成情况以及课堂观察和记录，对每个学生进行学习进度分析，安排好学习计划，发布个性化的学习任务。目的是为了使学习内容最大限度满足学生的个性化学习需求，激发学生的学习兴趣，建立学生学习的自信心，养成大胆尝试、积极探索的勇气，培养学生自主思考与独立学习的能力，并固化为良好的学习习惯。

2．课中阶段，开展线上线下混合学习

该阶段包括 7 个环节，分别是学生领取学习任务单、凝神聚力进入良好的学习状态、开展发现式学习、教师进行交互式引导、学生开展自评、教师进行智能学习分析，以及提交课堂学习任务单和领取家庭学习任务单。每个环节都是必要的，环环相扣。

（1）领取任务。学生进入教室后，首先领取学习任务单和课堂手写作业。教师在课前为学生准备好一个透明文件袋和一个档案夹，分别用来存放教师给学生准备的当堂学习任务单和回收学生家庭学习任务单。装学生课堂学习资料的透明文件袋，还贴

有写着学生姓名与学号的课堂观察记录表、随堂记录学生的学习用时及得分情况和每堂课教师的评语。课前十分钟，教师将两个挂架放在教室门口，学生先从文件夹中取出透明文件袋，同时把完成的一周家庭学习任务单放进档案夹，然后坐到座位上学习。在领取学习任务单的同时，学生通过课堂观察记录表可以看到自己之前每次学习的情况记录，适合反思并调整自己的学习状态，重新投入新的课堂学习中。

（2）凝神聚力。学生进入课室会听三到五分钟轻松欢快的音乐，教师引导学生静坐冥想，使学生摒弃杂念，更好地凝神聚力，以全身心放松的平和稳定的心态进入高效的自主学习状态。

（3）发现式学习。为了引导学生自主学习，培养解决问题的能力，在发给学生的学习材料中，有很多具有启发性的学习范例，或者在学习内容中隐含很多“跳一跳”就能发现的学习规律，在无数个循环往复的小台阶的铺垫下，学生都能顺利登上一个又一个看似不可能的学习台阶，从而不断让学生感受到“我能，我能行”，无数次在心中告诉自己“原来我也能学，而且可以学得很深很稳很扎实”。除了手写的学习任务，学生还需要登录智能教学平台，提交课堂检测。如此，学生在数学课堂以发现的方式学习新的数学概念，在英文课堂以交互的方式强化听说能力。

（4）交互式引导。尽管学习材料中有充分的学习小台阶做铺垫，但不同的学生在面对不同的学习内容时会产生不同的困难。有的思维跟不上，有的自信心不足，有的注意力不够集中，以上情况都会给学生带来学习障碍，因此，教师适时、适度提供学习支持服务非常必要。此时教师的主要任务不是直接告诉学生答案，而是与学生平等对话，了解学生的症结所在，并从旁点拨，引导学生发现正确答案与学习规律，使学生感到这些是因自己的努力而发现并学会的，从而使学生体验成功带来的快乐，建立强烈的学习自信心，激发更大的学习兴趣和主动学习的需求。

（5）学生自评。完成学习任务单上的任务后，学生对本堂课学习的情况进行自评，用简洁的语言小结本节课的进步和收获。总结完成之后还有剩余时间的学生，自觉进入智能教学平台的“精进工坊”栏目进行自学，以进阶的方式强化学习技能，内化学习知识。

（6）智能学习分析。依据智能教学平台实时记录学生的学习数据，教师可以有效管理学生线上学习概况，基本掌握全班学生的学情；同时，教师还可以迅速了解个别学生的学习倾向性和分析学生学习结果，使教师可以更专注于了解学生的学习需求，保障学习的个性化成效，提高学生的学习能力与水平。

（7）提交课堂学习任务单和领取家庭学习任务单。下课时，学生提交课堂学习任务单放进档案夹。然后再领取一周的家庭学习任务单（一般每天一页 A4 纸的容量），家庭学习任务单是巩固课堂学习的必要补充练习。

四、教学模式应用取得的效果

(一) 有效提升了学生学业成绩和个性化自主学习能力

学校自开展教学模式改革以来，通过实践研究，取得了一定的教学成效（以2015级初一4班28名学生的2017学年上学期期末的统考成绩为例，该实验班取得了可喜的成绩，具体见表7－8)。同时，有效提高了学生个性化自主学习能力。实验班的学生一般具有以下三个特征。一是具有较强的专注力。一节课全班学生完成学习任务的专注实践达44分钟。即一节课完成手写学习任务单6张（每张4分钟，合计24分钟)，线上学习任务20分钟。二是具有较强的自主学习能力。大部分学生能够较为准确地分析自己的学习状况，找出优缺点，并根据分析结果制订学习计划。三是具有较为明显的独立思考能力。学生能自行梳理归纳习得知识，并能迁移和扩展到未知领域。

表7－8 期末统考成绩统计

学科	优秀率	优良率	平均分	超区平均分
英语	100%	100%	88.8	21.2
数学	46.4%	96.4%	81.8	12.6

(二) 真实重构了传统课堂教学范式

引入了智能教学平台，不是为用平台而用平台，而是从教师教学观念转变、教师信息化教学技能培训、教师教学流程再造、教学评价方式改变等多种渠道，多管齐下，真真实实，真真切切重构了传统课堂教学范式。具体措施有：一是引导教师树立一切为了学生发展的观念，尊重学生，为每一位学生提供适合的教育。二是打破传统教室、传统班级分班的束缚，创设良好的智能移动学习环境，选取适合的学生编排实验班级，创建互联网+个性化学习共同体，激发学生学习兴趣，提高学生的学习积极性。三是采用一人一案的个性化学习方式，运用标准化的教学流程，促使学生自主学习能力的形成。四是科学采取三个“解放”策略，即使学生从依成绩论高低的不公平待遇中解放出来、使学生从被动被灌输的束缚中解放出来、使学生从教师一锤定音的条条框框中解放出来，实现学生达成行为习惯、道德品质、知识增长与能力提升的有机统一。

(三) 陆续产生了一批高水平的研究成果

自教学模式改革以来，学校分别于2016年、2017年先后成功申报了市级课题《利用智能教学平台提高学生数学、英语学习能力的研究》《应用智能教学系统变革教学范式促进学校品质提升的实验研究》。分别于2017年、2018年先后在《学校品牌管理》《瞭望东方周刊》等杂志公开发表《广州的“第56教室”的品牌转型与升级解读》《“薄弱学校”的智能教学实验》等文章，探讨开展“互联网＋”教学模式改革对学校品质提升的促进作用。

（四）进一步加强了交流合作，扩大教育发展格局

2018 年，学校在区教育教学工作会议上受到区教育局的肯定和表扬，并专门在区教育大讲堂上介绍学校教学改革的经验。学校分别做了题为《利用智能教学系统提高学生数学、英语自主学习能力的实践案例解读》和《智能教学系统在初中英语学困生教学中的实验研究初探》的发言，在区中小学中反响热烈。

五、教学模式改革需要进一步探索的问题

学校教学模式改革虽然取得了较好成果，但还存在一些问题和不足需要进一步探索。

一是如何构建适合各学科的教学流程，以真正满足学生个性化自主学习的需求？保证学生个性化自主学习不是一句口号，落实在真正的教学实践中，需要具体的教学流程、学习过程设计以及相应的智能技术的支持。学校在开展教学改革过程中，总结了总的教学流程，包括“入学测评—学生咨询—拟定中长期学习计划—每个学科学习分析及个性化课程安排—线上教学和指导—学生进阶测评—学习进度分析”等七个环节，基本能够实现阶段性循环，以适应学生个性化学习需求。但是在真正的学科教学中，需要在总的教学流程的指引下，重新确定适合学科教学的子教学流程。如英语学科的线上听说练习，目前总结提炼了三个步骤，分别是听录音跟读 3 次，录音，上传；听录音，看图选词；看图读词录音 3 次，上传。这样学生通过反复诵读，自己录音对比标准发音，学生会觉得自己的发音越来越标准了。那么英语学科的阅读与写作练习呢？还有数学的几何概念理解呢？等等，都需要进一步构建适合学科教学的教学流程。学校还需要组织更多的学科教研骨干教师，共同研讨，制定适切的教学流程。

二是如何提高智能教学系统的智能程度，以真正满足教师个性化教学的需求？一方面，目前智能教学系统的数字化教学资源在数量上还不够丰富，教师需要自己根据教学需要再进行补充。质量上尚且还不能完全满足教学需求，还需要教师进行二次开发。另一方面，尽管智能教学系统基本能够跟踪、记录学生的学习路径，并基本生成统计图表，但尚且不能实现自动推送适合的学习材料给学生。依然需要教师充分结合学生的学习基础、学习风格和行为习惯，手动推送学习材料。因此，教师的工作量比较大，要进一步实现个性化教学有一定的困难。也许这也是人工智能时代的一个发展进程中需要进一步突破的研究方向。

第四节 互联网 + 体育教学模式在薄弱公办初中的应用

一、教学模式改革背景和问题提出

（一）教学模式改革背景

C 中学是一所典型的农村薄弱学校，占地面积不足 20 亩，现有 24 个教学班，学生 1 100 多名，教职工 80 名。学校存在较大发展困境，体现在以下四个方面：

一是生源质量较差。近年来，学校外来务工人员随迁子女的比例在不断攀升，刚入学的初一新生中，外地生源占比 70% 左右，其中有五分之一是学困生，给学校教育带来更多新的挑战。学生的基础差、底子薄、学习方法不当、意志薄弱，自信心不足。

二是师资队伍力量薄弱。学校教师虽然通过进修获得了相适应的学历文凭，但是教师的教育理念、知识结构、教学方法和教学模式，并未得到相应程度的改善和优化。鉴于学校是老校，教师老龄化严重，陈旧的教学方法、教学观念根本无法适应新课程改革的要求，教学质量不高。

三是家长自身认知和能力有限。学生家长以外来务工人员居多，从事的工作多为体力活，受自身教育水平和工作强度的限制，陪伴孩子的时间较少，无法监管孩子的学习，家庭教育方式简单粗暴，对子女的教育重视程度不够。家长教育子女的方式多数过于偏激，也不主动寻求教师的帮助，家庭教育缺失，严重影响学校的教育教学质量。

四是学校周边社区环境较差。学校周边是居民区，出租屋为多，社区环境较差。受限于办学场地较小，学校没有学生宿舍，没有饭堂，更没有校车。学生花在路上的时间和精力较多，学生的学习时间得不到保障。有些父母监管不到位，学生流荡在外面，容易引发一些德育问题，往往间接地影响教学质量。加上学校的生源结构发生了变化，优质生源流向民办学校和标杆学校，因此学校学生的学业水平较差。

（二）教学模式改革的主要问题

教学模式改革解决的主要问题有三个。一是如何开展互联网 + 体育课堂教学，作为学校走特色发展道路的路径？二是如何将互联网 + 体育教学的经验推广到其他学科教学？三是如何整合互联网 + 学科教学成果，建立互联网 + 教学的管理制度和教研计划，整体提升学校教育教学质量？

二、教学模式改革的总体思路

在这种艰难的环境中，为激励广大师生直面问题，迎难而上，学校根据其发展历史，结合现状，积极寻求发展的方向，即探索体育特色发展的道路。在全体师生的努力下，学校在毽球、武术等特殊项目中取得优秀的成绩。曾在广东省毽球锦标赛取得团体双亚军的荣誉，多次蝉联学校所在地市锦标赛男、女子冠军。即使目前生源结构发生改变，毽球项目的成绩仍然保持优势。创办毽球特色学校，以毽球运动作为引领，有助于学校树立品牌，师生从中获得了成就感，增强了自信心，从而不断提高教育教学质量，推动学校整体发展，以此提升学校的竞争力，打造学校教育文化。

为此，学校大胆打破传统观念，实行“敢为人先”的课堂改革——把信息技术引入毽球课堂，构建“互联网 + 毽球”的教学模式。初步设想是以点带面，将互联网 + 体育课堂推广至其他文化课课堂，运用信息技术将课堂变得直观形象、生动有趣，吸引学生的注意力，有效推进课堂，提高课堂的效率。

三、教学模式改革的主要阶段划分

2018 年初，学校邀请高校专家和当地教育信息技术科技有限公司的教研人员，精准诊断学校现有教学问题，共同探索“互联网 +”技术支持下的学校特色发展道路。2018 年中，学校开始以体育学科为切入口，开展互联网 + 体育教学模式教学实践。经过半年多的努力，学校 + 高校专家 + 学科教研员三方协同，以毽球和体育特色为基础，借助平板融入微课与翻转课堂等元素，发展互联网 + 体育的教学特色。借鉴体育竞技的思路，逐步在其他文化学科教学中渗透德育教学，让学生通过参与活动和反思提高内在成就动机，满足学生的多元发展需求。2019 年初，学校分别在语文和数学两个学科尝试开展“互联网 +”教学，语文科组在课前通过微课支持学生练字；数学科组尝试通过学生自己录制微课促进知识内化和优生培育。教学模式改革的主要阶段如表7 - 9 所示。

表 7 - 9　教学模式改革的主要阶段

起止时间	阶段名称	主要工作
2018 年 5—6 月	方案设计阶段	邀请专家诊断学校发展困境，确定走互联网 + 体育教学特色发展道路
2018 年 6 月—2019 年 1 月	初步应用阶段	完善设施设备，引入智能教学平台，以体育毽球教学为突破口进行初步应用

续上表

起止时间	阶段名称	主要工作
2019 年 1—3 月	总结提炼阶段	总结提炼互联网 + 体育教学的成功经验和不足，为其他学科的应用提供借鉴和参考
2019 年 4 月—2020 年 1 月	深入应用阶段	深入推进互联网 + 体育教学，推广语文和数学等学科信息化教学
2020 年 2 月至今	持续应用阶段	为适应抗疫需要，持续探索线上线下混合式教学

四、教学模式改革的主要过程与方法

（一）以互联网 + 体育教学为抓手，打造学校特色品牌

学校坚持开展毽球运动项目已有二十多年，毽球队拥有得天独厚的优势，一是拥有较为优秀的体育学科师资配备，二是具有较丰富的毽球比赛经验。因此，毽球带来的荣誉与影响在全校师生中都得到了充分的认可，以毽球为抓手，打造学校特色品牌，创办毽球特色学校，以毽球运动作为引领，充分发挥毽球精神的示范作用，大力开展校本教学研究和教学改革，推广先进的信息化课堂教学策略，实施具有校本特点的高效信息化课堂新模式。

1. 完善设施设备，创设移动互联的体育现场教学环境

将移动平板引入体育课堂教学中，移动环境的网络速度直接影响到该课堂的流畅度，移动平板对网络的需求量较大，因此学校积极与当地电信公司联系，提供较好的网络连接，为开展移动环境平板体育教学提供良好的互联网 + 体育教学环境。

2. 加强教师信息化教学能力培训，重塑师资队伍建设

鉴于信息化体育课堂教学对教师信息化运用的能力较强，因此，学校积极加强体育教师操作专业水平的同时有效提升教师信息化运用的能力，如邀请省内知名高校的专家以开设讲座的形式和进课堂听课评课等多种方式，培养教师学会挖掘互联网资源中丰富的体育教学素材，利用互联网极简软件加强师生交流，充分运用体育教学 APP 功能掌握学情，借助多媒体技术增加体育教学趣味等，改变体育信息化教学相对滞后的现状。

3. 探索开展互联网 + 体育教学，总结提炼教学模式

传统的体育教学课堂模式，基本是教师讲授 + 操作示范，学生听讲 + 反复练习为主，难以做到针对性教学，在一定程度上影响了学生的掌握程度，同时无法有效检测学生的掌握情况。引入移动平板电脑教学，在一定程度上可以克服以上大部分问题。

一是课前，动作技术学习前置化。教师发布前期教学内容视频，学生课前观看并做相应的题目。同时教师在智能教学平台查阅学生的答题数据，整理与分析学生的答题情况，初步掌握学情，为调整教学决策，改进教学做足准备。

二是课中，动作技术学习深入化与细节化。教师分别示范正确技术动作与错误技术动作，讲解导致错误动作的原因，加强学生对正确动作技术的认知，编写技术重难点与技术要点。教师在智能教学平台查阅学生的掌握情况，通过数据及时分析与诊断，为个别学生进行精准滴灌式补偿教学。此外，在课堂中组织小组学习，小组长有针对性地发布微课，培养学生团队合作学习的良好行为习惯。使用平板电脑，进行小组互拍、互批等教学活动，真正把课堂交给学生，增强学生在课堂的主体地位。

体育课组的教师经过努力教研，总结提炼了互联网 + 体育教学的一般教学模式。如图 7 – 4 所示。

图 7 – 4　互联网 + 体育教学的一般教学模式

课前，教师通过平板电脑推送前置学习试题与技术动作，学生提前学习动作要领；通过微课视频学习，学生能进一步掌握动作技术学习的难点与易错点，有意识地纠正自己的动作。教师可及时获得课前检测的数据反馈，迅速了解学生情况。课中，开展课堂常规和热身运动后，教师讲解和示范技术动作。学生以小组为单位开展动作练习，针对学生错误的动作，教师进行纠正，同时组织学生再次观看微课 + 开展游戏化教学。优质体育课的教学重点不是教技术规则，而是让学生在实际情境中运用技术，同时也要注重学生的自主能力的发展。所以教师根据学生的动作完成情况，设计与该技术动作相关联的多样式练习活动或游戏，让学生在玩中学，在练习的过程中使用平板电脑互相拍照上传。通过拍照上传，学生在课后能够清晰地看到正误动作的对比，及时巩固动作技术的使用方法；同时，让学生在实践中运用动作技术，提高运用能力，不仅使学生收获技术，而且令他们从成功中获得喜悦。

经过两年的教学实践，互联网 + 体育教学取得了一定的教学成效。主要体现在以下四个方面。一是有效的学习数据采集分析能够促进教师以学定教。借助平时动态、全过程采集的学生学习数据，实现了从教材分析时重难点的笼统模糊过渡到教学实施时的清晰明确。二是提升了学生课堂的参与度和动作掌握情况。因为动作要领的学习前置，课上有了更多对练 PK 的时间，满足了学生体育课上少听、多动的需求，参与度得到了大幅度的提升。同时，为学生提供了微课，学生可随时回放教学视频，巩固与提升学生对知识点的掌握程度。三是移动学习环境下的课堂检测，相对传统体育教学检测提高了教学效率。移动环境下的体育课堂中，教师能高效地了解学生的掌握情况以及重难点突破，并及时反馈，提高教学效率。四是有效提升了学习效果，培养了学生协作学习意识。合理地借助移动学习环境，不仅丰富了教学模式，提高了学生自主学习的能力，而且还有效地提升了学生自身的学习品质，培养学生自主学习意识与团结合作意识。

（二）以互联网＋体育教学为载体，促进学生自信成长

以现代信息技术和传统体育项目的结合为抓手为载体，通过组织开展主题鲜明、形式多样的毽球主题活动，学生可以自主学习，也可以协作学习，不但能激发学生的课堂兴趣以及动作学习的积极性，而且在课堂学习的过程中，学生的视觉、身体机能都能得到有效的刺激。值得一提的是，手持平板，在展示和互批学习环节中，较大地吸引了学生的注意力，活跃了课堂氛围。同时，通过在班级竞赛、体育大课间、体育节等毽球活动中进行德育渗透，让学生体验成功的喜悦，促进学生自信成长。

（三）以互联网＋体育教学为支点，建设学校教育文化

“自强自信拥抱未来”这是学校对学生发展的要求。学校的学生大多为外来务工子弟，他们出身背景受限，知识基础相对较弱，更需要自强不息，更需要增强自信。著名教育学家布卢姆认为：“一个人学习成功的次数越多，他的学习自信心就越强。”自信心是建立在学习成功的基础上的。教育要为学生提供正面的学习体验，激发他们学习的兴趣。因此，学校以毽球运动为支点，创造更多成功的舞台，让学生在丰富多彩的教育教学活动中发现自己的闪光点、发扬自己个性特长，以此帮助学生获得成功的体验，激发生命的力量，激励学生自强不息，奋发向上。

这是学校实践的道路，以拥有得天独厚优势的毽球为切入点，引入信息技术，构建“互联网＋毽球”的教学模式，希冀未来将“互联网＋”的课堂模式推广至体育科组，最后再到通文化课堂融合信息技术，探索“互联网＋”其他学科教学的教学模式。

五、教学模式应用取得的效果

学校的教学模式改革取得了一定的成绩，在关注学生学业成绩之余，通过创建丰富多彩的平台，培养学生的兴趣爱好，展示学生的才华。同时，学校的教师能够理解每个学生“被看见”的渴望，带着期待和尊重去发现、唤醒、引导和等待学生成长，让学生心灵充满自信，让校园充满活力。经过实践探索，取得了如下效果。

1. 营造了更加积极向上的校园文化氛围

毽球运动的教育意义，不在于肢体训练背后的育人价值。体育虽与身体有关，却以完善精神、人格为目的，以身心和谐发展为宗旨。毽球精神是一种体育精神，是一种健康向上的精神。通过对毽球精神的深入发掘与推广，丰富了学校精神：敢于拼搏，团结友爱，自信自强，超越自我。学校精神是学校全体师生的认识和情感体现出来的

共同行为，是全校师生价值追求的抽象概括，是学校文化的核心。以毽球课堂的改革为切入点，引进信息技术，继而将信息技术辐射到文化课堂，引起校园文化氛围的改变，学校更加坚定了“互联网＋”的课改道路。

2．整合了更加丰富实用的课程教学资源

为更好地推行毽球教学，在校长的主持下自主编写了毽球教学校本课程《毽舞飞扬》，该校本课程邀请了课程教学论、教育技术以及体育教学等领域的专家协同进行了科学严谨的规划与设计，最终从课程目标、课程内容、课程实施、课程保障等方面落地实施，以此加强师生们的毽球理论学习和实践练习。

3．建立了更加良好的学习自信心

学校以毽球运动为特色，创造更多成功的舞台，让学生在丰富多彩的教育教学活动中发现自己的闪光点、发扬自己的个性特长。同时，随着“互联网＋”的课改不断推进，也推动了丰富和完善其他文化科目的教学案例和教学资源，以此协同提升学生文化科目的学业成绩。事实证明，随着学生自信心的建立，身体体魄的强健，在一定程度上也提高了学生的学业成绩。

4．产生了更多高质量的研究成果

2018 年以来，学校参与开展“互联网＋”学科教学模式研究的多位教师公开发表文章若干篇，如《移动平板引入传统体育课堂研究》《移动互联环境下的初中体育教学研究》《移动学习在语文日常教学中的应用初探》《借助信息技术进行分层教学试卷评讲课》等相关文章；开发了若干个高质量的课堂教学实录，如《初中体育弯道跑翻转课堂》《初中数学基本屏幕图形回顾与思考》《初中道德与法治第三单元复习课》等，这些教学课例均获得省级以上奖励。

六、教学模式改革需要进一步探索的问题

学校目前依然存在以下三个方面的问题值得继续深入探索。

一是如何继续深入创建互联网＋毽球特色，树立学校品牌。一方面，在室外开展互联网＋毽球教学，需要快捷的网络速度以及先进的移动设备的支持，另一方面，需要师生具备良好的信息素养，及时上传、下载、共享网络教学素材和课堂教学资料；因此，只有师生彼此适应移动学习环境，提高课堂教学效率，提升体育竞技质量，才能有助于树立学校体育（毽球）品牌。

二是如何继续坚持“互联网＋”教学模式探索，以研促教。经过体育学科的教研，提炼了信息化教学模式，未来有必要进一步拓展到其他文化学科的教研，尽管现在已有语文、数学和英语三个学科也在逐步尝试推进，但教研的深度还不够，目前对学习数据的收集、分析还存在较大的困难。学校分别通过智能教学平台和调查问卷收集学生量化学习数据。随着日益增长的数据被收集和存储，如何识别有效的学习数据，

并发现对教学有价值的信息，是一个难点。同时，观察和记录学生学习行为和教师课堂教学行为的质性数据的收集和挖掘，是一个长期的、持续的过程，需要较多的人力、物力和精力。

三是如何促进交流互动，扩大教育格局。目前学校的研究局限于耕耘自己的“一亩三分地”，缺乏学习先进省市，如智慧教育示范区、示范性、信息化种子校在智慧课堂的先进经验与做法的机会。希望未来有更多的机会组织教师外出参观学习，比如未来学习空间、未来学习、人工智能教育应用、大数据教育应用等，拓宽研究视野，促进交流互动，扩大教育格局。

第五节　基于学习数据的分层教学模式在薄弱民办小学的应用

一、教学模式改革的背景和问题提出

D 小学是一所小区配套全日制民办小学。目前学校有在校学生 900 人，教师 70 名，教学班 26 个，其中 57% 为智慧实验班，在各个年级均设立平板实验班，形成了覆盖全年级、全学科的智慧课堂。学校开展智慧校园建设以来，重视智慧课堂教学建设，开展基于学习数据的平板分层教学模式应用研究。

（一）课堂教学困境显现——学生差异较大，传统教学无法满足个性发展需要

通过多次课堂观察发现，该学校的学生在学业的知识基础、兴趣爱好等智力因素与非智力因素方面都呈现出较大的差异。同时，据大部分科任教师反馈，课堂教学面临学生水平参差不齐的困境，这给传统整齐划一的课堂教学带来了极大困扰。一方面，教师需要承认学生的差异和发展不平衡的现状，另一方面，教师又要极大照顾优等生、中等生和后进生不同的学习需求。美国学者 Carol Ann Tomlinson 在《多元能力课堂中的差异教学》中指出，“差异教学的核心思想是将学生个别差异视为教学的组成要素，教学应从学生不同的准备水平、兴趣和风格出发，设计差异化的教学内容、过程与结果，最终促进所学学生在原有水平上得到应有的发展。”鉴于此，借助网络学习空间为载体，以平板电脑为工具，学校决定采用分层教学的方法来改变这一现象，使各个层次的学生在同一课堂上都能“吃饱”，后进生当堂掌握知识点，优等生掌握知识点的同时得到拓展。

（二）课堂教学困境突破——开展互联网＋分层教学，逐步满足学生个性而全面发展需求

从2018年7月份开始，在高校专家密切、持续地指导下，学校开始进行分层教学实验，语数英三个基础学科全覆盖，共6个班级、13位教师参加。2019年暑假期间完成19节课的平板分层教学设计打磨以及相关教学资源的设计与制作，9—10月共完成41节分层教学课例，其中语文14节、数学14节、英语13节。教师初尝平板分层教学，虽还存在很多疑惑之处，但也初尝惊喜，前期的学习数据显示，在分层教学的课堂中，学生的掌握情况基本达到预期效果。

二、教学模式改革总体思路

（一）教学模式改革的总体思路

学校的总体思路是以问题为导向，以理论为先导，分步组织实施，有序推进。学校实施的分层教学模式如图7－5所示：

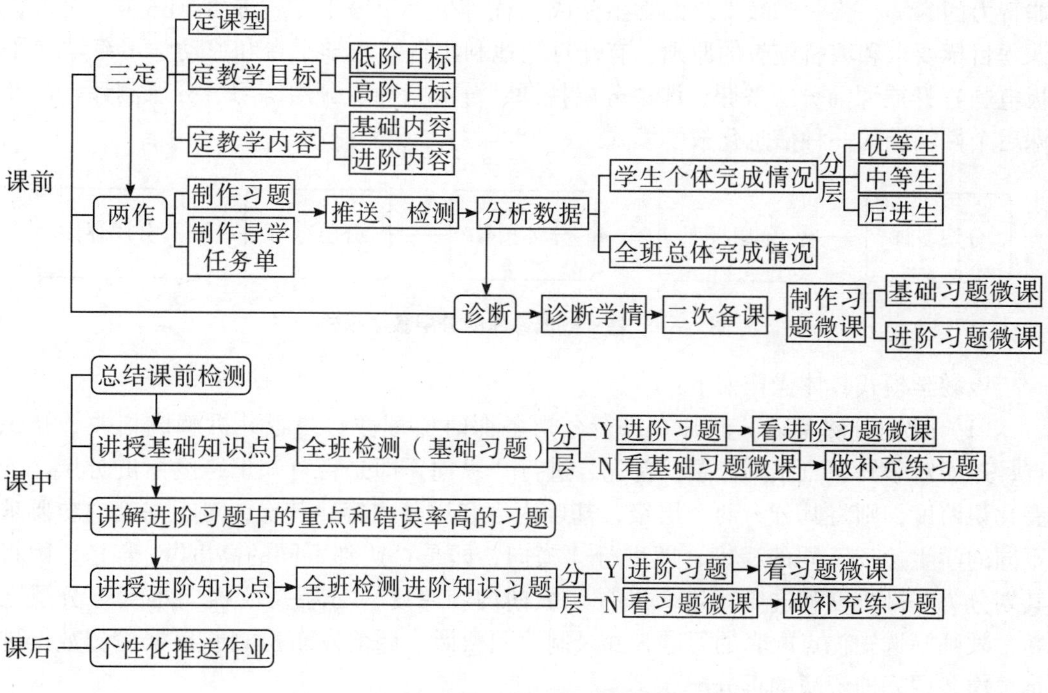

图7－5　基于学习数据的分层教学模式

1. 以“最优化教学理论”和“最近发展区理论”为理论先导

最优化教学理论是20世纪70年代初期苏联教育学家巴班斯基提出来的，教学过程最优化是巴班斯基教育思想的核心。他指出，“教学过程最优化是在全面考虑教学规律、原则、现代教学的形式和方法、该教学系统的特征以及内外部条件的基础上，为了使过程从既定标准发挥最有效的（即最优的）作用而组织的控制”。

最近发展区理论（Zone of Proximal Development，ZPD）是苏联著名心理学家维果斯基提出来的，他认为学生的发展有两种水平，一种是学生的现有水平，指独立活动时所能达到的解决问题的水平；另一种是学生可能的发展水平，也就是通过教学所获得的潜力。两者之间的差异就是最近发展区。教学应着眼于学生的最近发展区，为学生提供带有难度的内容，调动学生的积极性，发挥其潜能，超越其最近发展区而达到下一发展阶段的水平，然后在此基础上进行下一个发展区的发展。依据最近发展区教学应采取适合的教学方法、教学策略，引导学生掌握新的知识，形成新的技能，培养积极的情感态度价值观。

学校汲取“最优化教学理论”和“最近发展区理论”的精华，结合学校实际，积极开展基于数据诊断的平板分层教学模式的应用研究。基于数据诊断的分层教学模式（图7-6）是在移动互联学习环境下，根据学生的知识掌握情况、能力水平、智力和非智力因素等，将一个教学班的学生分成“优等生、中等生、后进生”三类，再根据课程目标要求和因材施教的原则，有针对性地利用智能教学平台和移动学习终端（平板电脑）开展课前分层备课、课中分层授课、分类指导、分层练习、分层测评，以及课后个性辅导的一种信息化教学模式。

图7-6 基于数据诊断的分层教学模式

该教学模式具体操作如下：

（1）课前分层备课。教师在进行分层备课时梳理教材内容并拆解成相关子知识点，进而对子知识点预判分层。首先，进行“纵向，即是否有知识跨度”的分层，若有知识跨度，则将其分为两个层级，基础内容和进阶内容；其次，对于基础内容要求不同的学生达到不同的程度，即进行“横向，即是否达到不同的高度”，若是，则将其划分为基础难度和进阶难度。进行“纵向内容跨度”分层及“横向难度”分层之后，教师筛选知识点配套的习题，并录制习题微课。课前发布检测并根据检测数据进行二次备课，即资源的再分配。

（2）课中分层授课。在课堂中，所有的学生统一做“基础内容—基础难度”习题。做对的学生做“基础内容—进阶难度”习题；反之，做错的学生看错题微课并完成“基础内容—基础难度补充”习题，“基础难度补充”习题和错题是相同难度级别，在这种动态分层的过程中，错的学生不仅可以精确定位自己的错误，还可以通过观看错题微课得到教师有针对性的帮助和指导，基础较差的学生在课中就可以得到二次巩固，在此基础上就有机会和优等生一同来到进阶内容的学习，自信心也会得到相应程度的提高。

（3）课后分层作业推送。为了达到全面检测学生掌握情况，教师再次搜集学生的作业数据，写好反思，以便后学课堂教学改进。

2. 以智能教学平台为技术支撑

学校使用的智能教学平台，校方通过与平台开发者和平台驻校教研员的多次沟通，已经基本满足学校的日常教学需要，助力开展基于学习数据诊断的分层教学。一是满足课前备课需要。教师上传习题微课，发布学习任务导学单给学生，平台记录学生的学习轨迹与学习路径，助力教师开展二次备课。二是满足课中精准教学。平台实时记录课中师生之间、生生之间实时互动，及时反馈学情数据，教师可以根据学生的掌握程度调整授课进度和改进教学决策。三是满足课后个性辅导。课后教师可以在线推送个性化作业，教师根据提交的作业在线批改，及时了解学生的学习效果，为不同的学生提供个性化的学习辅导，满足学生的个性化学习需求。

（二）教学模式改革解决的主要问题

教学模式改革解决的主要问题有三个。一是解决班级中学情差异较大，学生基础知识与兴趣爱好分布不平衡的情况下，教师如何照顾班级全体学生不同的学习需求，较大幅度地提高教学质量；二是解决课题教学中学情判断不精准，凭借经验判断学情，做出的教学决策不够准确，教学针对性不强，教师如何精准判断学情，基于学习数据分析和动态评价实现精准教学；三是解决信息化教学改革实践中缺乏理论指导，顶层设计缺乏专家引领，学校如何联合高校信息化专家以及教科研机构，协同开展信息技术与学科教学深度融合的育人实践。

三、教学模式改革的主要阶段划分

学校自 2018 年末开始邀请高校信息化专家和教科研机构科研人员，精准诊断学校教学与教研存在的现实问题。2019 年初开始分步实践与应用检验。目前为止共分为方案设计、初步应用、全面应用、深化应用四个阶段，总结推广这个阶段尚需等待经验更加丰富与成熟之后后续开展。各个阶段的时间、内容和主要任务见表 7 – 10。

表 7－10　教学模式改革的主要阶段划分

起止时间	阶段名称	主要工作
2018 年 10—12 月	方案设计阶段	进行教学模式改革问题和需求分析、理论依据与技术环境分析，对教学模式分析优化，提出分层教学模式应用研究总体方案及实施计划
2019 年 1—6 月	初步应用阶段	引入智能教学平台，优化智能教学平台建设，开发习题微课资源库，在英语学科初步应用
2019 年 6—12 月	全面应用阶段	按照“学科教师个人备课——指导专家＋学科教研组协同互评修改——教师＋同伴＋专家＋合作公司多方实践反思”的流程，在学校开展全学科，全年级全面应用
2020 年 1—6 月	深化应用阶段	对全面应用情况进行总结反思，提炼和完善不同学科分层教学模式
2020 年 6 月以来	总结推广阶段	梳理学科教学应用案例，形成较为成熟的学科分层教学模式，提升理论成果学术水平，提高实际教学质量，开展教学示范和推广应用

四、教学模式改革的主要过程与方法

（一）加强培训，统一认识，提高教育教学理论水平和信息化教学实操技能

自学校做好顶层设计方案着力开展基于数据诊断的分层教学模式应用研究之后，组织学校的科任教师加强教育教学理论的学习，努力提高教师的教育教学理论水平和信息化教学能力。一方面学习国内外分层教学的著作，研究了近年来国内外分层教学的成功案例，学习先进的教学思想、教学方法和教学经验。另一方面积极开展信息化教学应用实践，组织教师参与《“互联网＋”教育视域下的区域教师网络研修模式与研训方式转型》等专家报告，同时组织教师参与信息化教学工具使用以及智能教学平台的实践操作培训。培训信息化教学工具的使用如表 7－11 所示。

表 7－11　信息化教学工具使用

教学工具类别	教学功能	教学应用
习题微课	学习支架	课前预习
讨论区、QQ 群、微信群	交流讨论	发布学习资源/学习任务
MindManager（思维导图软件）	思维建构	绘制学习内容思维导图
电子白板	交流展示	增强课堂师生互动

（二）开展实践，提高技能，逐步推进教学研究与实践

学校按照课型不同，分步推进教学实践。第一个阶段是新授课课型的教学实践，在第一个阶段总结经验的基础上，开展第二个阶段复习课课型教学实践。不断攻克教学实践过程中遇到的难题，并总结可操作经验。为保证教学实践有序进行，学校抽出每周两节课的时间作为统一教研时间，用于打磨课例的教学设计及相关的习题、微课等分层资源包；科任教师集中开展公开课、优质课的集体备课、说课和评课活动；按照“学科教师个人备课—指导专家 + 学科教研组协同互评修改—教师 + 同伴 + 专家 + 合作公司多方实践反思”的流程，通过教师个人钻研、同伴互助、专业引领的教研方式，提高教师教学能力。

（三）提高数据素养，应用数据，驱动个性化学习真正实现

学习数据助力教师真正了解学生的真实学习情况，从而为学生提供个性化的学习资源、学习活动、学习路径、学习工具与学习服务等。在教学过程中，教师们及时收集有效的学习数据，分析学习数据，应用学习数据。下面以六年级上册英语 Unit3 第三课时《人称代词》为例，介绍教师平时如何收集学生数据、分析数据和应用数据。

1. 课前精准诊断课前前置学习数据，进行二次备课

首先根据智能教学平台中形成的《人称 & 物主代词》课前习题反馈如下：学生出现以下错误，平均错误率为 23%。其中人称代词的主格用在句首，学生易首字母不大写，平均错误率 3%；人称代词、物主代词放在一起时，学生易混用，平均错误率 20%；形容性物主代词错误率 47%。人称 & 物主代词课前习题错误率统计如图 7 – 7 所示。

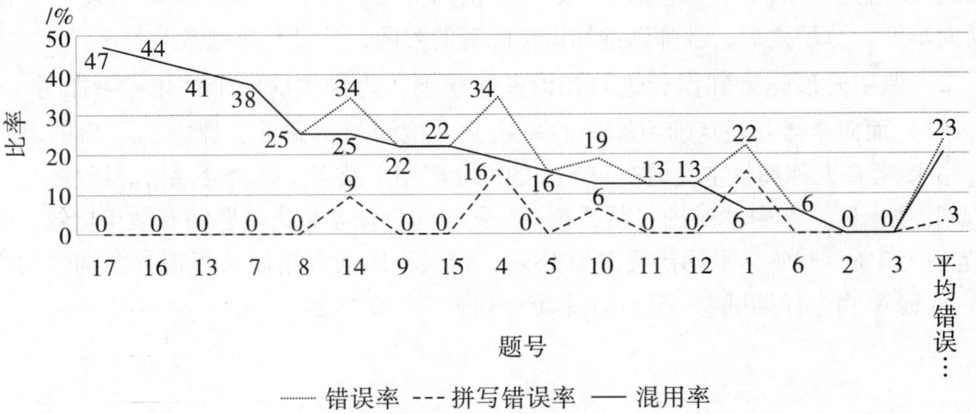

图 7 – 7　人称 & 物主代词课前习题错误率统计

执教教师根据学生课前预测情况，录制习题微课。在习题微课中讲解知识点对应

习题的解题方法以及易错点和重难点。学生课前在家通过看预测习题的错题微课修正错误习题，掌握这些错误习题后，他们进入课堂的“高度”就得到了提升。学生端课前习题微课观看情况如图 7－8 所示。

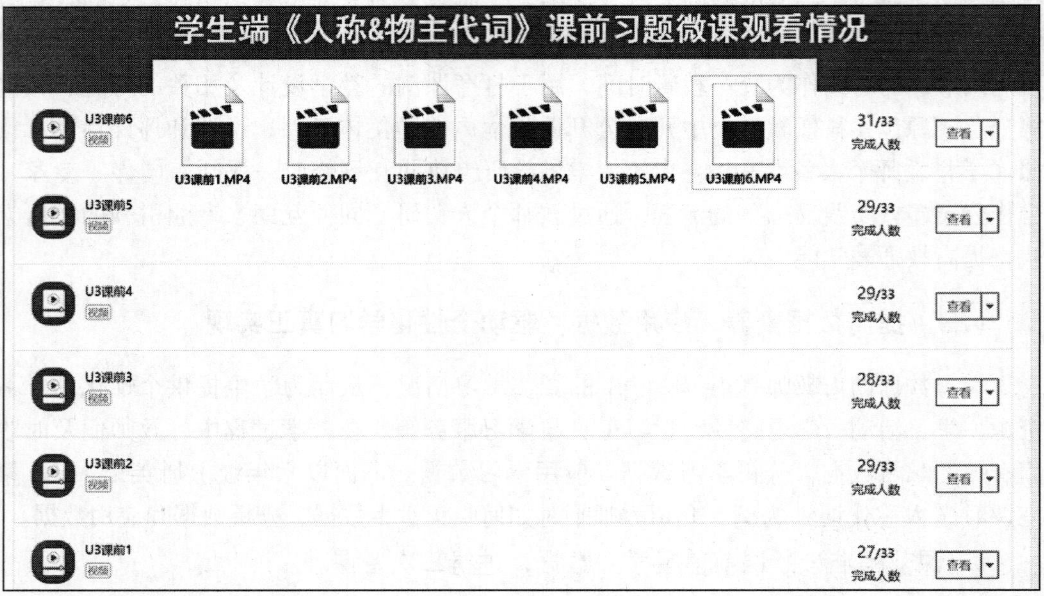

图 7－8　学生课前习题微课观看情况

从图中可知，全班 33 名学生，任务完成人数在 27～31 人之间，总体完成率较好。教师根据学生课前习题微课观看的总体情况，了解学生课前习题完成的总体情况。继而，教师再根据预测的整体情况进行二次备课。教师在进行分层备课时梳理教材内容并拆解成相关子知识点，进而对子知识点预判分层。进行“纵向内容跨度”分层及“横向难度”分层之后，教师筛选知识点配套的习题，并录制习题微课若干。

2. 课中开展基础知识和进阶知识多次检测，为学生提供个性化学习服务

（1）面向全体开展基础习题试卷一检测。检测学生课前、课中学习后的掌握情况，主要考查人称和物主代词在句子中的综合应用以及学生是否会混用。经检测，《人称 & 物主代词》课中“基础习题试卷一”的学习反馈是每道习题均有学生出错，错误率范围为 3%～30%，平均错误率为 18%，错误原因为混用以及不理解名词性物主代词。人称 & 物主代词试卷一正误比率统计如表 7－12 所示。

表 7－12　人称 & 物主代词试卷一（基础）正误比率统计
（有效 33 份无效 0 份）

题号	正确数	正确率	错误数	错误率
1	28	85%	5	15%
2	31	94%	2	6%
3	25	76%	8	24%
4	23	70%	10	30%
5	27	82%	6	18%
6	25	76%	8	24%
7	25	76%	8	24%
8	32	97%	1	3%
均值	27	82%	6	18%

（2）面向试卷一有错误的学生，开展试卷二检测。在试卷一做错的学生中，71% 在补充练习中得以修正，仍有 29% 的学生错误，学生观看补充习题微课进行修正（其中有 11% 的学生错误是因不清楚指令造成的）。人称 & 物主代词试卷二正误比率统计如图 7－9 所示。

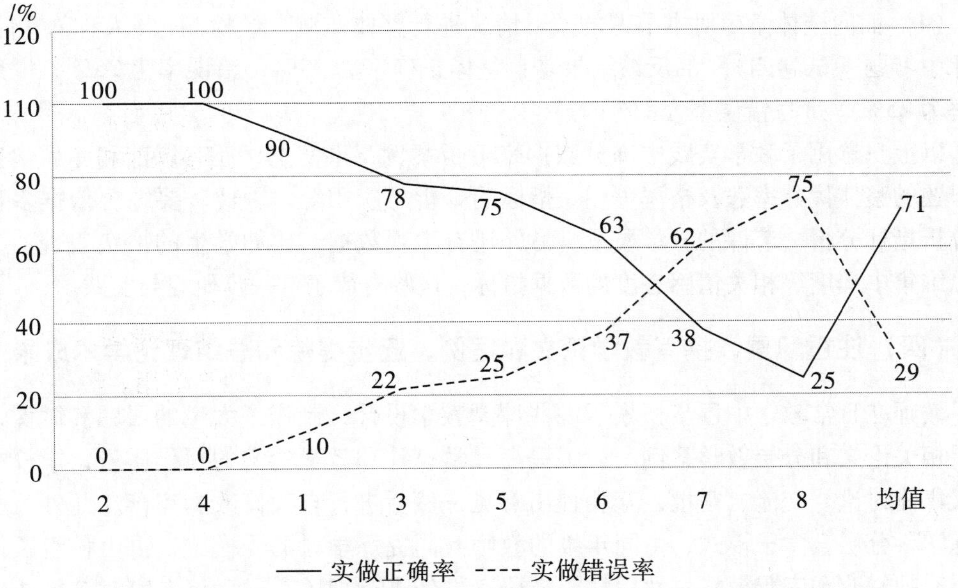

图 7－9　人称 & 物主代词试卷二正误比率统计

（3）面向试卷一全对的学生开展《人称 & 物主代词》“进阶习题试卷三”检测。通过检测反馈看出：试卷一做对的学生，做试卷三（进阶难度），正确率为 91%。教师对进阶难度的习题进行点拨讲解，拼写错误的学生数量也有了明显的下降。人称 & 物主代词课中试卷三（进阶）正误统计如图 7－10 所示。

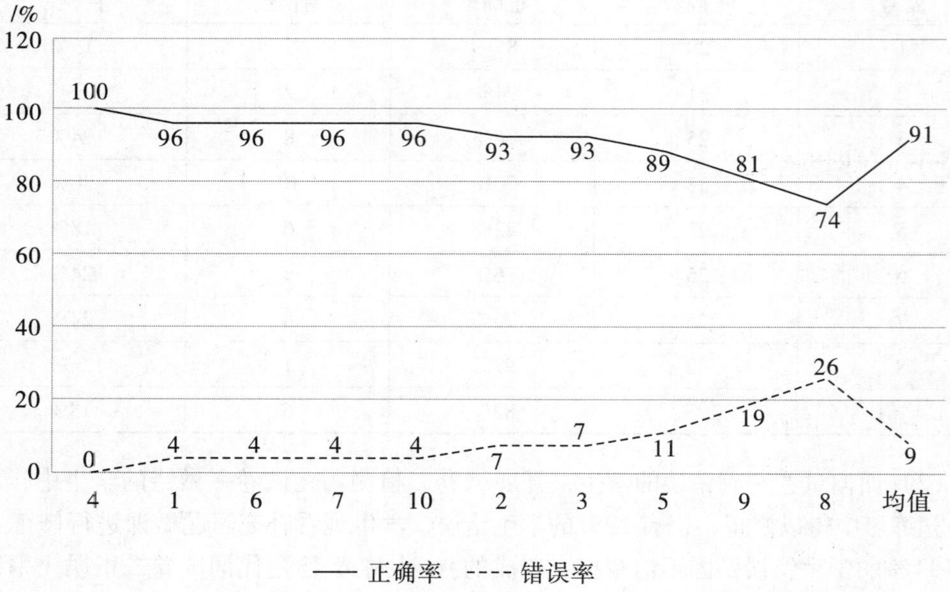

图 7－10　人称 & 物主代词课中试卷三（进阶）正误统计

（4）面向全体学生对本节课的学习情况进行整体监测。经检测，《人称 & 物主代词课中习题（试卷四）》的反馈结果是：整体正确率为 75%、错误率为 26%、混用错误率为 25%、拼写错误率为 1%。

以上只选用了教学实践中部分数据来分析案例，事实上，还有课前和课后学生完成习题的整体优秀率、及格率等相关指标的分析与应用等。因此，要综合依据多种数据分析指标分析一节课的教学质量。另外还有主观数据，比如学生的情绪表现、学生的思维集中程度等相关情感态度的数据指标，这些有待于进一步研究与实践。

（四）注重积累，撰写教学论文和案例，逐步提炼和总结理论学术成果

教师在日常教学中逐步积累了一些课堂教学设计，制作了大量的习题和微课，撰写了相关论文和分层教学案例。为了提高教学设计和教学论文的写作质量，学校组织会议集体讨论、交流、互批，互相提出意见，然后进行自我修改和完善。此外，逐步提炼学科分层教学子模式，由同年级的教师共同提炼学科的子模式，再由科组长带领骨干教师修改和完善模式，然后学校教研室主任进行把关，最后请专家对该模式进行指导，再次修改后形成学科分层教学子模式。学科分层教学子模式的提炼过程如图7－11 所示。

图 7－11　学科分层教学子模式的提炼过程

五、教学改革应用取得的主要成果

（一）形成了一定的学术理论成果

一是形成了基于数据诊断的分层教学模式总模式。总模式包括课前课中和课后三个环节。课前主要分为三定、两作和一诊断三个环节。三定指定课型、定教学目标和定教学内容。两作是制作习题和制作导学任务单。一诊断是指诊断学情，有助于二次备课。课中包括若干个环节，分别是先总结课前检测的情况，接着讲授基础知识点，继而讲解进阶习题中的重点和错误率高的习题，最后是讲授进阶知识点。课后主要是个性化推送作业。二是形成了多学科基于数据诊断的分层教学模式子模式。这个子模式因不同学科的性质而不同，因不同课型、不同课时而异。总的来说，不同学科摸索出了如何进行学生分层、教学目标分层、教学方法分层、作业分层、辅导分层的操作方法，为以后的教学提供了参考。

（二）形成了丰富的分层教学资源

为了促进教师们的原创热情，扩展教学资源，充盈校本资源库，学校每学期举行微课制作比赛、平板优秀课例评比，并推荐优质微课和平板课例参加上级部门的比赛，此举提高了教师制作微课和习题的热情，开发和制作了质量较高的、符合学生学习需求的分层教学资源。学校在 2019—2020 学年间开发了 121 个课件、363 份习题、484 份微课等数字化教学资源上传到智能教学平台“乐课网”，为教师开展分层教学提供了丰富的数字化教育资源（见图 7－12）。

图 7－12　乐课网之校本资源库建设

（三）提高了大部分学生的学业成绩

经过一年多的实践，学校大部分的学术成绩均略有提升，尽管没有想象中明显，但比对照班级——非分层实验平板班要好：学生精神面貌饱满，课前、课中、课后的学习积极性高，中等生和薄弱生以晋级为荣，有竞争意识；优等生家长尤其满意，认为孩子的知识面拓展了许多。

（四）提升了大部分教师的教研能力

在分层教学模式的应用教学实践中，通过学术报告、课堂观察和教学研讨等教研活动的推广，提升了教师的教研能力，促进了教师的专业发展。特别是在组织教学论文写作过程中，通过参与教学论文写作指导与培训，与会教师深刻领会到教学研究论文的写作方法和写作策略，参与培训的教师潜移默化地在教学实践中，积累写作素材，同时将先进的教学理念融入课堂教学，并推广到学校的教研活动中，对促进广大教师的专业发展起到不可替代的作用。近年来，学校有多位教师的教学论文得到发表；多位教师申报的教学案例得到录用；多位教师的教学课题得以成功申报。

六、教学改革应用需要进一步探索的问题

经过近两年的努力实践探索，学校虽然取得了一定的成功，但还有一些问题和不足有待进一步探索。

一是时间把控不足。由于习题和微课的使用不太恰当，导致课堂时间不足，时常发生不能完成教学目标的现象。未来计划尝试把课堂中的小部分任务作为课前前置学习的内容。

二是习题微课开发耗时。由于分层教学的资源要根据学生的实际创作原创开发，开发分层的习题微课耗时过多，且难易度不好把握。未来继续在校内开展分层教学微课资源开发培训比赛，逐步提高教师制作习题微课的效率和积极性。

三是学习数据收集不到位。存在个别学生不听指令进行操作，导致数据不精准的问题。因此，教师对于过程性资料的整理与收集还应更细致更及时。

四是信息化教学技能有待进一步提升。虽然教师信息化教学水平有了很大提升，但是智能教学平台功能尚且不太完善，特别是分层资源不能达到一键精准个性化推送，仍然要推送资源包由学生自行选择，耽误了时间。对于比，平台公司承诺正在技术改进中。

五是教学改革有待持续深入研究与实践。在教学过程中，发现教师对“有效分层教学行为”的探讨还没有向纵深发展，如何理论联系实际完善有效教学行为、摒弃无效教学行为，必须还要不断反思、改进、总结、提炼。

第六节　一对一数字化适应性教学模式在薄弱公办小学的应用

一、教学模式改革背景和问题提出

E 小学虽地处城镇，但学生大多是外来务工人员的随迁子女，学习成绩一般。学校现有教学班 26 个，学生 1 259 名，教职工 102 名。在长期的教育教学改革实践中，学校认识到，课堂是人才培养的主战场，在某种程度上来说，课堂模式基本决定了人才培养模式和教育质量。学校于 2017 年开始实行课堂教学改革，随着人民群众对优质教育的需求不断增加，课程改革越显迫切。可以说，课程改革越深化，课堂教学就越重要，课堂教学改革是提高育人质量的重要环节。

为改变传统的以教师为中心、以知识传授为主要任务、标准统一的课堂教学方式，突出以学生为中心、实施个性化教学、促进学生学科核心素养的发展，学校主动顺应

信息技术发展和教育变革的潮流，以课堂教学为切入点，紧紧围绕学生成长和发展的需要，大力进行课堂教学模式改革。

二、教学模式改革总体思路

学校利用“一对一”数字化学习在小学学科教学中实施适应性教学。“一对一”数字化教学模式是指在移动终端的环境下，学生一人或多人（一般不超 4 人）拥有一个移动终端的数字化学习。其核心是让学生应用信息化技术开展主动学习和自主学习，不断发展学生分析解决问题的能力。学校依托此教学方式，在课堂教学中实施适应性教学。学校组织语文、数学和英语三个学科分别开展实践探索。语文科组以拓展阅读为切入口开展研究；英语科组以阅读教学为切入口开展教学实践，以此提高学生的英语素养；数学科组以计算教学为切入口，实施差异化教学的研究。

三、教学模式改革的主要阶段划分

学校教学模式改革分四个阶段（见表 7－13）。一是需求分析，挖掘学校真实的发展需求，确定有意愿开展教学实验的学科和教师。二是针对性开展信息化教学培训，为师生开展智能教学平台使用、人工智能教育、中小学教师数据素养等专题培训，提高师生之间、智慧教学环境之间的相互适应能力。三是开展教学实践探索，学校以课题为抓手，以教促研，边教学边研究，教学与研究相互促进，相辅相成。四是深入应用，将语数英三个学科的教学成果推广至艺术（音乐）学科教学，并适时推广到广大学生。

表 7－13　改革的主要阶段划分

起止时间	阶段名称	主要工作
2017 年 7—12 月	需求分析	进行教学改革问题和需求分析，确定选取语文、数学、英语三个学科展开教学模式改革
2018 年 1—6 月	开展培训	邀请专家做人工智能教育应用、中小学教师数据素养等专题培训
2018 年 1—8 月	实践探索	依托在研的国家级和省级课题《一对一数字化学习下小学生几何直观能力培养研究》与《一对一数字化学习下小学英语词汇教学模式建构》开展研究
2018 年 12 月至今	深入应用	增加艺术（音乐）学科教学模式改革，进而推广至全体学生探索一对一数字化学习

四、教学模式改革的主要过程与方法

（一）完善设施设备，创设移动互联学习环境

学校已建成覆盖全校的校园网络，实现了各班使用多媒体教学，且多媒体设备不断更新换代。目前，约一半的班级已经安装了交互式一体机，现配有学生电脑室和"一对一"平板教学课室各一个，配备了一名信息技术专职教师。根据教学模式改革的需要，学校计划新增 3 ~5 个平板教学课室。利用多媒体设备开展常规教学，学校依托市教体局精品课程资源库、微课资源库以及教师自行设计建立的多媒体资源库，用于备课和上课。

（二）加强技能培训，提升师生信息素养

尽管学校全体教师的信息技术能力基础良好（全体教师于 2017 年通过了学校所在地市组织的全员信息技术能力提升工程），但是为了适应信息化快速发展的趋势，尤其是为了提高教师信息技术与课堂教学的深度融合的能力，学校进一步加强师生的信息技术技能培训。一是邀请高校教育技术领域的专家，为学校教师培训信息技术与课堂教学深度融合的技能与技巧，转变传统教学理念，提升信息素养；二是学校配备专职信息技术教师，利用每周一节的信息技术课程，为学生普及信息技术知识。同时，学校开展了多个信息技术兴趣小组，对部分有能力专长的学生进行个性化培养，提升学生移动学习能力。

（三）开展教学实践，摸索出一对一数字化教学的教学体系结构

经过高校教育技术专家以及当地学科教研员的指导，学校语文、数学和英语三个学科科组教师边摸索边实践，在实践中总结出一对一数字化教学体系的结构。该教学体系结构由教学活动流程、教学应用支持、学习数据分析与应用、动态评价与分析这四个要素组成。

教学活动流程包括课前前置学习、课中适应性教学和课后个性辅导。

教学应用支持包括微课制作、微课应用、学习资源（含习题、导学任务单等）推送和师生互动交流等环节。

学习数据分析与应用是指通过课前预习测评，诊断学情；课中练习检测，记录学生行为和学习路径，分析学习效果，精准进行教学改进；课后批改和统计作业完成情况，实施个性化辅导，实现薄弱学生"精准滴灌"式教学补偿，而非"大水漫灌"。

动态评价与分析包括课前智能教学平台自动检测形成诊断性评价、课中和课后纸笔练习检测和智能教学平台自动检测相结合形成过程性评价，以及期中和期末的教学质量检测形成的终结性评价。一对一数字化教学的教学体系结构如图 7 – 13 所示。

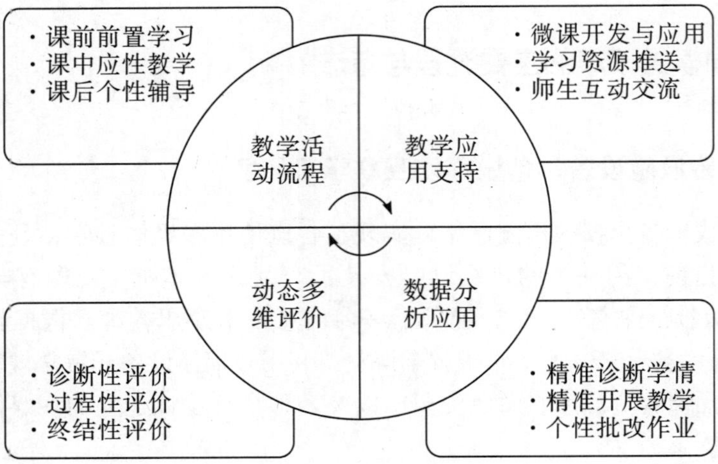

图 7－13　一对一数字化教学的教学体系结构

（四）深入开展教学实践，摸索出一对一数字化教学适应性教学模式

学校深入开展教学实践，在专家引领下，逐渐摸索出一对一数字化教学适应性教学模式。该模式包括课前精准分析学情、课中适应性教学、课后个性辅导三个主要环节，每个环节对应具体的教学步骤。

1. 课前前置学习——精准分析学情

（1）推送资源，发布任务。教师通过智能教学平台推送富媒体学习资源，发布本课时的学习任务导学单给学生。

（2）学情分析，二次备课。教师根据智能教学平台自动生成的学习预习检测统计反馈的情况，进行学情分析，开展二次备课，重新确定教学目标、教学内容和教学方法，优化教学设计方案，真正做到以学定教。

2. 课中混合学习——开展适应性教学

（1）创设情境，导入新知。一对一数字化教学，利用智能教学平台和移动学习终端的优势可以创设生动、直观、有效的信息化教学情境。可以通过动画、图像、音频、视频、虚拟现实、仿真实验等方式进行反馈预习和测评练习的情况或是提供富媒体学习资源导入新知，或由学生演讲展示课前预习成果，进而教师提示或讲解预习存在的问题，学生重点听取在预习中的疑惑或掌握薄弱的知识点，进而较为快速进入学习情境，积极参与学习。如此，不仅能调动学生学习的主动性和求知欲望，还能激发学生学习兴趣，使学生乐学、善学，从而提高学习效果。

（2）启发思考，组织探究。当学生进入预设的学习情境之后，便激发了学生较为强烈的学习兴趣和学习动机，使学生形成了学习心理准备，此时教师应当及时提出富有启发性的、能引起学生深入思考，并与当前学习主题密切相关的问题，让学生带着这些问题开展探究性学习。这个环节非常重要，提出的问题是否具有启发性，是否能够引发学生的深入思考，这是探究性学习能否有效展开和取得效果的关键。在一对一数字化学习环境下开展探究性学习，要为学生提供重要的认知工具和信息加工手段。如语文和英语学科，可以通过 Mind-Map 思维导图工具、喜马拉雅 FM 音频听说工具，以及其他和学科紧密相关的小程序、微信公众号等极简学习工具作为学习支架，帮助学生自主探究；又如数学学科，可以通过绘图工具、科学可视化软件、虚拟仿真实验等认知工具，帮助学生理解三维空间的抽象数学概念等，支持学生开展自主合作探究，提升学生发现问题、解决问题的能力与技巧。

（3）随堂检测，实时评价。检测和评价是课堂教学中及时了解学生学习状况和教学效果的重要手段，也是实现适应性教学的关键环节。在适应性教学中，通过随堂检测、答疑解惑的方式，进一步强化学生探究学习的学习效果。利用智能教学平台，通过多媒体展示和虚拟仿真实验等方式，将教学内容制作成习题微课或其他测评资源，让学生完成习题、实操，开展实时测评，教师及时进行反馈和点拨，有利于进一步强化学生的认知和知识内化生成，培养学生问题解决能力和学科核心素养。一对一数字化教学的随堂检测，其适应性体现在教师通过智能教学平台推送随堂练习，学生通过平台完成测试题并提交答案的过程。平台的测试评价信息系统会自动给出客观题的评价结果，及时反馈给师生，用于教学改进。教师通过评价结果分析了解学生对知识的掌握情况，并及时进行错因分析，实时评价。如此，教师是在清楚掌握学情的前提下开展适应性教学，既客观分析平台生成的数据，又照顾全体与个别学生的学情，有针对性地进行重点讲解。

（4）巩固拓展，总结提升。巩固和拓展是深化学习、内化学习的重要环节。巩固和拓展一般是通过课堂教学互动，展开变式探讨、应用巩固，进行自我体验归纳、总结反思和评价反馈，促进知识内化。一般而言，教师精选习题，遵循学生的认知心理和知识内化规划，展开变式训练，通过一题多解、一题多变的形式，让学生深刻理解知识、消化吸收知识。在移动学习环境下，基于智能教学平台，师生之间、生生之间、学生与学习资源之间通过在线答题、在线研讨、在线评价等方式实现多元、多向、多维互动，能够更好地促进知识巩固与拓展。

3．课后布置作业——进行个性辅导与教学反思

与传统课堂教学中教师布置纸质作业，学生完成课后作业，教师批改作业不太一样。在一对一数字化教学中，教师在智能教学平台布置作业，学生完成作业后及时提交给教师，得到客观题及时反馈。教师根据平台客观题的及时反馈，再批改主观题作业，能够得到全班学生作业完成总体情况和学生个体作业完成情况。根据全班学生作业完成总体情况，教师可以在平台上发布自己的教学心得体会，或者与同学讨论交流，进行总结反思，以便教学改进。同时，根据学生个体作业完成情况，教师录制习题微课，针对性地推送给学生，进行个性化辅导。一对一数字化教学适应性教学模式如表 7－14 所示。

表 7 – 14　一对一数字化教学适应性教学模式

环节	教师活动	学生活动	技术支持
课前	推送资源 发布任务 学情分析 二次备课	浏览资源 自主预习	智能教学平台自动记录学习路径，统计分析学习结果数据
课中	创设情境 导入新知 启发思考 组织探究 随堂检测 实时评价 巩固拓展 总结提升	进入情境 学习新知 合作探究 展示交流 完成检测 巩固学习 消化吸收 反思内化	极简教学工具灵活使用；智能教学平台自动记录学习路径；统计分析学习结果数据
课后	布置作业 个性辅导	完成作业 总结反思	智能教学平台自动记录学习路径，统计分析学习结果数据

五、教学模式应用取得的主要成果

（1）学校信息化程度逐渐提高。通过市镇多年的投入，学校的信息化设备不断完善，硬件逐年更新换代；数字化教学资源数量不断丰富。

（2）教师信息化教学实践与研究能力得到提升。先后立项了国家级教育信息课题《利用教育信息资源库促进教学有效性的研究》《一对一数字化学习下小学生几何直观能力培养研究》和省级课题《微课在社团活动中的应用》等若干项课题，学校约一半的教师参与了课题的研究，带动了全体教师课题研究的热情。

（3）师生参与各项信息技术竞赛硕果丰富。学生参加每年市组织的全国中小学生电脑制作大赛，在各项的比赛中均有获奖，且获奖数量历年来稳居全镇首位。学校信息技术教师参加镇信息技术综合能力大赛以最高分成绩获奖。

六、教学模式应用需要进一步探索的问题

（1）教师的信息素养有待提升。虽然学校的教师有组织过信息化教学培训，基本具备信息化教学的基本技能和素养。但是受疫情的影响，教师要开展线上线下适应性教学，需要用到更多的直播教学平台、更适用的极简教学工具，因此为了更好地探索基于学习数据的适应性教学模式在不同学科的深入应用，教师还要不断继续挖掘移动

学习设备的适用功能，真正将这些数字化学习设备实现“一对一”优质服务；同时还要不断摸索钉钉、学习通等智能直播教学平台以及一起作业、小黑板、天天酷背等学科教学极简工具在教学中的深度应用。

（2）学生的信息素养有待提升。虽然学校设施设备相对完善，但信息化教学只是局限于校内和课内。由于学校大部分学生都是进城务工人员子弟，家庭条件有限，因此信息化教学没办法延伸到课外。尽管部分学科利用一些学习类 APP，但收效甚微。

（3）教学模式的应用效果有待验证。虽然基于学习数据的适应性教学模式在学校各学科得到了不同程度的应用，但其课堂教学的效果达到什么程度，对师生的教学与学习行为是否产生显著变化？还有待进一步采用问卷、访谈、课堂观察等形式对教师的教和学生的学进行深入调查、细致分析研究。同时，对某些应用较为成熟的学科，还需要及时总结和提炼研究成果，积极地在学校教学中有计划地推广运用，进一步加强实验验证。